JILPT海外調査シリーズ 3

カンボジア
の労働・雇用・社会
── 日系進出企業の投資環境 ──

独立行政法人 労働政策研究・研修機構

Labour and Employment Society in Cambodia:
Investment Environment for Japanese Companies
JILPT Overseas' Research Series, No.3
The Japan Institute for Labour Policy and Training
4-8-23, Kamishakujii, Nerima-ku, Tokyo, Japan 177-8502

刊行序文

　労働政策研究・研修機構では、わが国の海外進出企業の動向等を踏まえ、アジア地域における労働問題に関する調査を実施している。本書は、調査を通じて入手した情報をもとに「JILPT 海外調査シリーズ」としてとりまとめたものである。本シリーズは、当機構の前身である日本労働協会および日本労働研究機構において刊行していた(旧)「海外調査シリーズ」(1977年〜2003年)の流れをくむものであるが、激動する新しい時代のアジアの実像を描き出そうという趣旨により、新たなシリーズとして内容を刷新し、2015年度より再スタートすることとなった。新シリーズの核心は、進出日系企業の視点から現地の労働・雇用・社会を見つめ直すことを試みた点にある。

　「JILPT海外調査シリーズ」の第三弾としてお届けするのは、「カンボジアの労働・雇用・社会」である。カンボジアの進出日系企業数は、規制がほとんどない投資環境も呼び水となり、2010年以降急増している。1993年の新生カンボジア王国樹立以降、外資を積極的に誘致する政策をとってきたことが功を奏していると言える。2015年末のアジア経済共同体発足、そして整備の進む南部経済回廊により、隣接するタイやベトナムと共に著しい経済発展を遂げる共同体の一角として存在感を増しつつある。そこには、「クメール・ルージュやポル・ポト」「内戦、地雷」といった、従来われわれがこの国に対して持っていたネガティヴなイメージはもはやほとんど感じられない。本書を通して、現代カンボジア経済の劇的変化を、身近に感じとって頂ければ幸いである。

　カンボジアにおける調査にあたっては、大阪女学院大学の香川孝三教授に主査として、日本ILO協議会の熊谷謙一氏に研究会委員として加わっていただいた。また、現地調査に際しては、多くの現地政府関係者、研究機関および研究者、労使団体関係者、企業の労務担当の方々にひとかたならぬご支援をいただいた。ここに本調査の実施に際してご協力いただいたすべての関係者の方々に心から謝意を表したい。

　　平成31年2月

労働政策研究・研修機構

はしがき

　本書はカンボジアに進出している日本企業がかかえる問題点を分析して、円滑な企業運営を行うために必要な情報を提供することを目的としている。

　カンボジアはその政治状況をみると振幅の大きい変化を経験している。アンコールワットの世界遺産を建築した時代は東南アジア全域を支配するクメール王国を築いたが、その勢力が衰えると、カンボジア王国は、西からはアユタヤ王国、シャム王国、東からはベトナムのグエン王朝の支配を受け、シャムとベトナムの二重隷属状態に陥った。それを脱するために国王はフランスに接近するが、結局フランスの保護領となり、1953年の独立までフランスの支配を受けた。

　国家元首となったシハヌーク殿下は仏教社会主義を唱えて、独裁的な政治運営がなされたが、1970年3月、右派ロン・ノル将軍によってシハヌークは国家元首の地位を追われた。この右派の政権奪取がベトナムのカンボジアへの侵攻をまねき、カンボジアは戦乱に巻き込まれた。1991年まではカンボジア国内はカンボジア人同士の内戦も発生し、混乱状態に置かれた。特にクメール・ルージュによって、毛沢東主義の影響を受けた急進的な社会主義が断行され、200万人とも言われる国民が殺戮され、国内は社会的大混乱を招き、きびしい経済状況に陥った。

　1991年10月のパリ会議によってカンボジアは和平への道を歩み始めることができ、シハヌーク殿下が12年ぶりにカンボジアに帰国して政治経済の復興がスタートした。UNTACの活動によって選挙が実施され、立憲君主制のもとで、フン・セン首相のリーダーシップによる経済社会開発に乗り出した。しかし、フン・セン首相の統治が長くなり、民主主義から独裁体制に移行しつつあるといわれている。

　カンボジアでは2回現地調査を実施し、日系企業、ジェトロ・プノンペン事務所、労働・職業訓練省、カンボジア王立大学、カンボジア仲裁委員会、労働組合、使用者団体等々を訪問して有益な資料を提供いただいた。われわれを受け入れて調査に協力いただいたことに感謝申し上げる。

　カンボジアの投資環境についての本が出版されはじめているが、労働に焦

点を当てた日本語による本は、本書が最初ではないかと思われる。

　本書の構成は次のようになっている。第1章で国土と歴史、第2章は政治経済の状況とそのもとでの労働市場、第3章は人的資源と職業訓練、第4章は労働立法、特に個別的労働関係法の内容、第5章は労使関係の法制度、第6章は労使関係の実態、第7章は労働安全衛生問題、第8章は社会保障・社会福祉、第9章はカンボジアに進出した日本企業の人事労務管理の事例をまとめている。

　フン・セン首相が率いる人民党が2018年の総選挙で絶対多数派を形成することが今後どのような政治経済に影響を与えるのか、日本との協力関係がどのようになっていくのかを考えると、不安定要素が強まってくるように思われる。今後の動きに注意が必要であろう。

　その中で本書がカンボジアに関心を持たれる方々の参考になれば、大変喜ばしいことである。

執筆者を代表して

香川　孝三

目次

第1章　国土と国民国家の成り立ち————————北澤謙—　1
　1　国土と地理上の位置づけ……………………………………　2
　2　カンボジア略史…………………………………………………　6

第2章　政治と経済、労働市場——————北澤謙・香川孝三—　27
　1　政治概況…………………………………………………………　28
　2　経済概況…………………………………………………………　41
　3　労働市場…………………………………………………………　60

第3章　人的資源に関する取り組み——————香川孝三・北澤謙—　75
　1　雇用・失業対策…………………………………………………　76
　2　人材育成…………………………………………………………　82

第4章　労働法令——————————————香川孝三—　97
　1　カンボジア労働法の歴史………………………………………　98
　2　労働法の法源……………………………………………………　101
　3　労働契約と就業規則・労働協約………………………………　104
　4　賃金………………………………………………………………　113
　5　労働時間制度……………………………………………………　123
　6　年齢に関する法制度……………………………………………　128
　7　強制労働の禁止…………………………………………………　131
　8　女性………………………………………………………………　132
　9　障がい者…………………………………………………………　136
　10　外国人……………………………………………………………　138
　11　農業従事者に対する労働条件の特別保護……………………　139
　12　労働契約の停止（欠勤および休職）…………………………　141
　13　労働契約の終了…………………………………………………　142
　14　国際的動きとのかかわり………………………………………　147

第5章　労使関係の法制度————————香川孝三— 157
1　2016年労働組合法制定の経緯····································· 158
2　労働組合および使用者団体の組織構造···························· 159
3　登録制度·· 160
4　労働組合・使用者団体の解散···································· 164
5　従業員代表の選出······························· 164
6　労働組合の権利義務····························· 167
7　使用者の不当労働行為と労働組合の不当労働行為················ 168
8　最も代表的な労働組合····························· 170
9　団体交渉·· 172
10　労働協約·· 173
11　労働組合および使用者団体間の紛争処理···························· 174
12　労働争議解決機関······························· 174
13　ストライキとロックアウト····························· 185
14　罰則·· 188
15　ILOでの労働組合法の審査····························· 189

第6章　労使関係の実態と動向————————熊谷謙一— 193
1　労使関係の概要······························· 195
2　労働団体·· 199
3　使用者団体·· 204
4　企業レベルの労使関係····························· 207
5　労使の紛争とその処理····························· 212

第7章　労働安全衛生と労働災害補償————————香川孝三— 223
1　労働安全衛生計画······························· 224
2　労働災害統計······························· 225
3　労働安全衛生······························· 226
4　労働災害補償······························· 232

第8章　社会保障・社会福祉————————————————香川孝三— 235

1　公的年金制度……………………………………………………… 236

2　生活保護制度……………………………………………………… 237

3　医療保険制度……………………………………………………… 237

4　医療体制の問題と取り組み……………………………………… 239

5　社会福祉…………………………………………………………… 241

第9章　日系企業における人事労務管理——————————————北澤謙— 247

1　日本からの投資概況……………………………………………… 248

2　進出企業の事例…………………………………………………… 254

　(1)　現地法人の概要………………………………………………… 255

　(2)　採用……………………………………………………………… 257

　(3)　雇用契約の形態………………………………………………… 259

　(4)　賃金(給与)、諸手当、賞与…………………………………… 260

　(5)　就業時間………………………………………………………… 262

　(6)　配置・昇進・昇給……………………………………………… 263

　(7)　人材育成………………………………………………………… 263

　(8)　福利厚生………………………………………………………… 265

　(9)　企業内ルール・就業規則……………………………………… 266

　(10)　従業員の勤務状況……………………………………………… 267

　(11)　企業内、工場内コミュニケーションおよび労使関係……… 269

索引————————————————————————————————— 277

参考文献————————————————————————————— 283

筆者略歴————————————————————————————— 295

凡例

・人名は、原則として敬称を略するかたちで表記した。役職を入れるかたち
　にしたものも含まれている。
・地名や固有名詞や名称のカタカナ表記には様々な表記方法が想定されるも
　のがあるが、最も一般的と考えられる表記を採用した。

カンボジア王国略地図

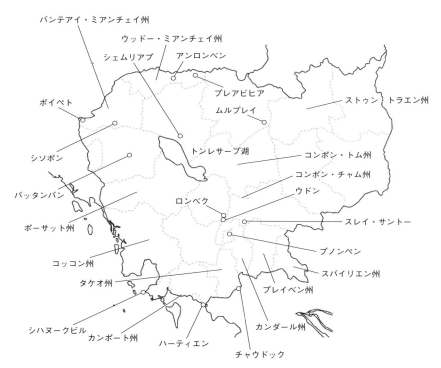

＊本文中にある地名を中心に表記した略地図である。

インドシナ半島略地図（主に20世紀前半）

注：この略地図は本文に出てくる地名の位置を明示するためのものであり、各地名が存在した時代や時期の異なるものが混在していることを了承いただきたい。

第1章

国土と国民国家の成り立ち

「クメールの微笑み」と呼ばれるアンコール・トム、バイヨン

2 第1章 国土と国民国家の成り立ち

▶▶▶ はじめに

　カンボジアは、1975年4月から1979年1月までのポル・ポト政権の3年半の間の圧政によって社会基盤が壊滅的影響を受けた。新生カンボジア王国が成立した1993年から数えれば25年ほどしか経過していない。社会基盤の回復は、新生カンボジア王国に先立って、人民革命党政権時代から着手されていたとする見方もあるので、それを加えて長く見積もったとしても、35年ほどの短い歴史の中で形成された国民国家だと言える。

　そういったカンボジアの社会や政治経済を理解するために、本章では「国土と地理上の位置づけ」を概観するとともに、歴史を紐解く。35年程度の若い国と言ったが、現在の国土の形成や領土の成り立ちを理解するためには、フランス保護領時代までの歴史を振り返る必要がある。また、現政権の政治体制を理解するためには、1953年の独立後の政権の変遷を振り返るのが有意義である。

▶▶▶ 1　国土と地理上の位置づけ

（1）国土

　カンボジアの国土は、北緯10度11度から15度にまたがる熱帯圏に位置する。国土面積は18万1,040平方キロである。日本の約半分、隣国タイのおおよそ3分の1、ベトナムのおおよそ2分の1、ラオスの8割程度の面積である。国土の中央部の40％程度が平野で、隣国3カ国と接する国境地帯の大部分が山岳地帯で森林に覆われている。中央部を南北に貫く東南アジア最大の河川、メコン河が縦断している。メコン河（クメール語で「トンレ・トム＝大河」）は中国雲南省からミャンマー、タイ、ラオスを経てカンボジアに流れ込んでおり、ベトナムを通って太平洋につながる国際河川である。カンボジアでは人の移動や物資の輸送に利用されているが、ラオス南部にコーンパペンの滝（Khone Phapheng Falls）がありラオス方面への航行はできない。ベトナム方面の物流に利用されている。中央部には東南アジア最大の淡水湖トンレサープ湖がある。乾季には面積が2,500平方km（琵琶湖の4倍程度）であるが、5月半ばから11月半ばの雨季には、面積は約6倍、1万6,000平方km（琵琶湖の約23倍）まで拡大する[1]。トンレサープ湖から流れ出るトンレサープ河（クメール語で「淡水」）

は首都プノンペンでメコン河と合流している。プノンペンから下流は、メコン河とともにトレン・パサック河が流れており、プノンペンを要として河がゆがんだX字型に流れている[2]。

(2) 気候

　カンボジアの気候は、5月中旬から11月中旬までは雨季で南西の季節風(モンスーン)が吹き、翌年5月までが乾季で東北からの季節風が吹く熱帯モンスーン気候である。特に2月中旬から5月中旬までは季節風が入れ替わる時期であるが、降雨がほとんどなく、カンボジアではこの時季を「暑季」と呼ぶらしい[3]。月別の降水量は図表1-1の通りである。気温は年間を通じて33.4℃(11月)から38.2℃(4月)である[4]。

　降水量は地域別に差が見られる。日系企業が進出している地域を主に取り

図表1-1　月別降水量(ミリ)

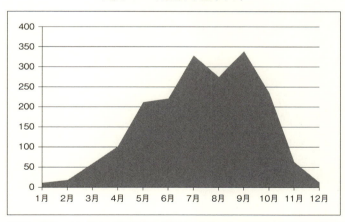

　(出所)　National Institute of Statistics, Ministry of Planning, 2015a, *Statistical Yearbook of Cambodia 2013*, pp.21-22.
　注：2003年から2010年までの平均値。

1　倉田亮(2001)『世界の湖と水環境』成山堂書店、18ページ参照。
2　北川香子(2006)『カンボジア史再考』連合出版、22ページ参照。
3　川合尚(1996)「風土と地理」『もっと知りたいカンボジア』綾部恒雄・石井米雄編、弘文堂、48～84ページ参照(特に65ページ)。
4　2010年の数値。

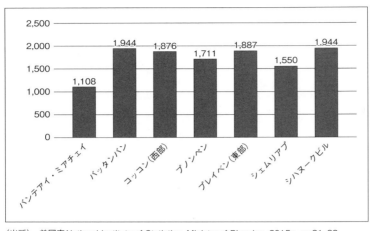

図表1-2 主な地域別の年間降水量（2010年）（ミリ）

（出所）前図表 National Institute of Statistics, Ministry of Planning, 2015a, pp.21-22.

上げれば、図表1-2に示したとおり地域差がみられる。

(3) 人口・言語

　カンボジアの人口は2015年時点で、1,540万5,000人[5]である。2013年時点の地域別人口を示したのが図表1-3である。プノンペンに総人口の12％が居住しており、総人口の半数がプノンペンを含む平野部に集中している。この地域にクメール人が集中して生活してきたということのあらわれである。その一方で、カンボジアの領域の外郭となるタイやベトナムの境界をなしている地域は、歴史的にみてクメール人やシャム人（タイ人）、ベトナム人でもない、非クメール人が生活する地域であると言える[6]。

　クメール語を話す国民が1,424万人で全人口の97％を占める。次いでベトナム語を話す国民が61,000人、ラオ語が25,000人、中国語が7,000人と続く[7]。

5　National Institute of Statistics, Ministry of Planning, 2016, *Cambodia Socio-Economic Survey 2015*, p.3
6　前掲注2、北川（2006）、36ページ参照。なお、この外郭地域は、ポル・ポト派がヘン・サムリン政権に対抗してゲリラを行う根拠としていた地域であった。

図表1-3　人口の分布（千人）

	地域別	14,677
	平野地域	7,220
	コンポン・チャム州（Kampong Cham）	1,688
	カンダール州（Kandal）	1,116
＊	プノンペン特別市（Phnom Penh）	1,757
	プレイベン州（Prey Veng）	575
＊	スバイリエン州（Svay Rieng）	1,157
	タケオ州（Takeo）	923
	トンレサーブ湖地域	4,720
＊	バンテアイ・ミアチェイ州（Banteay Meanchey）	730
	バッタンバン州（Battam Bang）	1,121
	コンポン・チナン州（Kampong Chhnang）	523
	コンポン・トム州（Kampong Thom）	690
	ポーサット州（Pursat）	923
	シェムリアブ州（Siem Reap）	231
	ウッドー・ミアンチェイ州（Otdar Meanchey）	66
	パイリン特別市（Pailin）	436
	海岸地域	1,023
	カンポート州（Kampot）	612
＊	コッコン州（Koh Kong）	122
＊	シハヌークビル特別市（Preah Sihanouk）	39
	ケップ特別市（Kep）	250
	高原・山脈地域	1,714
	コンポン・スプー州（Kampong Speu）	755
	クロチエ州（Kratie）	344
	モンドルキリ州（Mondol Kiri）	73
	プレア・ビヒア州（Preah Vihear）	235
	ラタナキリ州（Ratana Kiri）	184
	ストゥン・トラエン州（Stung Treng）	123

（出所）　前図表 National Institute of Statistics, Ministry of Planning, 2015a, p.64.
注：＊をつけたのが日系企業は進出している経済特区がある州である。

　都市と地方の人口の分布を年齢別に示したのが次のページの図表1-4である。地方はピラミッド型に近いが都市は釣鐘型の人口構成になっている。

7　National Institute of Statistics, Ministry of Planning, 2015a, *Statistical Yearbook of Cambodia 2013*, p.69.

6　第1章　国土と国民国家の成り立ち

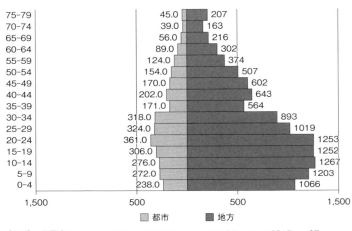

図表1-4　都市と地方の人口年齢別分布（2013年）（千人）

（出所）　前図表National Institute of Statistics, Ministry of Planning, 2015a, p.67.

▶▶▶　2　カンボジア略史

　本節では、現在のカンボジアの人や社会を理解することを目的として歴史を振り返る。1953年のフランスからの独立を境界として、それ以前の歴史については、現在の領土の由来と変遷を、独立以後については、政権の担い手の変遷とカンボジア紛争の構図を概観しながら現政権成立までの経緯を中心に述べる。

　カンボジア史、つまりクメール民族の歴史は「被害者の歴史」と特徴づけられることがある[8]。カンボジアではベトナム人やタイ人に対する嫌悪や反発を原因とする事件が、時折起きている。例えば、2003年1月、タイ人女優・スワナン・コンギンのアンコールワットはタイのものだという発言の噂が発端となって、在カンボジアのタイ大使館が焼き討ちされ、在プノンペンのタイ企業の建物が投石を受けたことがある[9]。プレアビヒア寺院周辺の領有権を巡る対立は断続的な銃撃戦に発展することもある。ベトナム系住民に対する襲

8　前掲注2、北川（2006）、15ページ参照。

撃事件もたびたび起こった[10]。

　現在、カンボジアの建設現場などで多くのベトナム人が就労している。在カンボジア企業の管理職にタイ人が就いている場合もある。社会生活や企業内の職場関係において、あからさまではないかもしれないが、タイ人やベトナム人に反感を抱いているカンボジア人が少なからずいる。こうしたカンボジア人の感情を理解するためには、独立前までの歴史の過程で形づくられた「被害者」の意識を理解する必要がある。そのためには国境を接する強国、タイとベトナムとの関係という視点で、カンボジアの歴史を振り返る必要がある。

　また、現政権の政治姿勢や現在のカンボジアの政治経済体制を理解するためには、独立後の政権の変遷をたどる必要がある。関連年表を8ページに掲載した。

(1) 現在の領土のいきさつ

　現在のカンボジアの領土は、フランスがインドシナ半島を植民地化していた1863年から1953年までの間に線でくくられた領域に由来する。フランス領インドシア連邦のカンボジア保護領の領域とフランスの直轄植民地だったバッタンバン、シェムリアプ、シソポンの3州の領域に相当する[11]。カンボジアの領土は「閉じた巾着のような形」とも言われる[12]。以下では、海岸線が東西からしぼられている形をしてしまった経緯を見ていく。

　フランスがカンボジアを保護領化する1863年までに、クメール王国はタイ（当時のシャム）[13]とベトナム（当時のアンナム、阮朝）の属国になっていた。先述のフランス直轄地3州はシャムの領土となっていた。ノロドム王（シハヌー

9　今川幸雄（1996）「政治と経済」『もっと知りたいカンボジア』綾部恒雄・石井米雄編、弘文堂、219ページおよび前掲注2、北川（2006）、15ページ参照。この女優の発言の真偽自体は定かではない。
10　前掲注2、北川（2006）、15ページ参照。
11　ベトナムおよびタイとの国境は両者の見解の相違もあり、完全に確定しているわけではない。
12　熊岡路矢（2003）『カンボジア最前線』岩波新書、24ページ参照。
13　タイ王国は、1939年6月24日、当時の首相ピブーンが国名をシャムからタイに変更した時点からの名称。

8　第1章　国土と国民国家の成り立ち

関連年表

1世紀頃〜7世紀前半	扶南がメコン河デルタ地帯を領域として繁栄。
6世紀後半	真臘がトンレサーブ湖北方で勃興し、真臘が扶南を併合。
7世紀後期	ジャヤヴァルマン1世の死後、水真臘と陸真臘に分裂。
802年	ジャヤヴァルマン2世が王位に就く(アンコール朝の開祖)。
9〜13世紀	アンコール王朝が、現在のアンコール遺跡地方を拠点にインドシナ半島の大部分を支配。スーリヤヴァルマン2世(在位1113年〜1150年)アンコールワット建設。ジャヤヴァルマン7世(在位1181年から1220年頃)アンコール・トム建設。その死去およびその後継者争いによるアンコール王朝の弱体化。
13世紀前半	チャオプラヤ河流域の支配を喪失。
14世紀以降	アユタヤさらにベトナムの攻撃によりアンコール王朝衰退。
1431年頃	アユタヤ王朝が侵攻し、アンコール王朝の首都アンコール・トムが陥落。
1670年〜90年	トンレサーブ西岸(ウドン勢力)とメコン東岸・メコンデルタ地域(メコン勢力)に分裂。
1794年	バッタンバン、シェムリアブがシャムの支配下に。
1840年	シャム、ベトナム戦争。
1863年	フランス・カンボジア保護協定。
1867年	フランス・タイの条約締結。タイはフランスがカンボジアを保護国化することを承認。フランスはバッタンバン、シェムリアプ、シソポンがタイ領であることを承認。
1884年	フランス・カンボジア協定。国王の統治権をフランス人理事官に委譲(フランス支配の強化)。フランス保護領「カンボジア王国」成立。
1887年	フランスがトンキン、アンナム、コーチシナ、カンボジアを統合し、仏領インドシナ連邦の成立。
1907年	タイに併合されていたバッタンバン、シェムリアプ、シソポンがフランス領に。
1940年11月〜41年5月	タイ・フランス領インドシナ紛争。タイが1904年にフランスに割譲したメコン河右岸のルアンパパーン対岸とチャンパサク地方、および1907年に割譲したカンボジア北西部のバッタンバン・シエムリアプ両州を、タイ側に割譲。
1941年11月	ノロドム・シハヌーク即位。
1945年3月	前年のフランス・ヴィシー政権崩壊を受けて、日本軍が仏印処理のためフランス軍の武装解除。シハヌーク国王が日本の保護監督の下、フランスの保護条約失効とカンボジアの独立を宣言。
1945年8月	日本の敗戦により独立が取り消され、再びフランス保護領に。
1946年12月	第一次インドシナ戦争勃発(コーチシナ政策をめぐるベトナムとフランスの対立)。
1947年	タイから北西部3州の返還。1947年王国憲法発布、立憲君主制へ移行。
1953年	カンボジア王国としてフランスから独立(11月9日)。シハヌーク国家元首に。
1955年9月	総選挙実施。サンクム全議席独占。
1970年	ロン・ノルら反中親米派、クーデターによりシハヌーク政権打倒。王制を廃しクメール共和制に移行。親中共産勢力クメール・ルージュとの間で内戦。

1972年	1972年労働法制定。
1975年4月	クメール・ルージュが内戦に勝利し、民主カンボジア(ポル・ポト)政権を樹立。同政権下で大量の自国民虐殺。
1979年1月	ベトナム軍の進攻によりクメール・ルージュ敗走、親ベトナムの「カンプチア人民共和国」(人民革命党・ヘン・サムリン政権)樹立。
1982年	民主カンプチア連合政府(シハヌーク(王党派)、ソン・サン(共和派)、クメール・ルージュ(ポル・ポト派、民主カンボジア)の樹立。以降、人民革命党政権と対立。
1987年12月	シハヌーク=フン・センのジャカルタ会談。
1991年10月	パリ和平協定。
1992年	UNTAC活動開始。1992年改正労働法制定。
1993年	UNTAC監視下で制憲議会選挙実施。王党派フンシンペック党勝利。9月、1993年憲法公布、王制復活。ラナリット第一首相(フンシンペック党)、フン・セン第二首相(人民党)の2人首相制連立政権。
1997年	両首相陣営武力衝突。ラナリット第一首相失脚(1997年7月の政変)。ウオン・フオト第一首相、フン・セン第二首相体制。1997年労働法(the Kingdom of Cabodia Labor Code)制定。
1998年	第2回国民議会選挙。第1次フン・セン首班連立政権。ポル・ポト死去。
1999年	上院新設(二院制へ移行)。ASEAN加盟。
2002年	ASEANで初の議長国。
2003年	第3回国民議会選挙。
2004年	第2次フン・セン首班連立政権発足。シハヌーク国王退位、シハモニ新国王即位。WTO加盟。ASEM参加決定。
2008年	第4回国民議会選挙。人民党圧勝。第3次フン・セン首班連立政権発足。
2012年	ASEAN議長国(2回目)。シハヌーク前国王逝去。
2013年7月	第5回国民議会選挙。人民党と救国党の議席が拮抗。フン・セン首相首班政権発足。
2016年4月	労働組合法制定。
2018年6月	最低賃金法制定。
2018年7月	第6回国民議会選挙。人民党が全議席独占。

ク前国王の祖父)が、フランスの保護領となることによって、シャム、ベトナムという国境を接する強国からカンボジアの領土を守る選択をしたと言われている[14]。

　9世紀に始まるアンコール王朝の領土は、ジャヤヴァルマン7世(在位：1181年～1218年／1220年)の治世に最盛期となった。西は現在のタイの大半(パ

14　ただし、この歴史認識は、保護領化をフランスが正当化するための認識と捉えることもできる(前掲注2、北川(2006)、15ページ参照)。

ガン朝ビルマの国境まで）を覆い、南はマレー半島まで、北はラオスのビエン
チャンまで、東はベトナム中部のチャンパまで達し、インドシナ半島の大半
を掌握していた[15]。広大なアンコール王朝の領土が狭められていったのは、ポ
スト・アンコール期に域内で紛争が起きたことも要因であるが、現在のタイ
領にあったアユタヤ朝の侵攻をうけたため、チャオプラヤ河周辺の支配権を
失ったことを契機としている。アンコール王朝の成り立ちと盛衰について、
周辺諸国との関係をみながら簡単に見てみよう。

（2）アンコール王朝の成り立ち

　クメール民族[16]の歴史の一般的な区分は、プレ・アンコール期（〜802年）、
アンコール期（802年〜1431年）、ポスト・アンコール期（1431年〜1863年）とい
う時代区分が用いられる[17]。本章ではポスト・アンコール期を領土の由来と
いう視点により保護領時代以降、1953年の独立までについて見ていく。

　紀元前後、クメール人の集団がメコン河デルタ地帯各地に数々の小国を形
成していた[18]。漢文資料によるとプレ・アンコール期には、「扶南」と「真臘」
という二つの古代王国があったとされる。扶南は、1世紀頃から7世紀前半
までメコン河デルタ地帯を領域として栄えた古代王国であった[19]。海上交易
によって繁栄し、下ビルマ（現在のミャンマーのエーヤワディー河下流域）まで交
易の支配権を掌握していたとも言われている。カンボジア人の手によって編
まれた国史では、漢文資料ではなく王朝年代記[20]に基づいて、カンボジアの
最初の国は「コーク・トロック」であるとされている。このコーク・トロック

15　前掲2、北川（2006）、18ページ、ジョルジュ・セデス（1980）『インドシナ文明史』みず
　　ず書房、辛島昇訳、122ページおよび130ページ参照。
16　カンボジア人とは、カンボジアに居住している人々の97％がクメール人であるため、
　　一般的にはカンボジア人＝クメール人とされている。
17　これはフランス保護領時代の史観である（石澤良昭（2005）『アンコール・王たちの物語』
　　日本放送協会、34ページ参照）。
18　前掲注17、石澤（2005）、34ページ参照。
19　漢文資料『梁書』「扶南伝」に基づく。
20　18世紀末から20世紀初頭にかけてまとめられた歴史書（上田広美（2012）「歴代の王の
　　記録」上田広美・岡田知子『カンボジアを知るための62章（第2版）』明石書店、164ページ
　　参照）。

は、扶南と同一のものとされる[21]。7世紀になると扶南の支配の根拠となっていた海上の交易ルートの主流が、マラッカ海峡経由に取って替わられたため、扶南の勢力は凋落していった[22]。

　真臘はメコン河中流域に興った国で、もとは扶南の属国であった。扶南の勢力が衰えた6世紀後半に、真臘は扶南を攻め、7世紀頃に完全に併合する[23]。真臘は、10世紀の碑文によれば「カムブジャ」という国の名称で記されている。この「カムブジャ」が、「カンプチア」あるいは「カンボジア」の由来となっている[24]。真臘は、河川を掌握する水真臘と陸路を抑える陸真臘の二つの交易ネットワークの支配権に基づいた国であった。8世紀初頭に内政が混乱し、水真臘と陸真臘に二分してしまうが[25]、この分裂に乗じて、スマトラを根拠とするシュリビジャヤ王国（シャイレンドラ王朝）[26]が攻め込み、その支配下に入ることになる。

　分裂した内政を8世紀後半にとりまとめたのがアンコール朝である。アンコール朝の始まりには諸説ある。シュリビジャヤが、真臘を攻めた際、囚われの身となった王家の末裔、後のジャヤヴァルマン2世（在位802年〜834年）が、8世紀末、現在のカンボジア南部プレイベン州に戻り小国の王となった。当時のカンボジアの地域は小国に分裂していたが、ジャヤヴァルマン2世はそういった小国を次々と征討し790年頃にはアンコール地方を平定した[27]。さらに北方へと進み、現在のラオス南部チャンパサック地方にまで達したとされている。ジャヤヴァルマン2世が王位に就いたのが802年である[28]。これをもってアンコール王朝の開祖とするのが歴史的通説である。

21　前掲注2、北川（2006）、57ページ参照。
22　前掲注2、北川（2006）、71ページおよび石澤良昭（2001）「カンボジア平原・メコンデルタ」池端雪浦ほか編『岩波講座東南アジア史 第1巻 原史東南アジア世界』岩波書店182ページ参照。
23　前掲注15、セデス（1980）、104ページ（『隋書』「真臘伝」）および前掲注22、石澤（2001）、193ページ参照。永積昭（1977）『東南アジアの歴史』講談社現代新書には6世紀なかごろとある。
24　前掲注15、セデス（1980）、105ページ、前掲注2、北川（2006）、56ページ参照。
25　前掲注17、石澤（2005）、43ページ参照（旧唐書・真臘伝）。
26　ボルブドゥール寺院を造営した王朝。
27　前掲注17、石澤（2005）、47ページ参照。
28　前掲注15、セデス（1980）、115ページおよびブリュノ・ダジャンス（2008）『アンコール・ワットの時代―国のかたち、人々のくらし』石澤良昭、中島節子訳、連合出版、17ページ参照。

12　第1章　国土と国民国家の成り立ち

（3）アンコール王朝の盛衰

　壮大なアンコールワット（ヒンドゥー教寺院）の遺跡群が建立されたのは、ジャヤヴァルマン2世から数えて18代目に当たるスーリヤヴァルマン2世（1113年〜1150年）の治世、12から13世紀にかけてのことである。アンコール・トム（仏教寺院）の建設に携わったのがスーリヤヴァルマン2世から数えて4代目のジャヤヴァルマン7世（在位：1181年〜1218年／1220年）である。

　ジャヤヴァルマン7世の死後（1218年あるいは1220年の後）、アンコール王朝内では内紛が起き、13世紀前半にチャオプラヤ河流域における支配権を失った。碑文に記されて名前が判明しているアンコール王朝の最後の王は、1327年に即位したジャヤヴァルマパラメーシュヴァラである[29]。1353年〜1357年にアユタヤ朝（現在のタイ領）とアンコール王朝の間で争いが起き、アユタヤはアンコールを占領し、2代にわたりアユタヤの王子が統治した[30]。1431年頃にはアンコールの都城は陥落して、アンコール王朝はトンレサープ湖の北部の領土を放棄することになる。この1431年を契機として、それ以後をポスト・アンコール期とするのが通説である[31]。アンコールの都城陥落以後、都はコンポン・チャム州スレイ・サントー（1433年〜1434年）、プノンペン（1434年〜1553年）、プノンペンとトンレサープ湖の中間地点にあたるロンベク（1553年〜1618年）、ロンベクから南方ウドン（1613年〜1866年）へと移り、遷都を繰り返すことになる[32]。

　15世紀後半から18世紀にかけて（1473年前後と1508年前後、1673年から1738年に）特に激しい内乱があったことが記録されている。1673年から1738年の内乱ではクメールの王族が二分し、メコン河の河口流域の東側に位置するメコン勢力（水王系）とトンレサープ湖の西岸を勢力基盤とするウドン勢力（山王系）が対立していた[33]。東側ではフエを拠点とするベトナム（アンナム）が南方へ

29　前掲注28、ダジャンス（2008）、33ページ参照。
30　前掲注17、石澤（2005）、275ページ参照。
31　前掲注15、セデス（1980）、241ページでは、王朝年代記に基づいて1352年と1394年にアユタヤによるアンコール占領があったとしている。
32　前掲注28、ダジャンス（2008）、24ページ参照。
33　北川香子（2000）「『水王』の系譜：スレイ・サントー王権史」『東南アジア研究』38巻、1号、50〜73ページ、前掲注2、北川（2006）、116ページ参照。

の領土拡大をすすめており、メコン勢力はそれと対峙していた。華人がメコンデルタ進出をもくろんでいた時期でもある。その後、ベトナムとの間で同盟関係が築かれる[34]一方で、ウドン勢力には、隣接するアユタヤが迫っていた[35]。

(4) ポスト・アンコール期

　18世紀末から19世紀初頭のころ、ベトナム（アンナム）がメコン河のチャウドックより下流の航行権を完全に掌握する。クメール人にとってメコン河を通じて南シナ海に出るルートは塞がれてしまった。これによりメコン河流域におけるベトナムとの国境がほぼ現在のかたちとなった。

　一方、西側と北側の領域については、1794年にバッタンバンとシェムリアプがシャムの支配下に入っていた。1814年にはムルプレイがシャムに吸収された。カンボジアのアン・チャン2世王（在位1806〜34年）の時代には、シャムの勢力はほぼ現在のカンボジア北部ストゥン・トラエン州にまで及んだ。

　1830年代には東西両側から攻め込まれるかたちとなる。1833年、西からはシャム軍が海陸両方面からハーティエンとチャウドックに進軍。翌1834年には、東からはベトナム軍がプノンペンに侵攻し、シャム軍をバッタンバンへ追いやることになる。当時のカンボジア国王アン・チャン王がこの年に死去し、カンボジアは事実上ベトナム軍の軍事占領下におかれ、アン・チャン王の王女が名目的に王位に就くことになる。ベトナムの支配に対してシャムとトンレサープ西岸の諸勢力は、当時、バンコクに滞在していたカンボジア王族のアン・ドゥオンを擁立し、バッタンバンやポーサットを拠点としてベトナム軍と交戦し、1845年にはウドンで両軍対峙のまま膠着状態となる。シャムとベトナムは互いにカンボジアを属国と考え対立していたが、1847年にアン・ドゥオン（在位1847〜59年）王位を就かせることで講和が結ばれた[36]。その時代にクメールの王権が及んでいた範囲は、西はポーサット、メコン上流はストゥン・トラエン、シャム湾岸は現在のシハヌークビル（当時のコンポン・スレラ）までであった（各地名の位置については、巻頭の略地図参照）。

34　前掲注2、北川（2006）、117ページ参照。
35　前掲注2、北川（2006）、172ページ以降参照。
36　前掲注20、上田（2012）、164ページ参照。

14　第1章　国土と国民国家の成り立ち

　このようにシャムとアンナム（ベトナム）が対峙しているところに、フランスがアジアの拠点づくりのために触手を伸ばしていた。1867年にはフランスとシャムの間で条約が締結され、カンボジアがフランスの保護領であることをタイが承認すること、バッタンバン、シェムリアプ、シソポンがシャムの領土であることをフランスが承認することが取り決められた[37]。1887年には、トンキン、アンナム、コーチシナ、カンボジアからなる仏領インドシナ連邦が成立した。扶南があった地、17世紀後半カンボジアのメコン勢力があった地は、仏領インドシナ領においてコーチシナとして組み込まれた。

　バッタンバン、シェムリアプ、シソポンの3州の領域は、1893年以降、領有が問題となっていたシャム（タイ）南西部チャンタブリー、トラートとの取引などを経て、1904年と1907年にわたってシャム（タイ）領からフランス領になった領域である[38]。その後、1941年には再びタイ領に割譲されたが、日本の敗戦によってフランス統治の枠組に戻った[39]。1950年にタイがフランス連合内での独立が認められた3カ国、ベトナム、カンボジア、ラオスを承認したことにより、タイとカンボジアの国境は画定した[40]。

　その一方でベトナムとの国境については、メコン河の河口領域の支配権は19世紀半ば以降クメール人の元から離れていたが、1945年8月、ベトナム独立同盟が指導する8月革命が成功し、フランス保護領時代が引かれた境界線に基づくベトナム民主共和国という枠組みが形づくられ、コーチシナの領域が国民国家としてのベトナムに帰属することがほぼ画定した[41]。

（5）独立後の政権の変遷

　後述するとおり、1953年の完全独立前の1946年にカンボジアでは議会制が導入されていた。歴史上ごく短期間だけ見ることのできる複数政党制によ

37　岡田知子（2012）「インドシナの枠組みの中で」上田広美・岡田知子『カンボジアを知るための62章（第2版）』明石書店、175ページ参照。
38　天川直子（2001）「カンボジアにおける国民国家形成と国家の担い手をめぐる紛争」『カンボジアの復興・開発』日本貿易振興会アジア経済研究所、第1章、29ページ参照。
39　タイが1946年の条約をフランスと締結することによって3州の帰属がカンボジアとなった。
40　前掲注38、天川（2001）、32ページ参照。
41　前掲注38、天川（2001）、33ページ参照。

る議会選挙が独立前に実現した。しかし、議会は国王と対立し、国王は議会を解散したために、その後は事実上単一政党による議会による政権運営が続いていくことになる。

　独立後のカンボジアでは王族、親米派、共産主義勢力などの諸々のグループが対立するなか、政権が変遷していった。変遷の経緯は、以下のとおりである。①1955年9月からのシハヌークを首相とするサンクム政権（カンボジア王国）、②1970年10月からロン・ノル政権（クメール共和国）、③1975年4月／1976年1月からのポル・ポト政権（民主カンプチア）、④1979年1月からの人民革命党・ヘン・サムリン政権（カンプチア人民共和国）（④-2ヘン・サムリン政権時代に国際社会から承認されていたのはシハヌークを首班とする民主カンプチア連合政府も併存していた）、⑤1993年からのカンボジア王国。各政権を主導した勢力の政治的な方針（イデオロギー）を付して図示したものが図表1-5であ

図表1-5　独立後の政権の変遷

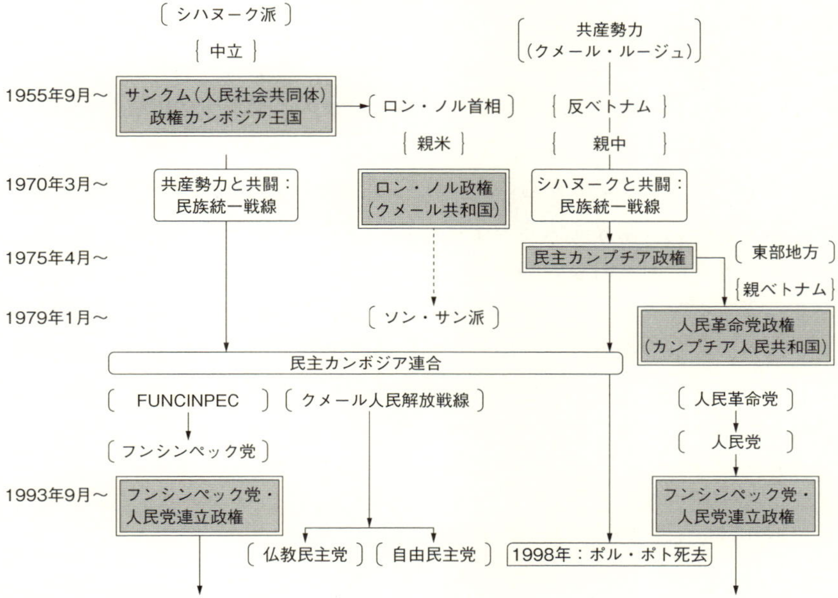

（出所）　ヒネケン（1983）等を参考に作成。
注：グレーに着色したのが政権政党である。

16　第1章　国土と国民国家の成り立ち

る。①から④までは本章で、⑤については第2章で詳述する。

　政権の担い手の方針は、東西冷戦の対立を反映した構図とも捉えられるが、単純な対立ではなく、共産勢力の中でもベトナム・ソ連と中国の対立の影響が色濃く反映していたと言える。その対立は武力を伴うものに激化し内戦状態となった。

　ここでは、現・人民党政権の成り立ちを中心に据えながら、1945年以降、特に1953年の独立後の政権の変遷を簡単に述べる。人民党は、1993年のカンボジア紛争の終結直前、1991年のパリ協定締結時に政権であった人民革命党にたどることができる。さらに遡ると、クメール・ルージュの東部地方軍、カンボジア民族統一戦線が人民革命党の源流にある。

（a）独立前

　1945年3月、日本軍の進駐によってカンボジアがフランスと締結した保護条約が失効となり、シハヌーク国王はカンボジアの独立を宣言した。しかし、同年8月、日本の敗戦によってこの独立は取り消され、翌1946年にフランスとの間に内政自治を認める協定を締結する。この協定によって、政党活動が許されカンボジアに議会が設立されたが、警察権・軍事権は依然としてフランスの手に握られている限定的な独立であった。1947年に実施された制憲議会選挙では、フランスからの完全独立を主張する民主党が安定多数を獲得、国王派の自由党の議席を大きく上回った[42]。民主党は共産主義勢力・クメール・イサラクに同調的な姿勢をとったためシハヌーク国王と対立することになる。シハヌークは、1952年には民主党内閣を辞職させ、1953年に国民議会を解散、戒厳令を敷いて、国王親政による独裁体制に移行した。国民議会は1955年9月の総選挙が実施されるまで不在となったが、シハヌークはこの独裁体制の中で、カンボジア完全独立のための諸外国との交渉に乗り出すことになる[43]。

42　前掲注38、天川（2001）、34ページ参照。
43　ヤープ・ファン・ヒネケン（1983）a『インドシナ現代史』（上）連合出版、山田侑平・鈴木佳明訳、56ページおよび山田裕史（2014）「カンボジア人民党による国民議会の掌握過程」『一党支配体制下の議会：中国、ベトナム、ラオス、カンボジアの事例から』日本貿易振興機構アジア経済研究所、2013年度調査研究報告書、第4章3ページ参照。

民族主義運動の急進派と共産主義勢力はフランスとの協定による限定的な独立を屈辱的なものとして反政府、反フランスの武装闘争を激化させていくことになる。この時期、ベトナムでは独立をめぐってフランスとの間で第一次インドシナ戦争（1946年から1954年）が続いていた。クメール・イサラクはインドシナ共産党の支援を得て抗仏武力勢力としてのクメール・イサラク統一戦線に発展していった。

　クメール・イサラクは、インドシナ共産党[44]の地下組織としてフランス保護領時代にゲリラ活動を開始、1946年8月にはシェムリアプに進駐するフランス軍を攻撃し武器を獲得、1949年までの3年間に多くの地域で人民委員会を設立し、村レベルの委員会は村民を守る自衛組織になっていった[45]。

(b) サンクム政権の時代

　シハヌークの諸外国との交渉が結実し、1953年11月9日に警察権、軍事権、外交自主権が回復し完全な独立を果たした。1955年3月、シハヌークは、自ら国政を指導するために王位を父に譲って退位し、4月にはシハヌーク自身を支持する政党を統合して大同団結の政治団体、サンクム・リア・ニヨム（人民社会主義共同体）を組織して総裁に就任した。サンクムは「神と王国と祖国」をスローガンに掲げ、王制と仏教を基盤として社会主義と民主主義を実現しようとする国民運動であった。左派と右派のバランスをうまくとろうという政治的意図があったために、イデオロギー的に一貫性を欠き、ある意味で混乱した組織であった[46]。

　1955年9月に行われた総選挙では、サンクムが83%を得票し国民議会の全ての議席を獲得した。ただ、この選挙結果の背景で、野党に対する妨害工作など不正選挙が大規模に行われたとされている[47]。サンクム体制は安定した

44　インドシナ共産党は1945年9月のベトナム民主共和国樹立直後、ベトナム、カンボジア、ラオス3カ国の描く戦術の違いにより解散する（Wilfred G. Burchett, 1982, *China, Cambodia, Vietnam Triangle*, Vanguard Books（日本語版：ウィルフレッド・バーチェット（1992）『カンボジア現代史』土生長穂、小倉貞男、文京洙訳、連合出版、19ページ参照）。
45　前掲注44、バーチェット（1992）、22ページ参照。
46　前掲注43、ヒネケン（1983）a、56ページ参照。
47　前掲注43、ヒネケン（1983）a、56ページ参照。

かに見えたが、反王制の勢力が拡大しつつあった。フランス保護領体制下、将来の国家再建を担う人材養成のためにパリに国費で留学させた学生が、マルクス主義に傾倒し、反王制を掲げる諸勢力となっていた。シハヌークは彼らを蔑視して「クメール・ルージュ」（赤化したクメール人）と非難した。クメール・ルージュは当時カンボジアに経済進出していたベトナムにも反感を抱いていた。留学生は帰国後、教職に就く者が多く、特に都市部においてクメール・ルージュが普及する要因になったとされる[48]。

　シハヌーク政権は対外的には東西両陣営に対して中立外交を掲げたが、結果的には両陣営からの信頼を失い、政権運営は破綻を来すことになる。まず、1963年に中国と友好不可侵条約を締結した。その一方で、ベトナムの共産勢力（解放戦線、北ベトナム）との関係を樹立し、カンボジア領内をホーチミンルートが通過することを黙認しただけでなく、シハヌークビル港から中国の対ベトナム解放勢力への軍事支援物資の運搬を容認した。その結果、アメリカ、タイ、南ベトナムとの関係は悪化してしまい、65年5月にアメリカと断交することになる。だが、1969年6月には、共産勢力によって国土が侵食されることを懸念し、アメリカと国交回復し、国内経済を立て直す目的のため、西側からの援助を導入する政策へと転換した。対外的に中立的な立場をとろうとするゆえ、外交姿勢が二転三転し、1969年までにシハヌークは左右両派を敵に回し、政権運営は行き詰っていくことになる。

　国内的には1967年1月、共産党の武装闘争が顕在化し、シハヌーク政権はクメール・ルージュを激しく弾圧したが、反乱勢力は拡大する傾向にあった。やがて反シハヌーク政権を標榜する農民の暴動が発生することになる。

(c) ロン・ノル政権時代

　反シハヌーク勢力は1970年3月18日、シハヌークの外遊中にクーデターを起こした。サンクムの右派勢力で反中親米派のロン・ノル首相兼国防大臣、リク・マタク副首相らが主導して、国民議会と王国評議会の合同会議において、シハヌークを国家元首から解任する決議を行った[49]。さらに1970年10月、

48　小倉貞男（1993）『ポル・ポト派とは？』（岩波ブックレット）岩波書店、7ページ参照。
49　前掲注43、山田（2014）、4ページ参照。

国民議会と王国評議会で可決されたクメール共和国宣言法に基づいて王制を廃し共和制への移行することとし、「クメール共和国」が樹立された。

これに対してシハヌークは、クメール・ルージュと共闘して民族統一戦線を結成した。シハヌークはそれまでクメール・ルージュを弾圧対象としてきたが、中国と北ベトナムの説得があり、ロン・ノル政権を倒すためにクメール・ルージュと手を組む決断をした。だが、この判断によって、クメール・ルージュが次期政権を担う基盤を築いていったとも考えられる。シハヌークは、1970年5月には王国民族連合政府を樹立、民族解放軍の結成を宣言して、国民に対してロン・ノル政権打倒を呼びかけた。

ロン・ノル政権後期、カンボジア国内では各地で反政府デモが頻発した。農民を中心としてシハヌーク元国王を支持する国民が多かったことも理由として挙げられるが、それだけではなかった。親米のロン・ノル政権は、ベトナム戦争の最中、アメリカ軍のカンボジア領内への侵攻と爆撃を黙認したため、農村部はアメリカ軍による激しい空爆に晒された。こうして農村部を中心として反ロン・ノル政権の国民感情が高まり、反政府勢力は拡大していった。なかでも反ロン・ノル勢力として共産主義を掲げるクメール・ルージュが勢力を拡大していった。

(d) ポル・ポト政権時代

1975年4月17日、反政府勢力・民族統一戦線がプノンペンに侵攻し、ロン・ノル政権は崩壊する。この時点で民族統一戦線の実権を握っていたのはクメール・ルージュであった。76年1月には新憲法を公布し、国名を「民主カンプチア」とした[50]。民主カンプチア憲法によって、立法府として農民代表、労働者代表、革命軍代表からなる人民代表会議が設置された。1976年3月には選挙が実施されたが、選挙権・被選挙権は一部の国民にしか与えられず、投票自体も国内の大部分では行われなかったとされている[51]。

クメール・ルージュは、毛沢東思想と文化大革命に心酔しており、極端な民族主義的共産主義思想に基づいて、農本主義による国土開発に取り組んだ。

50　「カンボジア」は英語表現であり、クメール語表現では「カンプチア」である。
51　前掲注43、山田(2014)、5ページ参照。

20　第1章　国土と国民国家の成り立ち

そのため首都プノンペン居住者を老若男女問わず、地方に強制的に移住させ、農作業に従事させた。通貨、市場、私有財産の停止、寺院や学校の閉鎖などの過激な変革が行われた。旧支配層、インテリ層、文化人や僧侶、教師などは政権に反抗的な存在と見なされ虐殺の対象になった。

　シハヌークは、1975年9月に北京からの帰国が認められ国家元首となったが、名ばかりの地位であった。民主カンプチアが正式に発足した1976年4月、ポル・ポトが首相に就任。シハヌークは国家元首辞任を申し出たが、これをポル・ポトは不服としてシハヌークを王宮内に幽閉することになる。

　クメール・ルージュによる国土開発は、無計画・無設計の灌漑水路の建設だったため、既存の自然水系が破壊され、農業インフラは機能しなくなり深刻な食糧危機が発生した[52]。都市の市民や旧支配階層、知識階級者は激しい粛清と虐殺に晒され大量の難民が国外に流出した。

　1975年4月17日から79年1月7日までポル・ポト政権の3年半の間に虐殺とともに、食糧危機による餓死や病死を含めれば、100万人から300万人が死亡したとされる[53]。

(e) ポル・ポト政権崩壊前夜

　クメール・ルージュは組織として一枚岩ではなく、指導権をめぐって内部

52　石澤良昭・北川香子・今川幸雄(1996)「歴史的背景」『もっと知りたいカンボジア』綾部恒雄・石井米雄編、弘文堂、45ページ参照。

53　死亡者数に関して、以下の通り多くの研究による推計が公表されており、100万人から300万人までの開きがある。人口統計学による推計によれば、100万人から200万人とされており、特にPatrick Heuveline, 2015は170万人と推定している。

　Heuveline, Patrick, 2015, "The Boundaries of Genocide：Quantifying the Uncertainty of the Death Toll During the Pol Pot Regime(1975-1979)," Population Studies, *A Journal of Demography*, Volume 69, 2015-Issue 2.

　Frey, Rebecca Joyce, 2009, *Genocide and International Justice*, Facts On File.

　Etcheson, Craig, 2005, *After the Killing Fields：Lessons from the Cambodian Genocide*, Greenwood.

　Heuveline, Patrick, 1998, "'Between One and Three Million'：Towards the Demographic Reconstruction of a Decade of Cambodian History(1970-79)". Population Studies. Taylor & Francis. 52(1), pp.49-65.

　Kiernan, B., 1996, *The Pol Pot regime：race, power, and genocide in Cambodia under the Khmer Rouge, 1975-79*, New Haven：Yale University Press.

で対立していた[54]。コンポン・トムやシェムリアプの北部を基盤とするポル・ポト・グループが中核をなし、タケオやカンポートといった地域を基盤とする南西部地方のグループとプノンペンやコンポン・チャム、スバイリエンを基盤とする東部地域のグループの間での対立があった。南西部のグループは後にポル・ポト・グループに吸収されてしまうが、ベトナムとの友好関係を主張する東部地域のグループとの対立は、後にポル・ポト・グループによる東部地域に対する粛清という形になっていく。

1979年にポル・ポト政権を崩壊に導くことになる救国民族統一戦線のヘン・サムリンやフン・センは、もともとクメール・ルージュの東部地域の幹部であった。ベトナムに対する方針において、ポル・ポト・グループと東部地域のクメール・ルージュでは相対立しており、カンボジアとベトナム間の国境問題に対する姿勢も異なっていた。1977年4月から5月にかけてチャウドクとハーティエンの領土紛争地域で小競り合いがおきた。ポル・ポト政権は、「カンボジア領内」に駐留しつづけるベトナム軍を排除するため、東部地方軍にベトナム南部タイニン省への攻撃準備指令を出した[55]が、東部地域の軍司令官の一部は攻撃命令に従わなかった。ベトナム攻撃の命令に反した者の中に、当時26歳の現首相フン・セン東部地方軍第三十一区副司令官兼参謀長がいた[56]。ポル・ポト政権において命令違反は、軍幹部であっても直ちに処刑の対象となったため、フン・センらは、1977年6月、部下を引き連れて戦線を離脱し、ベトナム領内に逃れた。東部地方軍によるベトナム・タイニン省攻撃は77年9月に実行されたが失敗に終わる。この頃からフン・センらポル・ポト政権離脱グループによる反ポル・ポト戦線の組織作りが始まった。77年12月にベトナム軍は大規模な攻撃をしかけ、カンボジア領内に深く侵攻した。この戦闘は1978年1月のベトナム軍撤退まで続いた。ポル・ポト政権内部では、ベトナム軍の侵攻を防げなかった東部地方軍に対する粛清

54　ヤープ・ファン・ヒネケン(1983)b『インドシナ現代史』(下)連合出版、山田侑平・鈴木佳明訳、42ページ参照。

55　シハヌーク政権時にベトナムと合意した国境線をポル・ポト政権は承認していなかったため、ベトナムに侵攻したとされる(冨山泰(1992)『カンボジア戦記―民族和解への道』中公新書、38ページ参照)。

56　前掲注55、冨山(1992)、39ページ参照。

22　第1章　国土と国民国家の成り立ち

が始まった。1979年1月に成立する人民革命党政権で首相となるヘン・サム
リンは東部地方軍第四師団長であり、後の上院議長チア・シムは東部地方軍
第二十区党委員会書記であったが、粛清の対象となることを恐れて、ベトナ
ム国境のジャングルに逃れたという。1978年秋、ベトナム軍はカンボジア
領内に潜んでいたヘン・サムリンの部隊を救出、チア・シムもこれに先立っ
てベトナム領内に入ったとされる。1978年12月には、フン・セン、ヘン・
サムリン、チア・シムら反ポル・ポト派のクメール・ルージュによって「カ
ンプチア救国民族統一戦線」が結成されることになる。

(f)　人民革命党政権時代

　1979年1月7日、ベトナムの支援を受けたカンプチア救国民族統一戦線(人
民革命党を中核とする戦線)の軍がカンボジア領内に侵攻し、プノンペンを陥
落させた[57]。その結果、ポル・ポト政権は崩壊し、ポル・ポト派はタイ国境
の山岳地帯へと逃走した。翌8日には、ヘン・サムリンを議長とするカンプ
チア革命評議会が設立され、「カンプチア人民共和国」の樹立を宣言した。ポ
ル・ポト政権下で壊滅した法律、行政制度、社会経済体制などの再建に乗り
出すことになった[58]。

　ポル・ポト派は、人民革命党政権がベトナムによるカンボジア支配であっ
て正当な政権ではないと訴え、これにASEAN諸国は同調した。国内的には、
1979年にFLNPK(クメール人民民族解放戦線:Front de libération nationale du
peuple khmer、ソン・サン派)、1981年にはFUNCINPEC(独立・中立・平和・
協力のカンボジアのための民族統一戦線:Front Uni National pour un Cambodge
Indépendant, Neutre, Pacifique, et Coopératif、シハヌーク派)が同調し、この3派
によって1982年に民主カンボジア連合政府が樹立された[59]。この3派連合政

57　人民革命党とは、そもそもベトナムの主導によりインドシナ共産党から派生して1951
　　年に創設された党であるが、1963年にカンボジア共産党と改称された(和田正名(1992)
　　『カンボジア　問題の歴史的背景』新日本出版社、62〜65ページ参照)。ただし、ポル・
　　ポトによるカンボジア共産党は人民革命党とは無縁とする指摘もある(前掲注55、冨山
　　(1992)、40ページ参照。
58　高橋宏明(2001)「近現代カンボジアにおける中央・地方行政制度の形成過程と政治主
　　体」天川直子編『カンボジアの復興・開発』第2章、92ページ参照。

府は中国、ASEAN、米国からの支援を受けたのに対して、人民革命党はベトナムとソ連が支援する形となり、カンボジアの紛争の構図は確定されることになる。

　人民革命党政権は、ベトナムの傀儡政権という見方が強く国際社会では承認されることはなかった。国連の議席は前ポル・ポト政権を引き継ぐ民主カンボジア連合政府が維持し続けた。人民革命党政権と3派の対立は1991年のパリ和平協定の締結まで続くことになるが、軍事・民事両面においてベトナムの全面的支援の下で、人民革命党政権は1980年代を通じてカンボジアにおける実効支配を確立した[60]。

　人民革命党政権と3派の対立が融和へと向かう契機となったのが、1987年12月2日、シハヌークとフン・セン首相がはじめてフランスで会談したことにある。1988年7月から1989年5月にかけて人民革命党政権と3派の間で公式、非公式の話し合いがもたれた[61]。これに先だって、1988年6月には、ベトナムはカンボジア駐留軍の撤収をはじめ、89年9月に撤退を終えた。

　1989年7月30日〜8月31日にかけて4派とカンボジアの和平のために支援をしてきたフランス、インドネシアをはじめ、アメリカ、イギリス、中国等18カ国による第1回パリ和平会議が開催された。協議は「軍事」「政治」「復旧復興および難民帰還」などの委員会に分かれて行われた。この会議では「軍事」と「政治」に関しては合意が得られず延期（中断）されたが、その後、1991年の10月にかけてタイ、日本、インドネシア等で公式、非公式の会合が重ねられた。その結果、1991年10月23日、パリ和平協定（カンボジア紛争の包括的政治解決に関する協定）[62]が締結され内戦が終結した。

59　天川直子（2004）a「ASEAN加盟下のカンボジア−諸制度と実態の変化」天川直子編『カンボジア新時代』日本貿易振興機構アジア経済研究所、序章、5ページ参照。

60　前掲注59、天川（2004）a、5ページ参照。

61　前掲注9、今川（1996）、212ページ参照。

62　「カンボディア紛争の包括的な政治解決に関する協定」および「カンボディアの主権、独立、領土の保全及び不可侵、中立並びに国家統一に関する協定」
　　在カンボジア日本大使館ウェブサイト参照。
　　（http://www.kh.emb-japan.go.jp/political/nikokukan/kyotei.htm）
　　なお、本章におけるウェブサイト最終閲覧日は、特に断りのない限り2018年10月16日である。

(g) 内戦終結後の選挙と復興

　1992年2月、国連安保理事会によってUNTAC(国連カンボジア暫定統治機構：United Nations Transitional Authority in Cambodia)が設立され、国連主導による国家建設が始まった[63]。1993年5月23日から28日にかけて[64]、パリ和平協定に基づいてUNTACの監視下、総選挙が行われた[65]。この選挙には、内戦で争ってきた4派の勝敗を戦闘ではなく国民の投票によって決めるという意味合いがあった[66]。

　カンボジア紛争で争ってきた4派のうち、人民革命党は党名を人民党に変更した。FUNCINPECは「フンシンペック党」を創設し、FLNPKは仏教自由民主党と自由民主党に分裂して選挙に参加した。しかし、ポル・ポト派は選挙をボイコットしたため、紛争の勝敗を政治的に決着づけることができなくなった。選挙の前にポル・ポト派によるベトナム系住民に対する襲撃が繰り返しおこった。UNTAC要員への攻撃もあり、日本人の犠牲者も出た。犯人はポル・ポト派に断定されていないが、国連日本人ボランティアの中田厚仁、文民警察官の高田晴行が殺害されたほか、4名の文民警察官が重軽傷を負った[67]。

　1993年5月に行われた選挙の結果は、旧シハヌーク派のフンシンペック党が45％、旧プノンペン政権の人民党が39％を占めた。フンシンペック党議員が58名、人民党が51名、その他11名で構成される議会が成立した[68]。議会は6月14日に開会され、3カ月余り後、同年9月24日には立憲君主制、民主主義、自由経済を標榜する「カンボジア王国憲法」が新たに公布された。翌年

63　UNTACの任務や活動とその評価については、以下の文献に詳述されている。
　　一柳直子(1997)「国連カンボジア暫定統治機構(UNTAC)活動の評価とその教訓(一)、カンボジア紛争を巡る国連の対応(1991 ~ 1993)」『立命館法学』1997年2号(252号)、387ページ以降参照。
64　前掲注9、今川(1996)、217ページ参照。
65　比例代表により政党に投票することによって制憲議会議員120名を選出というもので、懸念されたクメール・ルージュによる妨害もほとんどなく、90％以上の投票率であった(前掲注9、今川(1996)、217ページ参照)。
66　前掲注59、天川(2004)a、6ページ参照。
67　外務省ウェブサイト(カンボジア和平及び復興への日本の協力)参照。
　　(http://www.mofa.go.jp/mofaj/area/cambodia/kyoryoku.html)
68　前掲注9、今川(1996)、217ページ参照。

にはシハヌークが国王に復位して新生「カンボジア王国」が再建された。シハヌーク国王は、フンシンペック党のラナリットを第一首相、人民党のフン・センを第二首相に任命し、連立内閣が成立した。

　選挙への参加を拒否したポル・ポトとイエン・サリー派の民主カンボジア（クメール・ルージュ）は、1994年7月に成立した法律（「民主カンプチア」の非合法化に関する法律、Law on the Outlawing of the "Democratic Kampuchea" Group）によって非合法化され政治活動を行うことができなくなった[69]。新生カンボジア王国発足後も暫くはクメール・ルージュの残党との戦闘が続いたが、1996年にはイエン・サリが投降、1998年4月にはポル・ポト派の最後の砦となっていた北部タイ国境近くウッドー・ミアンチェイ州アンロンベンが陥落、同年末にポル・ポト政権の国家幹部会議長のキュー・サンパン、国会議長のヌオン・チアといった幹部が投降してほぼ壊滅状態になった。1999年3月、最後の幹部タ・モクが王国軍に拘束されたことによって、クメール・ルージュは完全に終焉となった[70]。

　新生カンボジア王国成立の1993年以降の政治体制については、次節で詳しく述べるが、1998年の総選挙以降、フン・セン首相・人民党を首班とする連立政権が成立し、それ以降、首相として政権を担っている。18年7月に実施された総選挙でも人民党は77％を超える圧倒的な得票となった[71]。

▶▶ 小括

　本章では現在のカンボジアの政治経済や労働市場を理解するための基礎知識として、カンボジアの国土や地理上の位置づけを確認しつつ、国民国家の成り立ちという視点で歴史を振り返った。

　インドシナ半島は日系進出企業の投資環境として見れば、2015年末のASEAN経済共同体の発足もあり、一つの地域経済をなしている。タイ、ベ

69　前掲注9、今川（1996）、232ページ、四本健二（2001）「カンボジアの復興・開発と法制度」天川直子編、『カンボジアの復興・開発』第3章、日本貿易振興会アジア経済研究所、140ページ参照。

70　天川直子（2000）「紛争の時代から「国内政治」の始まりへ：1999年のカンボジア」『アジア動向年報　2000年版』日本貿易振興会アジア経済研究所、226ページ参照。

71　Ben Sokhean, 2018, "CPP sweeps National Assembly as figures from elections come in," *The Phnom Penh Post*, 31 July 2018.

トナムとの経済的なつながりは、メコン圏の「経済回廊」の整備や国境を跨いだ鉄道の敷設によって強まっている[72]。そういったタイやベトナムとのつながりも、本章で振り返った歴史を踏まえれば、表面的な活況だけでなく、複雑に絡み合う一面が浮き彫りになるだろう。

　続く第2章では、本章の最後に触れた1993年の新生カンボジア王国発足以降の政治動向とともに、カンボジア経済についてASEAN地域とのつながりを念頭に置きながら概観する。特に、労働市場に関する統計数値を詳しくみることによって雇用や労働を中心とした経済的側面に着目する。

72　筆者がポイペトを訪れた17年10月にはタイ側に伸びる鉄道敷設は完了しているようであったが、カンボジア側は整地された段階で鉄路はまだ見られなかった。政府発表によると、2018年4月4日、ポイペトからシソポン間の改修が完了し、4月29日、シソポンからバッタンバン間が開通した(Agence Kampuchea Press (AKP) ウェブサイト(https://www.akp.gov.kh/)、"Senior Minister Sun Chanthol Presides over the Launching of Trial Operation of Poi Pet-Sisophon Train Service," AKP Banteay Meanchey, April 4, 2018および "Launch of Trial Operation of Sisophon-Battambang Train Service," AKP Banteay Meanchey, April 29, 2018参照)(ウェブサイト最終閲覧日：2018年6月4日)。

▶▶▶ 第2章 ◀◀◀

政治と経済、労働市場

夕暮れ時のノロドム・シハヌーク前国王像

▶▶ はじめに

　2018年7月の国民議会議員選挙を目前に控え、2017年以降、与野党間の対立が高まった。野党・救国党の党首代行を務めるケム・ソカー副党首が逮捕され、最高裁判所が救国党に解党を命じる事態に発展した。その影響は政治に限られたことではない。17年10月から11月にかけて世界銀行や国際通貨基金といった国際機関によって示された経済の中期見通しでは、カンボジア経済の減速要因の一つとして、2018年の総選挙の見通しが不透明であることが挙げられている。

　カンボジアの1人当たりGDPはASEAN諸国の中でラオス、ミャンマーよりも低い水準にあって最下位ではあるが、近年、安定した経済成長を続けている。2013年には、1人当たりGDPが1,000ドルを超え、世界銀行はカンボジアを低位中所得国に格上げした。国際機関による経済の中期見通しを踏まえれば、カンボジア経済の成長が期待できるとしている。しかし、中国経済が低迷すれば、その影響を受けてカンボジア経済も減速するとの指摘もあり、懸念材料がないわけではない。本章ではカンボジアの政治と経済、そして労働市場について概観する。

▶▶ 1　政治概況

（1）政治体制

　カンボジアでは、1953年の完全な独立を果たす前、限定的に独立が認められたフランス保護領時代末期に議会制が導入された。1946年1月にカンボジア人の政党活動が認められ、主に王族を指導者とする政党が結成された[1]。1946年9月に実施された初めての議会選挙において、王族シソワット・ユッテヴォンが結成した民主党が過半数を獲得し、このほかに自由党や民主進歩党といった政党からなる制憲議会が発足した[2]。しかし、シハヌーク国王（当時）

1　山田裕史(2016)「人民党一党支配体制下のカンボジア議会の役割」『アジ研ワールド・トレンド』日本貿易振興機構アジア経済研究所、245巻、2016年2月、18～21ページおよび、天川直子(2001)「カンボジアにおける国民国家形成と国家の担い手をめぐる紛争」『カンボジアの復興・開発』日本貿易振興会アジア経済研究所、第1章、34ページ参照。
2　山田裕史(2014)「カンボジア人民党による国民議会の掌握過程」『一党支配体制下の議会：中国、ベトナム、ラオス、カンボジアの事例から』第4章、3ページ参照。

との対立や党内派閥分裂等によって議会制民主主義は安定的には機能しなかった。その後、完全独立の直前の1953年1月に招集された議会において、議会与党の民主党がシハヌーク国王への対立姿勢を明確にしたため、国王は議会を解散することになる。この1953年1月から国連暫定統治下の1993年6月に制憲議会が発足するまで、前節で見てきたように幾重にも政権交代を経たが、単一政党による全議席独占という状態が続くことになる[3]。

以下、1993年の国連監視下での総選挙以降の政治体制の概要と経緯を述べる。

(a) UNTAC監視下の総選挙

第1章でみたようにカンボジアでは独立以降、冷戦時代の東西諸国の支援を受けた政治勢力間の激しい対立が繰り返され、安定的な政治運営は実現されなかった。民主カンプチア時代(1974年4月〜1979年1月)のクメール・ルージュの中核をなすポル・ポト派と東部地方指導者との軍事衝突に始まるカンボジア紛争[4]は、1991年のパリ和平協定の締結まで約20年続くことになる。この和平協定に基づいてUNTAC(国連カンボジア暫定統治機構)の監視下で1993年5月末、制憲議会選挙が実施された[5]。

シハヌークが創設したフンシンペック党は、「国父」への期待が得票に結びつき第一党となり、1979年から政権を担ってきた人民党勢力は後塵を拝するかたちとなる[6]。この選挙結果に対して人民党から選挙不正の指摘が上がり、政権の成立までに時間を要した。だが、7月1日になって選挙結果で第1党となったフンシンペック党のラナリット殿下が第一首相に、第2党となった人民党のフン・センが第二首相に就任するという暫定国民政府が発足した。この連立は妥協の産物ともとれるが、フンシンペック党としても、選挙で第

3　前掲注2、山田(2014)、7ページ参照。しかも、前掲注1、山田(2016)によると、1993年の新生「カンボジア王国」が再建以後も、特に2003年の第3回国民議会選挙以降、人民党の一党支配体制がほぼ続いている。

4　前掲注1、天川(2001)、第1章による。

5　天川直子(2004)a「ASEAN加盟下のカンボジア―諸制度と実態の変化―」天川直子編『カンボジア新時代』日本貿易振興機構アジア経済研究所、序章、6ページ参照。

6　前掲注5、天川(2004)a、11ページ参照。

一党にはなったものの、1980年代からの人民革命党による政権運営を無視できないという実情があったとされる[7]。1993年9月24日に新しい憲法が公布され、シハヌーク国王を国家元首とする立憲君主制となった。1993年の選挙は、カンボジア紛争を政治的に解決することを目的としていたが、ポル・ポト派が選挙へ参加を拒否したことで、完全な解決に至ることはできなかった。

(b) 1997年7月政変

1993年の国連主導の総選挙を終えて以降、安定的な政治体制が形成されたわけではない。第2回目の1998年の総選挙を控えた1997年にフンシンペック党と人民党との間で対立による武力衝突が起きている。再び、かつての紛争状態に戻ってしまうのかという懸念もあがった。

1998年の選挙に向けてフンシンペック党も人民党も勢力拡大の動きを見せていた。フンシンペック党は1996年末からクメール国民党（サム・ランシー議長）との同盟に基づく民族統一戦線の結成を進めていた。人民党はこの戦線に加わる意図のないことを党大会で決定したため、フンシンペック党と人民党の連立に亀裂が生じることになった。民族統一戦線は仏教自由民主党ソン・サン派やクメール中立党の参加を得て、1997年2月に発足。一方で人民党はその他の少数政党との連携を進めていた。民族統一戦線の結成と並行してフンシンペック党は民主カンプチア（ポル・ポト派）との連携を模索していた。この連携は署名するだけの段階に達していたが、フン・セン第二首相らによるラナリット第一首相国外追放のクーデター騒ぎが勃発、人民党との武力衝突に発展した。ただ、武力衝突は小規模で抑えられ、第一首相にフンシンペック党のウオン・フォト外相が就任することで短期間のうちに事態は収束した[8]。

国際社会からも信任を得つつありASEAN加盟を翌年に控えていた時期に、

7　前掲注5、天川(2004)a、11ページ参照。
8　天川直子(1998)「1993年体制の終わりの始まり：1997年のカンボジア」『アジア動向年報—1998年版』アジア経済研究所および道法清隆・林憲忠 編著(2016)『カンボジア経済の基礎知識』日本貿易振興機構、20ページ参照。

こうした武力を伴う政変が起きたため、国際社会のカンボジアに対する信頼は揺らぎかけた。1997年末の国連総会への出席が認められず一時、国際社会から孤立状態になった[9]。1998年の総選挙を終えた後も、ASEAN諸国のカンボジア政情に関する評価は分かれASEAN加盟までは、1997年のミャンマーとラオスの加盟から遅れること約2年の時間を要することになる。

(c) 1998年総選挙以後

1998年の総選挙は1997年の政変を受けて、7月に国際合同監視団の下で実施された。その選挙結果は、人民党が41.4％、フンシンペック党が31.7％、サム・ランシー党[10]が14.3％を獲得するというものだった(図表2-1参照(33ページ))。フンシンペック党とサム・ランシー党から選挙の不正を指摘する訴えが上がったが、8月に憲法院によって適正であると判断された。選挙結果が確定した後も、連立政権の組み合わせに関して政党間で対立が生じた。サム・ランシー党を連立に含めることを要求するフンシンペック党と、それを拒否する人民党の対立だった。両党は歩み寄りを見せず、膠着状態が1カ月以上続いたが、11月になって国王からの提案もあり、人民党とフンシンペック党2党の連立の政権が成立した。連立の条件として、フンシンペック党のラナリット議員は下院議長のポストを要求。これを受けて、チア・シム下院議長のポストとして上院を新設してチア・シム上院議長とし、ラナリットを下院議長、フン・センを首相とすることで合意した。政権のポストが確定するまで、総選挙の実施から4カ月を要した[11]。

3回目の2003年の総選挙は、人民党の議席増とサム・ランシー党の躍進、そしてフンシンペック党の凋落という結果に終わった[12]。人民党は得票率を伸ばしたものの59％にとどまり、単独で政権を成立させる3分2の議席を獲

9 　初鹿野直美(2012)「国際社会の信頼を得るために」上田広美・岡田知子『カンボジアを知るための62章(第2版)』明石書店、216ページ参照。

10 　サム・ランシー党は、FUNCINPECの幹部であったサム・ランシーが1995年にフンシンペック党を除名されたため立ち上げた党である。

11 　天川直子(1999)「国際社会の信頼を取り戻すために：1998年のカンボジア」『アジア動向年報　1999年版』日本貿易振興機構アジア経済研究所参照。

12 　天川直子(2004)b「新政府の不在：2003年のカンボジア」『アジア動向年報　2004年版』日本貿易振興機構アジア経済研究所、234ページ参照。

得するまでには至らなかった。連立政権発足までには1年近くの時間を要した。人民党が前回と同様にフンシンペック党との連立を打診したのに対して、フンシンペック党は、サム・ランシー党と民主主義者同盟を結成して人民党との対決する姿勢を示したため、1年近くの間、膠着状態が続いた。人民党は閣僚や州知事などのポストをフンシンペック党に割り当てることによって取り込みを図り、民主主義同盟の決裂に追い込むことによって決着した[13]。

2006年3月には、憲法が改正され、政府に対する内閣信任に必要な下院議員の数が、3分の2以上から過半数に変更された[14]。

2008年の4回目の選挙に際して、人民党は野党の取り込みと分断を図り、フンシンペック党とサム・ランシー党の主要党員に対して次期政権での主要ポストを約束することによって人民党への入党を促した。選挙結果は、人民党が3分の2を超える議席を獲得して圧勝となった[15]。

しかし、2013年7月に実施された第5回総選挙では、野党第一党と接戦となった。2008年の総選挙で第2党となったサム・ランシー党と第3党の人権党[16]が2012年に合併して創設された救国党との議席の差は9となった。人民党が68議席を獲得したのに対して、救国党が55議席を獲得した。1993年の第1回から2003年の3回までは主要な政党であったフンシンペック党は、第5回の総選挙で議席を失った。選挙結果に対して、救国党は、投票人名簿の改ざんなどの選挙不正があったことを訴え、選挙結果を拒否し、国民議会をボイコットした。

第5回の選挙までの獲得議席数の推移を示したのが図表2-1である。

13　前掲注1、山田(2016)、18ページ参照。
14　遠藤聡(2008)「【カンボジア】総選挙と新政府の発足─人民党の「単独政権」立法情報」『外国の立法』(2008.11)国立国会図書館調査及び立法考査局参照。この改正は、サム・ランシー党党首が提示したものとされている。国民議会議長に対する名誉毀損で有罪判決を受けていたサム・ランシー党首が、フン・セン首相に対して国王からの恩赦の付与を要請する政治取引があったのではないかと言われている。前掲注1、山田(2016)、20ページ参照。
15　天川直子(2009)「人民党の圧勝：2008年のカンボジア」『アジア動向年報　2009年版』日本貿易振興機構アジア経済研究所および前掲注1、山田(2016)、21ページ参照。
16　人権党はケム・ソカーが2007年1月に結成した政党である。

図表2-1　獲得議席数の推移

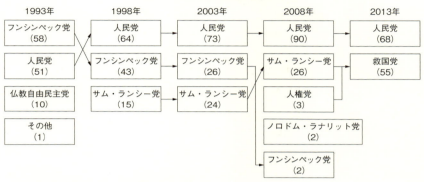

(出所)　天川(2001)、山田(2014)等を参照して作成。

(d) 2018年の総選挙までの約1年の動き

　2018年7月には第6回の総選挙が行われたが、その選挙戦において、フン・セン首相は毎週のように工場を訪問し、民意の把握に努めると訴えかけた[17]。

　2017年6月4日に行われた地方評議会選挙では全国1,646の村・地区のうち、人民党が1,156、救国党が489、その他の野党が1の選挙区を獲得。特に大都市で救国党の躍進がめざましく、得票率では人民党が50.8％に対して、救国党が43.8％となり拮抗する結果となった[18]。2013年の選挙で救国党との議席数の差が僅差となっており、2018年の選挙での救国党の得票に関心が寄せられるようになっていた。そのような矢先、2017年9月3日未明、カンボジア警察は、救国党のケム・ソカー党首を逮捕した。容疑は、海外の放送局を通じ、外国人支持者らと国家転覆を計画した国家反逆とされた[19]。

　このほかに、同年8月にはボイス・オブ・アメリカやラジオ・フリー・ア

17　Kong Meta, 2017, "Hun Sen promises weekly garment factory visits," *The Phnom Penh Post*, 7 August, 2017.
18　Ananth Baliga, 2017, "Breaking：Final NEC commune elections results released," *The Phnom Penh Post*, 25 June, 2017.
19　"Breaking：Kem Sokha officially charged with 'treason'," *The Phnom Penh Post*, 5 September, 2017.
　"Sokha arrested for 'treason', is accused of colluding with US to topple the government," *The Phnom Penh Post*, 4 September, 2017.

ジアといった人民党政権批判の放送をしてきたラジオ局15局を閉鎖する措置がとられた[20]。同じ頃、NGOからの批判も強いNGO法（Law on Associations and Non-Governmental Organizations：結社およびNGOに関する法律）を適用して、アメリカ民主党国際研究所（National Democratic Institute：NDI）のカンボジア事務所に活動停止の命令が下され[21]、外国人職員7名が国外退去処分となった。さらに9月になって、政府に批判的な論調が強い英字新聞のカンボジア・デイリーは、脱税の容疑により6億円以上の巨額の追徴課税処分とされ、資産差し押さえとなり廃刊に追い込まれた[22]。

　救国党の政治活動に関する司法判断も下された。11月16日、カンボジア最高裁判所は、救国党に解党を命じる判決を下し、ケム・ソカー党首らによる国家反逆に関する疑いを認めた。救国党員など118人について5年間の政治活動禁止という判断を下した[23]。

　この措置に対してアメリカは強く反発し、ビザの発給を制限する制裁を実施した[24]。さらなる制裁も検討されており[25]、制裁の内容によってはカンボジア経済への影響も懸念される。縫製業の企業からなる業界団体（カンボジア縫製業協会、GMAC：Garment Manufacturers Association in Cambodia）[26]は、アメ

20　Niem Chheng, 2017, "More stations told to stop VOA, RFA shows," *The Phnom Penh Post*, 4 September, 2017.
　　Mech Dara and Ananth Baliga, 2017, "Government closes 15 radio stations," *The Phnom Penh Post*, 25 August, 2017.
21　Ananth Baliga, 2017, "Breaking：NDI to be shuttered, foreign staff expelled," *The Phnom Penh Post*, 23 August, 2017.
22　Ananth Baliga and Niem Chheng, 2017, "Daily silenced after 24 years," *The Phnom Penh Post*, 4 September, 2017.
23　Ben Sokhean, Mech Dara and Ananth Baliga, 2017, "'Death of democracy'：CNRP dissolved by Supreme Court ruling," *The Phnom Penh Post*, 17 November 2017.
24　Leonie Kijewski, 2017, "US to issue visa sanctions against Cambodian officials 'undermining democracy'," *The Phnom Penh Post*, 7 December, 2017.
25　Andrew Nachemson, 2017, "More sanctions being drafted to hit Cambodian government over political crackdown, says senator's aide," *The Phnom Penh Post*, 6 February, 2018.
　　Andrew Nachemson, 2017, "US says more sanctions on table in response to political crackdown," *The Phnom Penh Post*, 14 December, 2017.
　　Kali Kotoski, 2017, "A fray in US economic ties?" *The Phnom Penh Post*, 5 September 2017.
26　GMACの組織概要については第6章、第3節(2)(b)(206ページ)を参照。

リカやEU諸国に対して、カンボジアの産業への支援を今後も継続するように求める嘆願書を提出した[27]。その一方で欧米の縫製関連進出企業は、労働組合法の適正な運用や最低賃金の高騰を回避するように求めるとともに、民主的な措置をとるように訴えかけている[28]。

(e) 2018年上院選挙結果

　カンボジアは後述のとおり二院制をとっている。下院の総選挙に先立ち、上院議会選挙が2018年2月25日に行われた。定数62議席のうち58議席は、下院議員123人、地方評議会議員1万1,572人による間接選挙で選ばれたが、この全ての議席を人民党が確保する選挙結果となった[29]。残る4議席のうち、2議席は国王の指名、2議席は下院議員が選ぶこととなっている。国王指名については、シハモニ国王が2月19日に、異母妹のアルンレアスマイ（前フンシンペック党党首）とオム・ソマニンという王族2名を上院議員に任命した。残る2議席は4月になってフンシンペック党から任命された[30]。

(f) 2018年総選挙

　2018年7月29日にカンボジア国民議会選挙が実施された。8月15日に、カンボジア国家選挙管理委員会によって選挙結果が発表された[31]。与党の人民党が76.8％を得票し、125議席全議席を獲得する人民党の圧勝の結果となった。その他の19の野党合計の得票率が23.2％で、最も得票率の高かったフンシンペック党でも5.9％だった。解党された救国党の支持者からの得票を

27　Yon Sineat and Danielle Keeton-Olsen, 2017, "GMAC urges international community to continue supporting garment industry amid political crackdown," *The Phnom Penh Post*, 4 December, 2017.

28　Daphne Chen, 2018, "Apparel groups including H&M and Gap urge Cambodia garment industry reform, seek meeting with Hun Sen," *The Phnom Penh Post*, 21 March, 2018.

29　Ben Sokhean and Ananth Baliga, 2018, "CPP claims all 58 seats up for grabs in Senate," *The Phnom Penh Post*, 26 February, 2018.

30　Andrew Nachemson and Soth Koemsoeun, 2018, "Two new Funcinpec members confirmed to Senate," *The Phnom Penh Post*, 9 April, 2018.

31　Ben Sokhean, 2018, "Final poll results confirm first single-party Assembly," *The Phnom Penh Post*, 16 August, 2018.

36　第2章　政治と経済、労働市場

他の野党が得ることはできなかった。クメール経済発展党(Khmer Economic Development Party：KEDP)とリークスメイ・クメール党(Reaksmey Khemera Party：RKP)の2党は、選挙結果に異を唱える声明を出した[32]。こうした異議が出されたものの、従来ほどの強硬な反発は起こることなく、8月のうちに結果が確定した。

(2) 統治構造

　1993年憲法に基づく統治構造の特徴を整理しておこう。この憲法は社会主義体制から離れて、市場経済と複数政党制を採用して民主主義体制に移行するとともに立憲君主制を採用することを宣言した。1993年憲法は、1994年7月14日(法律の公布手続の修正)、1999年3月6日(上院の設立)、2001年7月28日(国家勲章の創設)、2005年6月19日(議員定足数の修正)、2006年3月9日(内閣信任投票の修正)に、それぞれ修正されている[33]。

(a) 立憲君主制

　憲法7条では、「カンボジア国王は君臨するが統治しない」という原則が定められ、8条では「民族の統合と永続性の象徴」と位置付けられている。国王に行政上の権限が認められているが、名目的な範囲に限定されている。これは国王が政治権力から切り離されて、調停者としての任務が期待されていることを示している(9条)。

　国王は、30歳以上で、アン・ドゥオン王、ノロドム王、シソワット王の直系子孫である男子の王族から、王位継承評議会によって選任される。国王は、月2回、首相および大臣会議の謁見を受け、国情に関する報告を受ける(20条)。立憲君主制が採用されているが、国民主権を承認しており、そのもと

32　Ben Sokhean, 2018, "Two parties reject results of election," *The Phnom Penh Post*, 6 August, 2018.
33　カンボジア憲法の日本語訳は、四本健二(1999)『カンボジア憲法論』勁草書房を参照。さらに法務省の以下のウェブサイト参照。なお、本章におけるウェブサイト最終閲覧日は、特に断りのない限り2018年10月16日である。
(http://www.moj.go.jp/content/001182872.pdf)
(http://www.moj.go.jp/content/001182873.pdf)

で立法権、行政権、司法権の三権分立を定めている(51条)。

(b) 立法権

議会は二院制を採用しており、任期6年、定数62名の上院と、任期5年、定数123名の国民議会(下院)から構成されている。

上院は1999年3月6日憲法改正によって同年11月に設けられた。上院の議員は、国民議会議員と地方評議会議員による間接選挙で選ばれる57名と国王と国民議会から指名される各2名からなっている。18歳以上のカンボジア国民に選挙権、40歳以上のカンボジア国民に被選挙権が与えられている。2012年1月29日に実施された選挙では、カンボジア人民党が46議席を獲得した。権限は国民議会を通過した法案を検討し、国民議会が検討を求めた問題について審議することになっているが、実質は法案を形式的に承認するだけとされている。修正されたときは、それを国民会議で審議して過半数の決議で可決する。国家の重要事項を決定するために両院協議会が設置される(116条)。

国民議会は国民の直接選挙で議員が選出される。18歳以上のカンボジア国民が選挙権を有し、25歳以上のカンボジア国民が被選挙権を有する。

国民議会規則によれば、政府提案法案、議員提出法案を審議するために、少なくとも3カ月間を会期とする常会を年2回召集することになっている。臨時議会の開催も定められている(107条)。定足数は議員総数の7割以上であるが、議案は過半数で可決される(90条)。ただし、憲法改正、大臣罷免、政府不信任動議は3分の2の多数決が必要である。

カンボジアには国民投票制度はないが、国民大会が首相によって毎年12月に開催されて、そこで国民は、国情の報告を受け、問題を提起して請願を行う権利が保障され、政府や議会に勧告を採択する権限が与えられている(147条～149条)。しかし、これまで国民大会は開催されたことはない。直接民主主義を目指しているが、まだ実行されたことがない[34]。

34　四本健二(2010)b「東南アジア編　統治機構」稲正樹・孝忠延夫・國分典子編著『アジアの憲法入門』日本評論社。

38　第2章　政治と経済、労働市場

(c) 行政権

　中央政府においては、閣僚評議会の統括のもとに、行政機関によって分担されている。閣僚評議会は首相、副首相、国務大臣、大臣、政務長官から構成される。選挙で勝利した政党に属する国会議員の中から、1名を首相に選び、首相が閣僚評議会のメンバーを選び、国民会議で議員総数の3分の2以上の賛成を得て、国王が任命する勅令を発する(90条、119条)。

　首相の権限は、閣僚評議会を主宰し、国務を指揮・監督することである。この他に外国との交渉を指揮し条約に署名すること、官房長官、各省事務次官、官房長、州知事、市長、国軍司令官の任命、異動、罷免を提案すること等である。

　中央行政機関として27省が設置されて、それぞれの行政事務を担当している(主要省庁は図表2-2通り)。

　地方政府は首都(Capital)・州(Province)、区(Khan)・市(Municipality)・郡(District)、コミューン(Commune)・サンカット(Sangkat)の3層になっている。首都・州・区・市・郡は国の出先機関であり、コミューンとサンカットは地方自治体である。

図表2-2　省庁一覧

内務省	情報省
国防省	司法省
外務・国際協力省	上院−下院関係・検察省
経済・財政省	郵便・電気通信省
農林水産省	保健省
農村開発省	公共事業・運輸省
商業省	文化・芸術省
鉱業・エネルギー省	観光省
計画省	宗教省
教育・青少年・スポーツ省	女性問題省
社会福祉・退役軍人・青少年更正省	労働・職業訓練省
国土管理・都市計画・建設省	公務員省
環境省	工業・手工芸省
水資源・気象省	

（出所）　カンボジア政府ウェブサイト等を参照。

首都・州・市の首長は首相の提案を国民会議が承認することにより任命、異動、罷免が行われる。郡と区の長は、内務大臣の指名に基づき首相によって任命、異動、罷免が行われる。首都・州・市・郡・区の長は内務省の職員であり、地方行政を統括している[35]。

憲法には、行政権を内部統制する機関、例えばオンブズマン制度の規定はない上に、汚職を禁止する規定も設けていない。行政機関の腐敗を防止することは人権や民主主義を確立する上で必要であるが、憲法には規定がない。しかし、2011年8月反汚職法を制定して、汚職防止を担当する行政機関を設置している。政府職員に書類提出時に非公式に手数料を支払うことは汚職となっている。

(d) 司法権

裁判所は、州および特別市裁判所、軍法会議、控訴裁判所、最高裁判所から構成されている。軍法会議は軍人の規律違反を審理する機関であり、特殊な裁判所である。州および特別市裁判所は第一審の裁判所であり、刑事事件、民事事件、商事事件、行政事件、労働事件を管轄する。控訴裁判所は、3名の裁判官で構成され、州および特別市裁判所、軍法会議の判決に不服がある者からの控訴を審理する。最高裁判所は、控訴裁判所の判決に不服がある者からの上告を審理する。5名の裁判官から構成される小法廷では法律解釈についてのみ審理し、9名の裁判官から構成される大法廷では法律解釈と事実認定を審理することになっている。

司法権の独立をどう維持するかの問題がある。カンボジアでは国王が「司法権の独立の擁護者」(憲法113条)となっているが、国王が議長である司法官職高等評議会がその役割を果たしている。これは、司法大臣、最高裁判所長官、最高裁所属検事総長、控訴裁判所長官、控訴裁判所所属検事長、選挙で選ばれた3名の裁判官で構成されている。任務は、法律案への助言と勧告、裁判官と検察官の任命、異動、解任、停職、降格、罷免、昇格について国王

35　自治体国際化協会シンガポール事務所(2015)『カンボジアの地方自治』Clair Report 426号。
　　(http://www.clair.or.jp/j/forum/pub/docs/426.pdf)

に提案し、国王の裁可を受ける。

　司法部門で最も問題となっているのが裁判官の腐敗である。裁判官の給与が低いために、それを補うために賄賂を受け取って不公正な判決を下すという問題である。裁判官の地位は安定していないために、裁判官でいる間に将来のために賄賂をうけとって蓄財しておこうとする態度を生んでいる[36]。この問題は司法権の独立を危うくするおそれがあると指摘されている。

　違憲審査を行う機関として憲法院が1998年6月に設置されている。9名の委員から構成され、国民議会、司法官職高等評議会、国王によって指名された者である。公布前の法律案だけでなく公布後の法律も審査の対象としている。これはフランスの2008年における憲法改正によって、従来あった事前審査だけでなく事後審査を認めた制度と類似した内容になっている。国王、首相、議会議長、議員総数の10分の1の議員、裁判官が憲法院への提訴ができる。公布された法律について市民は議員や議会議長を通じて合憲性の審査を求めることが可能である。議員総数の10分の1である13名の少数派議員で憲法院への提訴によって法律を廃止や修正に持ち込むという方法が可能になっている。

　裁判官・検察官はポル・ポト政権下で多くが殺害されたために人材不足に陥った。組織的な裁判官や検察官の養成のために2002年2月5日公布の司法官養成学校の設置に関する政令に基づき、王立裁判官および検察官養成学校が設置され、そこで卒業した者だけが裁判官・検察官に任命されることになった[37]。

　弁護士も同様な問題があったが、1995年6月弁護士法が成立し、弁護士会への入会と弁護士登録が義務づけられた。弁護士養成学校の認定を受ける必要があり、そのために2002年10月から弁護士養成学校が設置された。11カ月の研修を受け、卒業後1年間弁護士事務所で研修弁護士として勤務後、弁護士資格を取得できる。したがって、法曹一元制度は採用されていない。

36　Kheang Un, 2009, "The Judiciary System and Democratization in Post-Conflict Cambodia", Joakim Ojendal and Mona Lilja ed., *Beyond Democracy in Cambodia*, NIAS Press, pp.70-100.

37　小林俊彦(2006)「カンボジアの統治機構の概観」『ICD NEW』S29号、122～125ページ参照。

▶▶▶ 2 経済概況

（1）民主化と市場経済化

カンボジアでは1980年代終わりから1990年代初頭にかけて、経済体制が計画経済から市場経済に体制への移行が行われた。カンボジアの現在の経済体制は直接的には新生カンボジア王国が成立した1993年以降に形づくられたものであるが、その前の人民革命党政権下で着手された経済政策を多分に引き継いでいる。

ポル・ポト政権を倒し1979年に成立した人民革命党（ヘン・サムリン）政権は、ベトナムと旧ソ連からの経済協力を受けて、国営部門を軸とした産業復興を実施した。各省庁の下に187社の国営企業が設立された[38]。本格的な市場経済化の端緒となったのが第1次社会経済復旧開発5カ年計画（First Five-Year Program of Socioeconomic Restoration and Development（1986年～1990年））である。この5カ年計画によって、民間企業の設立、価格の自由化が進められた。1989年には社会主義体制から自由市場体制への移行のため憲法改正が行われた。1981年憲法の1条に記された「漸次的に社会主義に前進する」という文言が削除された[39]。1989年7月20日には国会で外国投資法が採択され、その施行細則にあたる大臣会議令が公布・施行された[40]。実際にタイ、フランス、シンガポールなどからの投資が認可されたが、この投資を部門別に見ると、ホテル、建設、運輸、縫製などであった[41]。

1991年のパリ和平協定、1993年に実施された政憲議会選挙を経て、立憲君主制の新生カンボジア王国が誕生した。1993年9月に施行されたカンボジア王国憲法では、第56条において市場経済化をすすめていくことが明記され、正式に市場経済体制の国となった[42]。さらに、1993年憲法の成立に伴って、

38　初鹿野直美（2006）「第1章　カンボジアの工業化──自由化の渦中にある製造業とその担い手──」天川直子編『後発ASEAN諸国の工業化：CLMV諸国の経験と展望』日本貿易振興機構アジア経済研究所、23ページ参照。

39　前掲注8、道法ほか（2016）、35ページおよび前掲注5、天川（2004）、14ページ参照。

40　四本健二（2001）「カンボジアの復興・開発と法制度」天川直子編『カンボジアの復興・開発』第3章、日本貿易振興会アジア経済研究所、121ページ参照。

41　天川直子（1993）「カンボジア経済の再出発」糸賀滋編『バーツ経済圏の展望：ひとつの東南アジアへの躍動』アジア経済研究所、第6章所収、161～163ページ参照。

42　前掲注8、道法ほか（2016）、35ページ参照。

42 　第2章　政治と経済、労働市場

1994年8月には投資法が施行された[43]。投資法は外国資本の誘致を目的として投資優遇策措置を定めており、この法律の施行によって本格的な工業化がスタートしたと言える。

　1992年以降になって目立った成長を遂げたのが縫製業である。1996年、アメリカがカンボジアに対する最恵国待遇供与法を施行したことを受けて、台湾、中国、香港などの企業が縫製業へと直接投資を積極的に行うようになった。

　以下ではカンボジアの主な経済指標をみてみよう。GDP、インフレ率、国際援助、外国投資、貿易、所得および貧困率の順に述べる。

（2）GDPの推移

　2015年のGDPは182億4,200万USドル（73兆4,230億リエル）で、1人当たりGDPは1,218USドルである[44]。暫定値であるが2016年の数値では、GDPが201億5,900万USドル（81兆2,420億リエル）で、1人当たりGDPは1,330USドルである。同じく暫定値であるが、直近の2017年の数値では、GDPが221億8,900万USドル（81兆7,540億リエル）で、1人当たりGDPは1,429USドルである。

　1人当たりGDPのASEAN諸国との比較を示したのが図表2-3である。カンボジアのGDPの規模は10カ国中最下位である。

　次にカンボジアのGDPの20年ほどの推移をみてみよう。1993年から2015年にかけての推移をリエル建てで示したのが図表2-4である[45]。リーマンショックの影響を受けることになった2008年から2009年にかけて成長が減速したものの、それ以外は順調に拡大を続けている。

43　前掲注40、四本(2001)、129ページ参照。

44　National Institute of Statistics（NIS）, Key Figures, National Accounts 2017, Table 1a. Gross Domestic Product（GDP）and Per Capita GDP.
　（https://www.nis.gov.kh/index.php/en/21-na/41-national-accounts）
　　上記統計数値には、「名目」「実質」の表記が見られない。ただ、他の資料、例えば、『Statistical Yearbook of Cambodia』等にある数値と比較した場合、実質GDPの数値であると推察できる。だが、出所資料に明記されていないため、本文中での「名目」「実質」の表記を避けることとする。

45　USドルでGDPの推移を示すこともできるが、通貨危機やリーマンショックの影響が顕著に表れるため、リエル建ての推移とは大きく異なる。ちなみに、リエルのドル換算については、ほぼ1ドル＝4,000リエル程度で推移している。

図表2-3　ASEAN諸国比較（1人当たりGDP）（USドル）（2016年）

シンガポール	52,963
ブルネイ	26,496
マレーシア	9,464
タイ	6,034
インドネシア	3,600
フィリピン	3,017
ラオス	2,402
ベトナム	2,139
ミャンマー	1,297
カンボジア	1,266

（出所）「ASEAN Economic Community Chartbook 2017」
注：上記のASEAN諸国を比較したカンボジアの一人当たりGDPの出所と、本文における2015年と16年のGDPの数値の出所は異なるため異なる数値になっている。

図表2-4　GDPの推移（10億リエル）（1993年〜2017年）

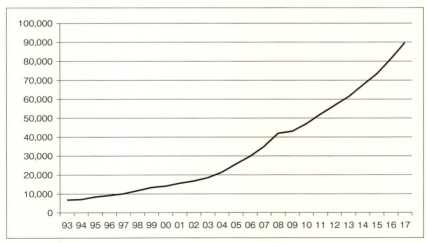

（出所）National Institute of Statistics (NIS), Key Figures, National Accounts 2017.

図表2-5　経済成長率の推移（%）

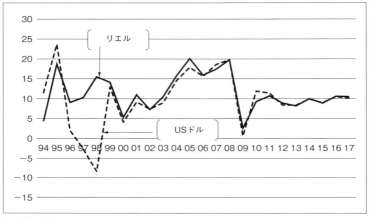

（出所）　図表2-4と同じ。

　GDP成長率の推移をみたものが図表2-5である。実線がリエル建て、点線がUSドル建ての成長率である。1997年のアジア通貨危機および2009年のリーマンショックの年は落ち込んだが、それ以外は、概ね6〜20％で推移している。1人当たりGDPの推移をUSドル建てで見てみたのが図表2-6である。

　図表2-7は、GDP産業別割合の推移をみたものである。農業の占める割合が減って、製造業の占める割合が増えていることがわかる。1990年代には46％程度を占めていた農業は、2016年には27.9％となっているのに対して、製造業は、16％程度であったが、2016年に29.7％となっている。

（3）インフレ率

　物価は、アジア経済危機およびリーマンショックの年以外は、概ね安定的に推移している（46ページの図表2-8参照）。インフレ率は、石油価格の低迷と食料価格の安定により低水準となっている。1994年移行の消費者指数の推移を示したのが、46ページの図表2-9である。

2 経済概況 45

図表2-6 1人当たりGDPの推移（百万USドル）

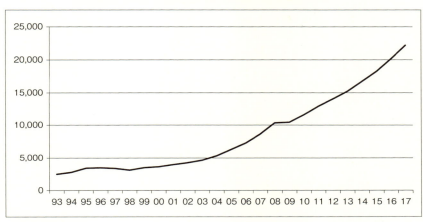

（出所） 前図表と同じ。

図表2-7 GDPの産業別割合の推移

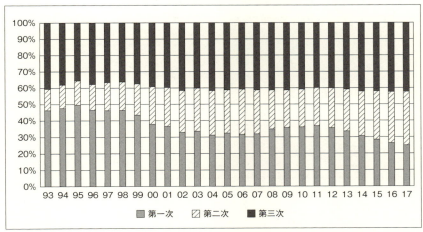

（出所） National Institute of Statistics, Ministry of Planning, 2006, *Statistical Yearbook 2006*, pp.466-470, Asian Development Bank（ADB）, 2018b, *Key Indicators for Asia and the Pacific 2018*, September 2018.

図表2-8 インフレ上昇率の推移（1995年〜2016年）（％）

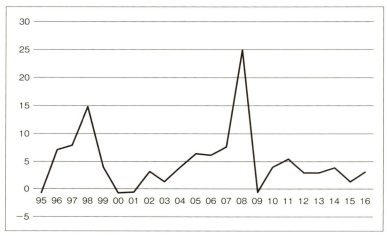

（出所） World Development Indicators.

図表2-9 消費者物価指数の推移（1994年〜2014年）（2010年＝100）

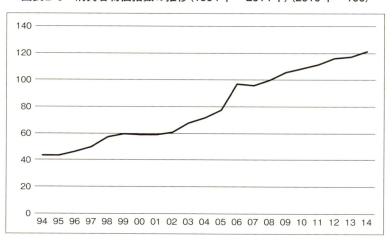

（出所） World Development Indicators.

(4) 国際援助

カンボジアに対する国際援助について、カンボジア政府の統計数値に基づいて簡単に見てみよう[46]。

1992年以降、2018年までの累計額で最も多い割合を占めるのは中国（17.9%）で、日本は15.3%で第2位となっている。以下、アジア開発銀行、世界銀行関連機関、アメリカ、EC/EU委員会と続く（図表2-10参照）[47]。

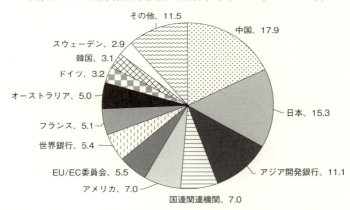

図表2-10　国際援助累積額の割合（%）（1992年～2018年）

その他、11.5
スウェーデン、2.9
韓国、3.1
ドイツ、3.2
オーストラリア、5.0
フランス、5.1
世界銀行、5.4
EU/EC委員会、5.5
アメリカ、7.0
国連関連機関、7.0
アジア開発銀行、11.1
日本、15.3
中国、17.9

（出所）　The Cambodia Development Effectiveness Report 2011等、注47に挙げた資料に基づいて作成。

46　各国からのカンボジアに対する国際援助の拠出状況を比較する場合、OECD・DACのデータを用いて比較するのが一般的だが、中国が含まれていないという問題点がある。援助受け手側のカンボジア政府の統計と異なるため、正確な実態を把握することが難しい。日本政府によるODAの拠出額と受け手側のカンボジア政府による日本からの国際援助に関する統計も、年度の区切りが異なる等が関係して一致していない。そういった国際援助の統計数値を見る上で留意する必要がある点をふまえて、本稿ではカンボジア政府による統計数値に基づき、各国からの国際援助の概要をまとめる。

47　Cambodian Rehabilitation and Development Board of the Council for the Development of Cambodia, 2011, *The Cambodia Development Effectiveness Report 2011*.
　　Cambodian Rehabilitation and Development Board Council for the Development of Cambodia, 2016, *Development Coorperation and Partnerships Report*, May 2016.
　　Cambodian Rehabilitation and Development Board Council for the Development of Cambodiaのウェブサイト上のデータ参照。

48　第2章　政治と経済、労働市場

図表2-11　主要国・国際機関からの国際援助額の推移（百万USドル）
　　　　　（1992年～2018年）

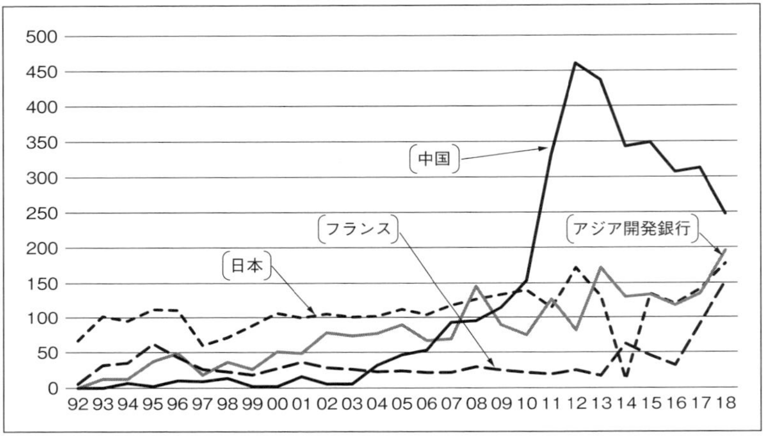

（出所）　前図表と同じ。

　各年の援助額の推移を見てみると、2009年までは日本が第1位であったが、
2010年以降は中国が第1位となっている。主要な国および国際機関による援
助額の推移を示したのが図表2-11である。

（5）外国投資

　1993年9月に施行されたカンボジア王国憲法において、市場経済化をすす
めていくことが明記された（第56条）。それにともなって1994年には、投資
に関する規則や優遇措置を定めた投資法（Law on Investment of the Kingdom
of Cambodia：No.03/NS/94 dated August 5, 1994）を施行した。1997年には投資
法の施行令を発効して投資法の詳細を定めた。他のASEAN諸国の投資政策
と比較して有利な投資条件となっている。外国人や外国企業は土地を所有で
きないという点を除いては、カンボジアの地場の資本と外国資本の法的な区
別はもうけられていない。2003年施行の改正投資法によって、投資規模の
大きいプロジェクトはカンボジア開発協議会（Council for the Development of
Cambodia：CDC）から適格投資プロジェクトの認定を受けることによって、

法人税や輸入税、輸出税の免除措置など、より優遇された措置を受けることができるようになっている[48]。

　1994年の投資法施行から1年間で認可された額は23億ドルであったが、2008年には108.9億ドルまで拡大した[49]。

　2012年から2016年までの5年間に関して、海外からの直接投資の認可額の国別シェアを示したのが図表2-12である。日本は、2012年以降、投資額割合の順位では6位以内に位置づけられている[50]。

　過去に遡って累計の投資認可額を順位づけたものが次のページの図表2-13である[51]。入手可能な数値での比較になるため1995年〜2000年までの累計と1994年から2012年までの累計になる。日本の順位は13〜14位となっており、シェアが大きくなったのは2012年以降のことであるとわかる。その一方、中国は1994年以降、次のページの図表2-13で示した2013年以降も含めて、一貫して投資国として重要な位置を占めていることがわかる。

図表2-12　海外直接投資額の割合（国別）（%）

	2012年		2013年		2014年		2015年		2016年	
1	中国	20.69	中国	15.68	中国	24.44	中国	18.62	中国	29.92
2	韓国	9.89	ベトナム	6.1	マレーシア	2.18	イギリス	3	日本	22.78
3	日本	9.15	タイ	4.37	日本	1.72	シンガポール	2.18	タイ	4.61
4	マレーシア	6.04	韓国	1.76	韓国	1.66	ベトナム	1.92	韓国	4.59
5	タイ	4.53	日本	1.59	ベトナム	1.26	マレーシア	1.61	アメリカ	3.38
6	ベトナム	2.89	マレーシア	1.04	イギリス	1.13	日本	1.28	シンガポール	3.03
7	シンガポール	2.59	シンガポール	1.03	シンガポール	0.89	タイ	1.18	ベトナム	2.45
8	イギリス	0.51	イギリス	0.43	タイ	0.88	韓国	0.21	インド	0.55

（出所）　The Council for the Development of Cambodia（CDC）, Investment Trend.

48　廣畑伸雄・福代和宏・初鹿野直美（2016）『新・カンボジア経済入門』日本評論社、59 〜 60ページ参照。

49　Council for the Development of Cambodia, CDC, Investment Trend. （http://www.cambodiainvestment.gov.kh/why-invest-in-cambodia/investment-enviroment/investment-trend.html）

50　この統計数値の原本では、カンボジア企業からの投資を含めた割合になっているが、この表には含めていない。

51　National Institute of Statistics, Ministry of Planning, 2002, *Cambodia Statistical Yearbook 2001*, p.189, Council for the Development of Cambodia, 2013, *Cambodia investment Guidebook*, p.II-4.

50　第2章　政治と経済、労働市場

図表2-13　1994年以降の投資累計額の国別順位
（2000年までと2012年までの累計額の比較）（百万USドル）

	1995-2000年			1994-2012年	
1	マレーシア	1,811	1	中国	9,142
2	台湾	435	2	韓国	4,191
3	中国	258	3	マレーシア	2,614
4	アメリカ	237	4	イギリス	2,429
5	香港	231	5	アメリカ	1,290
6	韓国	208	6	ベトナム	1,281
7	フランス	193	7	台湾	916
8	シンガポール	182	8	タイ	866
9	タイ	178	9	シンガポール	732
10	イギリス	87	10	香港	697
11	カナダ	80	11	ロシア	617
12	インドネシア	37	12	イスラエル	304
13	日本	15	13	フランス	303
14	スイス	12	14	日本	157

（出所）　National Institute of Statistics, Ministry of Planning, 2002, *Cambodia Statistical Year Book 2001*, p.189, Council for the Development of Cambodia, 2013, *Cambodia investment Guidebook*, p.II-4.

　海外からの投資がどういった産業分野に向けられているかを示したのが図表2-14である[52]。1994年から2010年にかけて推移を追ってみると、観光産業に向けられる投資が減る傾向がある一方で、製造業に向けられる投資が増えていることがわかる。近年では農業への投資の割合も大きい。その一方で、2011年以降の推移を見てみると、観光産業への投資が増加し、農業向けの投資が減少している傾向が見られる。

　では、カンボジアへの投資は諸外国と比較して条件がいいと言えるのだろうか。ビジネスの環境の現状を測る指標として、世界銀行の「Doing Business」の順位付けがあるが、2019年度版のランキングでカンボジアは、全対象国190カ国中138位であった[53]。他の近隣諸国と比較すると、ラオスやミャ

52　National Institute of Statistics, Ministry of Planning, 2015a, *Statistical Yearbook of Cambodia 2013*, p197.
　　CDC, Investment Trend.
　　(http://www.cambodiainvestment.gov.kh/why-invest-in-cambodia/investment-enviroment/investment-trend.html)

2　経済概況　51

図表2-14　諸外国からの産業別投資割合の推移(%)

	農業	製造業	インフラ・サービス	観光
1994年	7.2	17.8	4.5	70.5
1999年	5.9	47.5	36.7	9.9
2000年	1.2	49	24.8	25
2001年	2.2	28.5	38.5	30.9
2002年	6.9	22.0	53.0	18.1
2003年	0	42.6	8.0	49.5
2004年	3.5	44.8	20.3	31.4
2005年	1.1	85.8	8.4	4.7
2006年	11.9	71.4	8.2	8.5
2007年	8.9	56.6	27.0	7.5
2008年	10.0	34.4	16.4	39.2
2009年	23.8	62.1	3.4	10.7
2010年	39.4	57.2	1.7	1.7
2012年	18.8	50.2	7.7	23.3
2013年	22.7	22.3	52.8	2.1
2014年	6.7	72.1	9.0	12.2
2015年	10.4	19.8	67.4	2.4
2016年	13.3	32.9	15.1	38.8

（出所）　2010年までは National Institute of Statistics, Ministry of Planning, 2015a, *Statistical Yearbook of Cambodia 2013*, p197参照。2012年以降は、カンボジア開発評議会(Council for the Development of Cambodia)ウェブサイト「Investment Trend」参照。

ンマーよりは上位に位置しているが、フィリピンよりは下位に位置づけられる（次のページの図表2-15参照）。信用供与(Getting credit)の面では高い評価を得ており22位となっているが、法人設立(Starting a business)では185位、建設許可(Dealing with construction permits)では179位、契約執行(Enforcing con-

---

53　World Bank Group, 2018a, *Doing Business 2019, Training for Reform*, p.5.
　（http://www.worldbank.org/content/dam/doingBusiness/media/Annual-Reports/English/DB2019-report_web-version.pdf）
　　World Bank Group, 2018b, *Doing Business 2019, Training for Reform, Economy Profile, Cambodia*, p.4.
　（http://www.doingbusiness.org/content/dam/doingBusiness/country/c/cambodia/KHM.pdf）

図表2-15　カンボジアとその近隣諸国の「Doing Business (2019)」順位

マレーシア	15
タイ	27
ベトナム	69
インドネシア	73
フィリピン	124
カンボジア	138
ラオス	154
ミャンマー	171

（出所）　Doing Business-Measuring Business Regulations-World Bank Group.
参考：日本の順位は39位である。

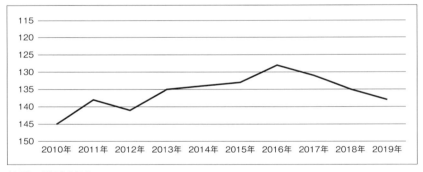

図表2-16　カンボジアの「Doing Business」順位の推移

（出所）　前図表と同じ。

tracts) では182位となっている。

　このランキングの2010年以降の推移を示したのが図表2-16である。2010年から2016年まで概ね順位を145位から127位に上げた一方で、17年、18年、19年は順位を下げている。2016年の評価と2018年の評価を比較してみると、納税 (Paying taxes) が比較的高い評価を得たことが要因と考えられるが、2018年にはその評価が下がっている。

(6) 貿易

　1987年までは、カンボジアにおける貿易は国営の公社による独占であっ

た。1988年になって民間企業が部分的にできるようになり、1993年になって民間貿易会社が大部分の品目を扱えるようになった[54]。1997年にはアメリカの最恵国待遇が供与されたことによって、特に繊維縫製業を中心として企業の進出が急増した。縫製業はカンボジアにおける主要産業となっている。

1999年にはASEANに加盟が承認され、ASEAN自由貿易地域へ参加、さらに2004年にWTO（世界貿易機関）加盟が承認され、経済の国際化が進展していった。

2000年1月には「商業会社の貿易業務に関する省令（Prakas on Trading Activities of Commercial Companies)」が商業省により発出され、商業省に登記した企業は、カンボジア企業、外国企業にかかわらず、自由に貿易業務に従事することが可能になっている（同令第1条）。

カンボジアは後発開発途上国として、アメリカやEU、その他先進国によって最恵国待遇を供与されている。EU向けには、EUの後発開発途上国向け一般特恵関税制度のひとつで、2001年2月からカンボジアに適用され始めたEBA（Everything-But-Arms Initiative）制度の下で、関税および輸入割当て免除の輸出が認められている。

2000年以降の輸出入額の推移を示したのが次のページの図表2-17である[55]。貿易赤字は2012年以降、15億から28億ドルで推移している。

2000年から2016年までの間に輸出入相手国および品目には次のような特徴が見られる。輸出相手国は2000年の93カ国から2016年には149カ国に増加し、輸入相手国は2000年の96カ国から2016年には137カ国に増加した。輸出品目数は2000年の696品目から2016年には1,215品目に増加しているが、1,000品目を超えたのは2015年以降である。輸入品目数は2000年の2,945品目から2016年には3,323品目に増加しているが、2008年には655品目になるなど、一貫して増加しているわけではない。

輸出入の相手先を示したのが次のページの図表2-18である。アメリカへの輸出は21.3％であるが、2000年からの推移を見てみると、2001年には

54　前掲注48、廣畑ほか(2016)、53ページ参照。
55　World Bank, World Integrated Trade Solution (WITS).
　　https://wits.worldbank.org/

54　第2章　政治と経済、労働市場

図表2-17　輸出入額の推移（百万USドル）（2000年〜2016年）

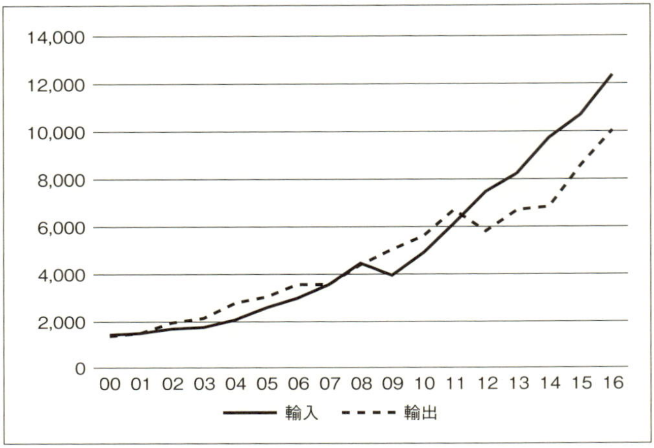

（出所）　世界銀行、World Integrated Trade Solution（WITS）.
＊この数値はCDCの数値とは異なる。

図表2-18　輸出入の相手先と額と割合（2016年）

輸出相手国	輸出額（百万USドル）	割合（%）	輸入相手国	輸入額（百万USドル）	割合（%）
アメリカ	2,147	21.32	中国	4,551	36.79
イギリス	953	9.47	タイ	1,910	15.44
ドイツ	904	8.98	ベトナム	1,416	11.45
日本	827	8.21	その他アジア諸国	702	5.67
カナダ	655	6.50	シンガポール	565	4.56

（出所）　前図表と同じ。

55.6％を占めており、2008年までは50％前後を占めていたが、2009年以降
下落している。日本への輸出は2000年には0.8％であったが、2012年以降上
昇し8％となっている。輸入については、中国が36.8％を占めている。2000
年の8％から順調に割合を上昇させていっていたが、2013年以降、36％前後
にとどまっている。タイからの輸入は2000年以降、一貫して15％前後で推
移している。日本からの輸入は、2000年以降、一貫して4％前後である。
　2016年の輸出品目別割合を示したのが図表2-19である。繊維縫製製品が
全体の67.5％を占めている。製靴と合計すれば75％を超えている。繊維縫製

製品の占める割合は、2000年以降、概ね7割を占めている。この繊維関連の輸出を国別に見てみると、割合の大きい順に、アメリカ向けが25.5％、イギリス向けが11.1％、ドイツ向けが10.1％となっている。日本への輸出は9.1％である。アメリカ向けの繊維製品の輸出は2000年には75.7％を占め、2006年まで7割前後を占めていたが、その後、下落して2012年に5割を切った。2006年以降、輸出額は変わらない一方で、他の国への輸出額が増えたためである。

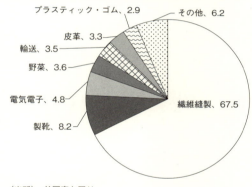

図表2-19　輸出の品目別割合（％）（2016年）

（出所）　前図表と同じ。

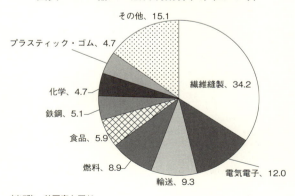

図表2-20　輸入の品目別割合（％）（2016年）

（出所）　前図表と同じ。

56   第2章　政治と経済、労働市場

2016年の輸入品目別割合を示したのが前のページの図表2-20である。繊維縫製製品の輸入が1位となっているが、2000年以降の推移を見てみると、2位の電気電子製品の伸びは9.3倍となっており、繊維縫製製品の伸び(8.4倍)よりも大きい。輸入品目としての繊維縫製製品は、輸出のための原材料の輸入と考えられる。

（a）世界貿易機関（WTO）による「カンボジア貿易政策レビュー」

2017年11月23日に世界貿易機関（WTO）によって公表された「第2回カンボジア貿易政策レビュー（Trade Policy Review：Cambodia）」[56] によると、直近の6年間の平均成長率7.2％という高度成長と貧困削減が高く評価されている。貿易円滑化協定（Trade Facilitation Agreement：TFA））が批准されたこと、ASEAN諸国と諸々に貿易協定や東アジア地域包括的経済連携（Regional Comprehensive Economic Partnership：RCEP）の交渉がすすめられていることについても評価している。貿易手続きについては、2011年の第1回のレビュー以来、関税手続きの改善に取り組んでいることも評価されている。特に、単一行政文書（Single Administrative Document）の使用やワンストップ制の実施、全ての税関において電子通関システムの一つであるASYCUDA（Automated System for Customs Data）が導入されたことが評価されている。

（7）国際通貨基金（IMF）によるカンボジア経済に見通し

国際通貨基金（IMF）は、毎年2回世界経済見通し（World Economic Outlook：WEO）を発表しているが、17年10月に発表された経済見通し[57] では、世界経済が成長を回復する兆しがみえる中で、カンボジアの高度成長が続くと予測

56　世界貿易機関のウェブサイト参照。
　（https://www.wto.org/english/tratop_e/tpr_e/tp464_e.htm）
　　この貿易政策レビューは、WTO規約に基づき、加盟国が提出した貿易・投資政策に関する報告書を基に分析し、必要な改善策を提言するものである。
57　International Monetry Fund, 2017, *World Economic Outlook, Seeking Sustainable Growth : Short-Term Recovery, Long-Term Challenges*, October 2017.
　（https://www.imf.org/en/Publications/WEO/Issues/2017/09/19/world-economic-outlook-october-2017）

している[58]。2017年6.9%、2018年6.8%と好調が続き、2022年まで6.0%～6.5%の成長を予測し、中期的にも好調な成長が続くだろうとしている。1人当たりGDPについても、2013年に1,000USドルを超え、2017年は1,390ドルとなったことを踏まえて、2022年には1,980ドルに達すると予測している。消費者物価上昇率は、2017年3.7%、2018年3.5%、2022年3.0%と低位安定を見込んでいる[59]。経常収支の赤字(対GDP比)については2017年8.6%、2018年8.6%、2022年8.0%と安定的に推移するものという見通しを示している[60]。

(8) 世界銀行によるカンボジア経済見通し

　世界銀行は毎年10月～11月にかけてカンボジア経済に関する見通しを公表している。World Bank(2017)では、輸出の多様化や良好な海外からの直接投資が継続するという見込みを踏まえて、今後のカンボジア経済の中期的見通しを「明るい(Positive)」と評価している。減速要因として挙げられるのが地域経済、特に中国経済の低迷の懸念である。それに加えて、最低賃金の高騰によって実質賃金が上昇する結果、バングラデシュやベトナムと比較して競争力が低下することもリスクとして挙げている。さらに政治的な要因として、2018年の総選挙の見通しが不透明であることなどを懸念材料として挙げている[61]。

　World Bank(2018)では、今後、想定されるリスク要因として、建設および不動産部門の拡大による金融部門におけるリスクが挙げられている。また、カンボジアではEUの特恵関税制度(EBA)が一時的に停止される可能性があるという、外的リスクも高まっており、USドルが引き続き上昇することに

58　International Monetry Fund, 2017, *op. cit. supra* note 57, p.246.
59　International Monetry Fund, 2017, *op. cit. supra* note 57, p.251.
60　International Monetry Fund, 2017, *op. cit. supra* note 57, p.261.
61　World Bank, 2017b, *Cambodia Sustains Strong Growth and Moving Up Manufacturing Value Chains*, November 22, 2017.
　〈http://www.worldbank.org/en/news/press-release/2017/11/22/cambodia-sustains-strong-growth〉
　　World Bank Group, 2017, *Cambodia Economic Update : Cambodia Climbing up The Manufacturing Value Chains*, October 2017.
　〈http://documents.worldbank.org/curated/en/628341511277852360/pdf/121519-WP-PUBLIC-NOV21-7PM-October-2017-Cambodia-Economic-Update-Final.pdf〉

58　第2章　政治と経済、労働市場

よる貿易国としてのリスクも指摘している[62]。

　カンボジアのGDP成長率は、2017年6.8％、2018年7.1％、2019年6.8％
2020年6.8％と引き続き好調が続くと予測している[63]。縫製業製品の輸出が
2016年の8.4％増から2017年上半期5.4％増へと鈍化したことや建設業でも成
長の鈍化がみられる。その一方で縫製品以外の品目の輸出シェアは、2010
年の約2％から2016年には8.7％に増加している[64]。世界銀行はこの動向をカ
ンボジア経済が高付加価値な製造業に移行しつつあると捉えている。

　物価上昇率は、2017年2.9％、2018年3.2％、2019年3.3％ 2020年3.0％と低
位安定するという見通しを示している。経常収支の赤字は対GDP比で2015
年11.5％から2016年10.2％、17年9.8％と減少傾向にある[65]。財政収支の赤字
についても、対GDP比2015年の3.5％から2016年の3.0％と減少傾向である。

（9）所得および貧困率

　ASEAN諸国の1人当たり総所得と貧困率を比較したものが図表2-21であ
る。GDPの数値については既述のとおりであるが、ここでは貧困率の推移
と比較するために国民所得の数値を比較として取り上げる。

　カンボジアの国民所得はミャンマーとほぼ同水準ではあるが、9カ国中最
下位である。2016年時点のカンボジアの貧困率は14％であり、ミャンマー、
ラオス、フィリピンに比べて低い水準ではあるが、タイ、インドネシア、ベ
トナムより高い値となっている。2007年の47.8％から2007年以降の10年間
に劇的に改善している（図表2-22参照）[66]。

62　World Bank, 2018, *Cambodia Economic Update : Recent Economic Developments and
　　Outlook*, November 22, 2017.
　　（http://documents.worldbank.org/curated/en/888141543247252447/pdf/132482-WP-
　　PUBLIC-nov-28-Economic-Update-Nov-final-01Low-res.pdf）
63　World Bank, 2018, *op. cit. supra* note 62, p.29.
64　World Bank Group, 2017, *op. cit. supra* note 61, p.6.
65　World Bank, 2018, *op. cit. supra* note 62, p.54.
66　貧困率の算出基準は様々あるが、ここで取り上げるのは、『National Strategic Devel-
　　opment Plan 2014-2018』で採用されている貧困線の定義である。食糧品に関しては、1
　　日2,200キロカロリーに相当する食品の購入コストを基準としており、全国一律の基準
　　である。非食糧品目は、プノンペン、他の都市部および農村部のそれぞれで計算された
　　非食料品平均消費（一人当たり）の20 ～ 30％に相当する水準を指す。この定義は2007年
　　以降の数値に適用されている。

図表2-21　1人当たり総所得（2016年）と貧困率

	所得（USドル）	貧困率（%）
シンガポール	51,880	—
マレーシア	9,860	0.4
タイ	5,640	8.6
フィリピン	3,580	21.6
インドネシア	3,400	10.6
ラオス	2,150	23.2
ベトナム	2,100	7.0
ミャンマー	1,190	32.1
カンボジア	1,140	14.0

（出所）　World Bank, 2017a, "Gross national income per capita 2016, Atlas method and PPP," 17 April 2017. および Asian Development Bank, 2018, "Basic Statistics 2018" より作成。

注：貧困率の数値は、カンボジアは2014年、インドネシアは2017年、マレーシア、タイは2016年、ベトナム、フィリピン、ミャンマーは2015年、ラオスは2012年の数値。

図表2-22　貧困率と総所得の推移（1995年～2017年）

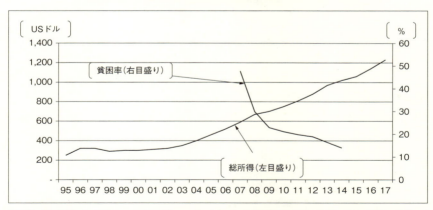

（出所）　World Bank, GNI per capita, Atlas method (current US$), Ministry of Planning, 2014, *National Strategic Development Plan 2014-2018*, p.6, Asian Development Bank, 2014, Cambodia：Country Poverty Analysis 2014, p.4 and Asian Development Bank, 2018a, "Basic Statistics 2018."

注：2006年以前の貧困率は、異なる定義での数値しかないため掲載していない。

60 第2章 政治と経済、労働市場

▶▶▶ 3 労働市場

（1）人口の推移

　カンボジアの2015年の人口は、既述の通り、1,540万5,000人[67]である。ASEAN諸国10カ国の中では7番目の規模であり、隣国タイの約4分の1、ベトナムの6分の1程度でしかない[68]。人口が隣国に比べて少ないのはベトナム戦争、内戦、ポル・ポト政権時代の圧政による要因とともに、歴史的にみて隣国から攻め込まれやすい地勢的条件によるところが大きい。ポスト・アンコール期には国境を接する東西から攻め込まれた歴史を幾度となく繰り返し[69]、国境線は幾度無く変転したことに伴って、多くの国民が国外に連れ出されたという[70]。

　国連の推計に基づく人口の推移を1950年から2015年の期間について、折れ線グラフで示したのが図表2-23である。政府が公表している1929年以降の人口の数値を棒グラフで加えた。国連の数値では2015年時点の総人口が1,551万8,000人とされているので政府の数値よりも若干多い。国連の数値は政府発表の数値と比較して、推移をみればほぼ同じ動きを示している。1980年代から1996年まではほぼ3％増加していたが、1997年以降は2％台となり、2002年以降は1％となった。2015年までの5年間は1.6％台となっている。

　人口増加率の推移をみると、1974年〜1980年にかけて人口が減少していることがわかる。第1章2節（20ページ）でもみたように、ポル・ポト政権による圧政の影響をこの図表にもみることができる。Heuveline（2015）は、ポル・ポト政権の時期の死亡者数を170万人と推定している[71]。これは1974年から1975年当時のカンボジアの人口が約750万人（国連推計値）であったから、

67　National Institute of Statistics, Ministry of Planning, 2016, *Cambodia Socio-Economic Survey 2015*.
68　ASEAN Statistical Year Book 2016/2017, p.3.
　（http://www.aseanstats.org/wp-content/uploads/2018/01/ASYB_2017-rev.pdf）
69　歴史的経緯については第1章第2節「カンボジア略史」を参照されたい。
70　川合尚（1996）「風土と地理」『もっと知りたいカンボジア』綾部恒雄・石井米雄編、弘文堂、49ページ参照。
71　Heuveline, Patrick, 2015, "The Boundaries of Genocide：Quantifying the Uncertainty of the Death Toll During the Pol Pot Regime（1975-1979）," Population Studies, *A Journal of Demography*, Volume 69, 2015-Issue 2.

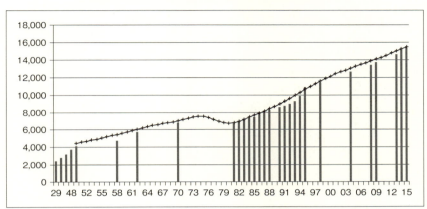

図表2-23　人口の推移（千人）（1929年～2015年）

(出所)　折れ線グラフ：United Nations population estimates, Population Division of the Department of Economic and Social Affairs.
棒グラフ：1995年まで：National Institute of Statistics, Ministry of Planning, 2015a, *Statistics Yearbook of Cambodia 2013*、1998年以降：National Institute of Statistics, Ministry of Planning, 2016, *Cambodia Socio-Economic Survey 2015*.

23％に相当する。4分の1弱、5分の1強にあたる。ちなみに、第二次世界大戦時の空襲や戦闘で死亡した日本人は人口比で3から4％であったと言われているのに対して[72]、ポル・ポト時代の圧政がカンボジアの人口に与えた影響の大きさは計り知れない。

(a)　年齢別人口構成

年齢別人口構成を、1970年以降、ほぼ10年ごとに示したのが図表2-24(1)から2-24(6)である。1970年と1980年の人口ピラミッドを比較してみると、各年齢層で2万人から20万人減少していることがわかる。1990年の10歳～14歳の層、2000年の20歳～24歳の層、2010年の30歳～34歳の層、2015年の35歳～39歳の層が他の年齢層に比べて極端に少ないことがわかる。ポル・

---

[72]　厚生省による戦没者の推計は240万人、全国戦没者追悼式の実施に関する件（昭和38年5月14日　閣議決定）では310万人とされている。1940年の7,307万5,071人から1945年7,199万8,104人に1.5％減少しているが、厚生省の推計を1940年当時の人口で除した場合4.2％、昭和38年閣議決定の数値の場合、3.3％となる。

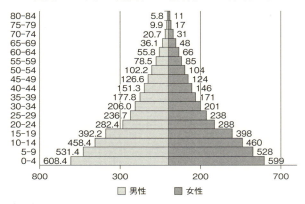

図表2-24(1) 年齢別人口構成(1970年)(千人)

(出所) United Nations, Population Division, Department of Economic and Social Affairs, 2017, "World Population Prospects：The 2017 Revision."

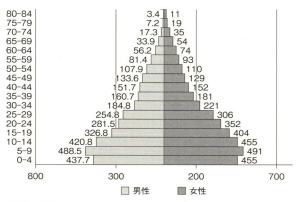

図表2-24(2) 年齢別人口構成(1980年)(千人)

(出所) 前図表と同じ。

3 労働市場　63

図表2-24(3)　年齢別人口構成(1990年)(千人)

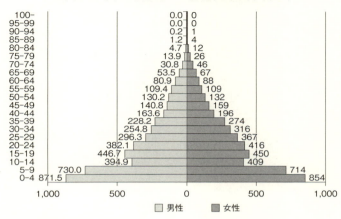

(出所)　前図表と同じ。

図表2-24(4)　年齢別人口構成(2000年)(千人)

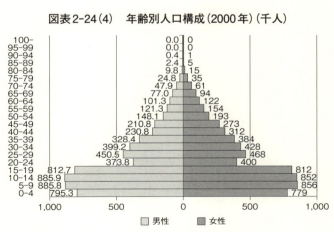

(出所)　前図表と同じ。

第 2 章 政治と経済、労働市場

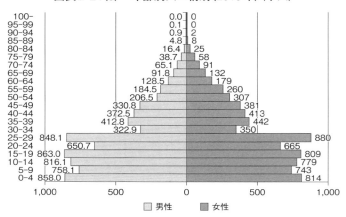

図表 2-24(5)　年齢別人口構成（2010年）（千人）

（出所）　前図表と同じ。

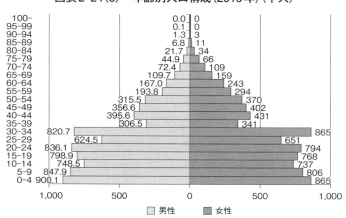

図表 2-24(6)　年齢別人口構成（2015年）（千人）

（出所）　前図表と同じ。

ポト時代の影響をここにもみることができる。

(b) 人口ボーナス期の予測

　カンボジアは生産年齢人口が従属年齢人口を大きく上回る人口ボーナス期にある[73]。生産年齢人口の継続的な増加、および従属年齢人口の低下、従属年齢比率の低下は、2040年まで続くと予想されている。労働市場に参入する年齢の人口(15歳から19歳)は、2015年から2035年にかけて、150万人程度から170万人超に増加していくが、それ以後、低下していくと予測されている(図2-25参照)。

(2) 産業別就業人口

　2015年時点の産業別就業者の割合は第一次産業が41.5％、第二次産業が

図表2-25　生産年齢人口と従属年齢人口割合の推移(予測)(2015年〜2100年)

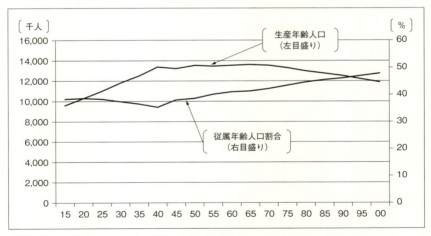

(出所)　United Nations, Population Division, 2017, World Population Prospects 2017.
注：中位予測

73　人口ボーナス期(demographic bonus、demographic dividend)の定義はいくつかある。①生産年齢人口が継続して増え、従属人口比率の低下が続く期間、②従属人口比率が低下し、かつ生産年齢人口が従属年齢人口の2倍以上いる期間、③生産年齢人口が従属人口の2倍以上いる期間などである。

25.5％、第三次産業が32.9％となっている。1993年以降の推移をみたのが図表2-26である。1993年には79.2％を占めていた第一次産業の人口割合が一貫して減少している一方、第二次、第三次が増加していることがわかる。

　産業別就業人口の構成は地域差が見られる（図表2-27参照）。2015年時点で第一次産業に従事する人口の割合は、全土では41.5％であるが、都市では14％、プノンペン市では0.7％である、第三次産業に従事する人口割合は、全土で32.9％だが、都市では62.5％、プノンペンでは70.5％となっている。

図表2-26　産業部門別就業者割合の推移（％）（1993年〜2015年）

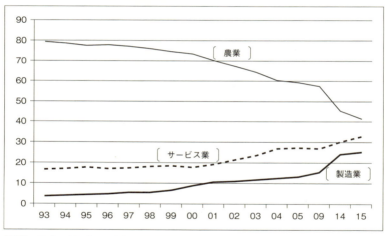

（出所）National Institute of Statistics, Ministry of Planning, 2006, *Statistical Yearbook 2006*, National Institute of Statistics, Ministry of Planning, 2015b, *Cambodia Socio-Economic Survey 2014*, National Institute of Statistics, Ministry of Planning, 2016, *Cambodia Socio-Economic Survey 2015*.

図表2-27　地域別産業別就業割合（％）

	全土	プノンペン	その他都市	地方
第一次	41.5	0.7	14.0	53.0
第二次	25.5	28.7	23.4	25.2
第三次	32.9	70.5	62.5	21.7

（出所）前図表 National Institute of Statistics, Ministry of Planning, 2016, p.57.
注：その他／不明が若干割合あるため合計が100になっていない。

図表2-28　製造業の業種別労働力人口（人）（1998年と2013年の比較）

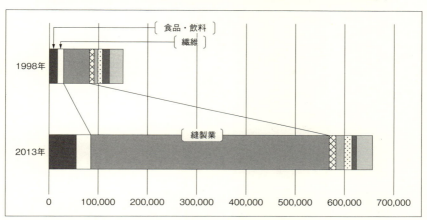

（出所）National Institute of Statistics, Ministry of Planning, 2014a, *Inter-Censal Population Survey 2013, Amnalysis of the Survey Results Report 8, Economic Activity and Employment*, p.62.

　製造業で就業する労働者の業種について1998年と2013年で比較してみたものが図表2-28である。被用者の増加割合では製造業が3.3倍、サービス業が1.4倍、農林水産業が約40％の増加となっている。製造業の中でも衣料品製造に携わる被用者の増加が目覚しく、8.2倍になっている。

（3）就業・失業統計

　総人口と労働力人口、就業者数の関係を示したのが次のページの図表2-29である[74]。さらに地域別にみたものが次のページの図表2-30である[75]。労働力率が82％を超えており、地方の男性では89.7％となっている。失業率は0.1％となっており、極めて低い水準である。ただ、補論で後述するとおり、

---

[74] カンボジアの政府が発表する統計数値が実態を反映しているかどうかの判断は難しい。例えば、2015年の失業者数が8,000人、失業率が0.1％となっているが、民間研究機関が示す失業率の数値と大きく異なる。プノンペン王立大学のペンホイ准教授によると数値の定義を慎重に参照した上で用いることが賢明である。国際比較あるいは外資系企業の実務家が参照するという意味では、国際機関が公表している数値を用いた方が間違いないだろうとのことであった（2017年10月4日の聞き取りによる）。

[75] National Institute of Statistics, Ministry of Planning, 2016, *op. cit. supra* note 67, pp.51-52.

68　第 2 章　政治と経済、労働市場

図表 2-29　労働関係統計数値（2015 年）（千人）

	全体	男性	女性
総人口	15,405	7,542	7,863
生産年齢人口	10,113	4,886	5,227
労働力人口	8,359	4,324	4,035
就業者人口	8,353	4,323	4,030
失業者	8	2	6
非労働力人口	1,754	562	1,192

（出所）　前図表 National Institute of Statistics, Ministry of Planning, 2016, p.50.

図表 2-30　地域別労働関係統計数値（2015 年）

	全体	プノンペン	その他都市	地方
総人口（千人）	15,405	1,993	1,772	11,639
生産年齢人口	10,113	1,461	1,192	7,455
労働力人口	8,359	1,142	933	6,283
労働力人口比率（%）	82.7	78.2	78.1	84.3
男性	88.5	86.0	84.2	89.7
女性	77.2	71.1	72.4	79.2
就業率（%）	82.6	78.0	78.0	84.2
男性	88.5	85.8	84.2	89.7
女性	77.2	71.0	72.3	79.1
失業率（%）	0.1	0.1	0.1	0.1
男性	0.0	0.2	0.0	0.0
女性	0.1	0.1	0.1	0.1

（出所）　前図表 National Institute of Statistics, Ministry of Planning, 2016, p.51.

　複数の政府統計を比較してみると、一致していないものも見受けられるため、数値が実態を反映しているかどうかは疑問が残る。

　就業形態を見たものが図表 2-31 である[76]。雇用労働者はプノンペンに集中しており、地方は個人事業主として就労している割合が高いことがわかる。1998 年以降の就業形態の変化を見たものが図表 2-32（1）と（2）である[77]。雇用労働者が 36.7％ポイント増加したのに対して、家族経営就労が 38.1％ポイント減少した。

76　National Institute of Statistics, Ministry of Planning, 2016, *op. cit. supra* note 67, pp.54-55.

図表2-31　就業形態別の割合 (2015年) (%)

	全土	プノンペン	その他都市	地方
雇用労働者	48.9	69.9	50.2	44.9
経営者	0.1	0.2	0.0	0.1
個人事業主	47.3	25.7	47.6	51.2
家族経営就労	3.7	4.1	2.1	3.8
その他、わからない	0.0	0.1	0.0	0.0

（出所）　前図表 National Institute of Statistics, Ministry of Planning, 2016, pp.54-55 より作成。

図表2-32 (1)　就業形態の変化 (%)

	1998	2009	2011	2012	2013	2014	2015
雇用労働者	12.2	26.9	31.4	35.8	40.6	44.4	48.9
経営者	0.2	0.3	0	0	0	0.2	0.1
個人事業主	45.5	49.2	53.4	55.1	54.7	49.6	47.3
家族経営就労	41.8	23.5	15.1	9.0	4.7	5.6	3.7
その他、わからない	0.4	0.1	0.1	0.0	—	0.2	0.0

（出所）　National Institute of Statistics, Ministry of Planning, 2000, *General Population Census of Cambodia 1998, Analysis of Sensus Results, Report 3, Labour Force and Employment*, p.43, National Institute of Statistics, Ministry of Planning, 2014b, *Cambodia Socio-Economic Survey 2013*, p.67, National Institute of Statistics, Ministry of Planning, 2015b, *Cambodia Socio-Economic Survey 2014*, p.71, National Institute of Statistics, Ministry of Planning, 2016, *Cambodia Socio-Economic Survey 2015*, p.54 より作成。

(4) 労働生産性

　APO (2018) によると、カンボジアの労働者1人当たり労働生産性(GDPに基づく)の水準は、6,200ドルであり、ミャンマーの10,600ドル、ベトナムの10,200ドル、ラオスの11,500ドルを下回る。ちなみに、他のASEAN諸国では、フィリピンが18,700ドル、インドネシアが24,900ドル、マレーシアが56,400ドル、シンガポールが131,900ドルとなっている次のページの(図表2-33参照)。

77　National Institute of Statistics, Ministry of Planning, 2000, *General Population Census of Cambodia 1998, Analysis of Sensus Results, Report 3, Labour Force and Employment*, p43, National Institute of Statistics, Ministry of Planning, 2014b, *Cambodia Socio-Economic Survey 2013*, p.67, National Institute of Statistics, Ministry of Planning, 2015b, *Cambodia Socio-Economic Survey 2014*, p.71, National Institute of Statistics, Ministry of Planning, 2016, *op. cit. supra* note 67, p.54.

70　第 2 章　政治と経済、労働市場

図表 2-32(2)　就業形態の変化(%)

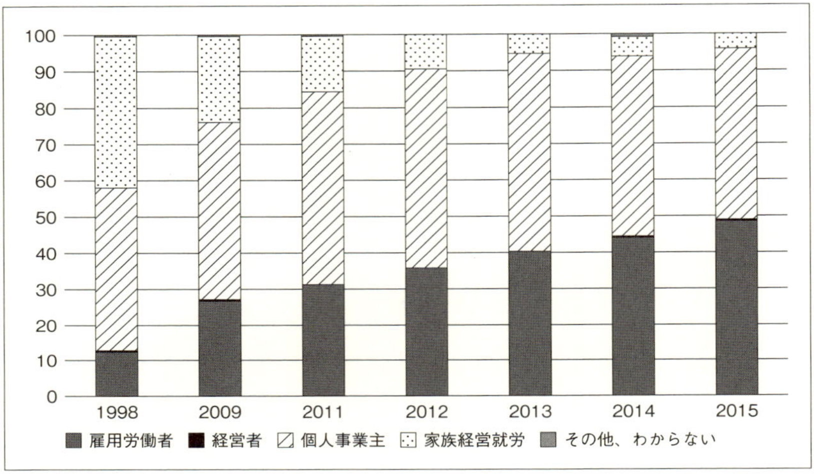

■ 雇用労働者　■ 経営者　⊘ 個人事業主　⋯ 家族経営就労　▨ その他、わからない

(出所)　前図表と同じ。
注：「経営者」および「その他、わからない」の割合は相対的に小さいために図表では確認できない。

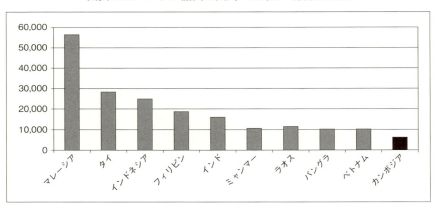

図表 2-33　アジア諸国の国民 1 人当たり労働生産性

(出所)　Asian Productivity Organization (APO), 2018, *APO Productivity Databook 2018*, p.55.

この統計で日本は、78,700ドルで、中国は24,000ドルであった[78]。

カンボジアの労働生産性は、APO（2016）の分析によると、日本の1910年代に相当する。ちなみに、マレーシアは1980年代、インドネシア、タイは1970年代、ベトナムは1950年代に相当する[79]。

補論：カンボジアの失業率などの統計数値

カンボジアの失業統計は政府統計に限ってもさまざまな数値が見受けられる[80]。National Institute of Statistics, Ministry of Planning（2014）aには、地域別、性別の失業率が掲載されている。2013年のカンボジア全土の失業率は2.4％、年齢別にみて最も高いのは75歳以上の11.4％、地域別にみてみると都市の75歳以上男性の失業率が最も高く16.5％、次に高いのは15歳〜19歳で16.2％である[81]。

同じNational Institute of Statistics, Ministry of Planning（2014）aには2008年との比較が示されている。カンボジア全土の年齢別の失業率を見てみると、2013年の15歳以上の失業率は11.4％であったが、2008年では0.8％である。

このように同じ政府による複数の公式数値を参照しても、失業率の水準に統一性がない。さらに、民間研究機関のデータと比較すると一層異なる数値が得られる。カンボジア開発研究所（Cambodia Development Resource Institute：CDRI）は、2000年前後の古い数値ではあるが10％前後という高い値を推計している[82]。

---

78 Asian Productivity Organization（APO）, 2018, *APO Productivity Databook 2018*, p.55.
79 Asian Productivity Organization（APO）, 2016, *APO Productivity Databook 2016*, p.74.
80 失業の定義は以下の文献を参照。
　　National Institute of Statistics, Ministry of Planning, 2014a, *Inter-Censal Population Survey 2013, Amnalysis of the Survey Results Report 8, Economic Activity and Employment*, p.7.
　　政府統計の失業率の定義については、National Institute of Statistics, Ministry of Planning, 2015a, *Statistical Yearbook of Cambodia 2013*に記されているが、ILOの失業率の定義を採用している。
81 National Institute of Statistics, Ministry of Planning, 2014a, *op. cit. supra note* 80, p.16.
82 Kang Chandararot and Chan Sophal, 2003, *Cambodia's Annual Economic Review*, Issue 3, Cambodia Development Resource Institute, p.83.

西(2008)によれば、カンボジアではインフォーマル・セクターの労働者の割合が大きいため、実態よりも低い数値になってしまうと指摘している。このような諸事情を踏まえて、カンボジア政府は潜在的失業者の割合を公表していることを紹介している。潜在的失業率とは「現在何らかの仕事をしているものの、就業時間の延長を希望している人、追加の仕事を希望している人、又は就労時間の長い新しい仕事を求めている人」の割合である[83]。2001年の数値では38.1％となっており、失業率との差が顕著に見られる。ただ、National Institute of Statistics, Ministry of Planning et al.(2013)を参照すると、男性の潜在的失業率は2.5％、女性は1.6％、全体で2.0％となっている。2001年と比較して2012年にインフォーマル・セクターの問題が劇的に解決したということは耳にしないが、潜在的失業率の数値は、失業率の数値に近似する水準になっている[84]。

　本章では労働市場を理解する上で必要と思われる数値で入手可能なものを掲載した。カンボジアの政府が公表する数値は1990年代後半以降については比較的整っているが、時系列に見ようとする場合に連続性がない場合もあり、数値自体の解釈には留意が必要である。発刊当初、国際機関や諸外国による支援のもとで統計情報の収集が積極的に行われたが、その支援が終わって自国による調査には資金が不足して十分な数値が得られていない場合もある。国際機関や海外支援が入ったことを示すロゴが刊行資料の表紙に示されることがあるが、そのロゴがある年次の方が、支援後に自国で独自に作成した報告書よりも信頼性が高いという見方もあるようである。特に他の国と比較する場合に、数値の収集条件が異なっている場合もあるため、国際比較する場合には、アジア開発銀行や世銀等の国際機関の数値を併せて参照する必要がある。

83　西文彦(2008)「カンボジアの失業率」総務省統計研修所。
　　(https://www.stat.go.jp/training/2kenkyu/pdf/zuhyou/unemploy.pdf)
84　National Institute of Statistics, Ministry of Planning and International Labour Organization, 2013, *Cambodia Labour Force and Child Labour Survey 2012, Labour Force Report*, November 2013 p.67

▶▶ 小括

　カンボジアは歴史的に見て民主的な議会政治が実現されたとは言いがたく、実質的に一党支配体制が長年続いてきた。確かに、1993年以降の議会は複数政党が参加する総選挙に基づいているものの、実質的には人民党による一党支配体制といっても過言ではない[85]。2017年以降の最大野党・救国党に対する人民党の攻勢の結果、名実ともに人民党による一党支配体制が確立しつつある。こうしたカンボジアの政治体制は、諸外国との経済関係にも影響を及ぼす可能性がある。

　2018年7月の総選挙を控えた2017年ころから、与党・人民党による最大与党・救国党に対する政治活動妨害ともとれる動きが盛んに行われた。国際社会、特にアメリカやヨーロッパからはカンボジアに対して付与している経済的優遇措置の見直しを検討する動きが見られる。国際機関の経済観測は、今後中期的にみて安定成長が見込めるとしているが、総選挙の過程や結果次第では経済見通しに大きな影響を及ぼすことも否めないと釘を刺したかたちとなっている。

　総選挙のたびに問題視されるのが法定最低賃金の引き上げである。票集めのために首相による政治的な上乗せが横行しており、経済指標に基づく引き上げ幅よりも高く設定される傾向が見られる（詳しくは、第4章労働法令、第4節、116～118ページを参照）。最低賃金の高騰による実質賃金の上昇で、周辺諸国に対する競争力の低下が懸念材料として挙げられている。それは、単なる賃金水準の高騰が問題ではなく、労働生産性がラオスやミャンマーに比べても大きく下回っていることが問題だとされる。これまで政府は低すぎる賃金を適正な水準に引き上げる必要性を挙げて、法定最賃を大幅に引き上げてきた。今後、賃金上昇に見合う生産性向上を達成できるのかが、カンボジア経済の競争力を占う鍵となる。次章では、労働生産性を担う人材の育成について見ることになる。併せて、労働力の適正な配置、求人求職のマッチングを促す職業紹介についても概観する。

85　前掲注1、山田(2016)参照。

▶▶▶ 第3章 ◀◀◀

人的資源に関する取り組み

アンコール・シルクファームの絹糸の撚糸工程

76   第3章　人的資源に関する取り組み

▶▶▶　はじめに

　本章では、カンボジアの雇用・失業対策・職業紹介と人材育成・職業訓練の概要について述べる。

　まず、職業安定や求人・求職のマッチングに関する対策を述べる。併せて、就職が困難な労働者向けの対策についても説明する。次に職業訓練について述べる。経済発展を実現するためには工業化を促進し、それを支える人材が不可欠であり、そのための職業訓練制度を整備する必要がある。学校教育の中での訓練だけでなく、職業訓練を専門とする組織が不可欠である。さらに訓練を受けた者が職業紹介を受けて働く場を確保できるように制度設計する必要がある。カンボジアではそれらがやっと整備され始めた段階であり、進出した日本企業も人材育成や職業訓練制度によって生まれ始めている技能者に注目しつつある。

▶▶▶　1　雇用・失業対策

（1）職業紹介

　職業紹介によって職を探すルートがいくつかある。最も一般的にみられるのが縁故採用である。親戚、友人を通じて職を探す方法である。次に人材紹介会社の求人サイトで探す方法である。さらに、学校や2010年に設置された公共職業安定所を通じた職業紹介がある。

（a）公共職業安定制度

　国が職業紹介を行う機関が、2009年4月27日制定の「国立職業紹介所の設置と役割に関する政令」に基づいて、2010年に設置された。これは全国訓練審議会の管轄の下に置かれている機関であり、管理財政課、計画および協力課、情報システム管理課、情報収集普及課の四つの課で構成される組織である。

　国家職業紹介所（National Employment Agency：NEA）は、首都プノンペンに本部を置き、プノンペン、バッタンバン、シェムリアプ、カンポート、スバイリエン、タケオ、コンポン・チャムなどの9カ所にジョブ・センターを設置している。センターでは、日本のハローワークと同様に、求職者と求人

企業とのマッチングをおこなっている。必要な場合には求職者は職業訓練を無料で受けることができる。

就職フェアを実施して、企業情報の収集や就職に直結する相談も行われている。6回目の就職フェアが、2016年11月5～6日プノンペンのダイアモンド・アイランドの催事場で開催され、求人側が111社、求職者側は約2万8,000人が参加し、次第に就職フェアが注目されてきている。地方のジョブ・センターでも就職フェアを実施している。NEAは毎週15分のテレビ番組を持っており、そこで企業や職種の紹介を行っている[1]。

さらに労働市場や雇用状況を2年ごとに調査して、労働や雇用についての情報を収集し分析することもNEAの業務になっている。2012年、2014年、2016年に調査を実施した。

2010年から2014年まで、求職者の登録数が5万5,216人、求人ポスト数は19万6,268件あった。そのうち、職を得ることができたのは6,417人であり、実際に職に就くことができた割合は1割程度であった。この登録数はコンピューター登録による登録数だけであり、地方の職業紹介所では紙ベースでの登録になっているので、数字には含まれていない[2]。

Kuoch（2016）によると求職者の登録数や職に就くことができた者の数等は次のページの図表3-1の通りである[3]。職を得ることができたのは、求職者の1割前後にしかなっていない。

1　ホン・チュン（2016）「多様化する仕事の価値観・雇用のベストマッチングを目指して」情報誌『プノン』41号、2016年12月、6～9ページ。

2　Agreement between the National Employment Agency and the Academy of Culinary Arts of Cambodia,
（https://www.moc.gov.kh/tradeswap/userfiles/Media/file/Projects/EIF/CEDEP%20II/Shift360/01_%20Project%20Documents/Annex%207%20-%20Memorandum%20of%20Understanding%20between%20the%20National%20Employment%20Agency%20(NEA)%20and%20ACAC.pdf）

3　Kuoch, Somean, 2016, *Effective job matching strategies and how best for employment services to engage with employers in Cambodia*, OECD Southeast Asia Regional Policy Network on Education and Skills and GIZ Regional Cooperation Programme to Improve the Training of TVET Personnel（RECOTVET）.
（https://www.slideshare.net/OECDLEED/effective-job-matching-strategies-and-how-best-for-employment-services-to-engage-with-employers-in-cambodia）

78　第3章　人的資源に関する取り組み

図表3-1　求職者の状況

	2013年	2014年	2015年
求職者の登録数	6,442	25,501	9,519
職を紹介された人数	2,883	7,402	6,129
職を得た人数	688	2,925	1,394
事前訓練を受講した人数	1,789	3,374	3,678
雇用のイベント参加者数	7	44	55
相談や指導を受けた者の数	なし	なし	203
容易な技能訓練受講者数	なし	なし	1,088

（出所）　Somean Kuoch（2016）より作成。

（b）学校での募集

　カンボジアでは学校が学生の就職のために活動することは一般的ではない。学生が自分自身、家族、親せき、知り合いなどの縁故を利用して就職先を探すのが普通である。

　例外的に、学校で学生の募集をあっせんする場合がある。例えば、日本語のできる学生を雇いたい日本企業は、日本語教育を行う学校で募集活動を行っている。英語を使える日本人が多い日系大企業では日本語より職務能力を重視する傾向があるが、日系中小企業では日本語ができる人材への要求が強い[4]。しかし、日本語ができる人材は限られているので奪い合いの状況になっている。紹介だけでなく、直接学生と接触できる学校での募集の方が効率的である。

　1997年からカンボジアでの日本語教育が再開され、2005年には王立プノンペン大学外国語学部に日本語学科が設置された。それ以後日本語教育機関が増加した[5]。2019年1月現在、王立プノンペン大学、王立プノンペン経済法科大学、メコン大学、バッタンバン大学、ザマン大学などの日本語学科のある大学、NGOや個人、企業、寺院等が経営する日本語学校の卒業予定者や卒業生が日系企業に雇用されている。王立プノンペン大学ではカンボジア日

4　2017年10月4日「王立プノンペン大学カンボジア日本人材開発センター」でのヒヤリングに基づく。
5　国際交流基金編「日本語教育国・地域別情報カンボジア」参照。
　（https://www.jpf.go.jp/j/project/japanese/survey/area/country/2017/cambodia.html）

本人商工会と共催で募集活動を実施している。他の大学の学生もそれに参加している。さらに、王立プノンペン大学内には「カンボジア日本人材開発センター」が設置されており、日本語や経営学などのコースがあって、日本語を学ぶ学生が勉強をしており、そこで学んだ学生を採用する日本企業もある[6]。

　日本の大学や大学院、専門学校に留学しているカンボジアの学生を日本で雇用し、カンボジアに本社の社員として派遣するケースも出てきている。

(c) 民間職業紹介機関

　民間の人材紹介機関がホワイト・カラー層の主要な職業紹介事業を担っている。自宅でのインターネットの普及は十分ではないが、携帯電話や無料のWi-Fiは普及しているので、電話カードを使ってインターネットに安価で接続が可能である。求職者はインターネットに接続して求人会社の情報を入手して、人材紹介会社に申込みをする。人材紹介会社は面接試験をして求人会社に紹介できるにふさわしい人材であると判断すれば求人会社に送り込む。求人会社としては採用に係る業務を外注によって減らすことができるというメリットがある。求人会社は紹介を受ければ人材紹介会社に手数料を払う必要があるが、求人会社は紹介を受けた者を雇用する義務はなく、面接して不適当と判断すれば人材紹介会社からさらに紹介を受けることができる。面接をして採用に至ったとしても早期退職をしてしまう場合がある。この場合、どちらが危険負担を負うかどうかは求人会社と人材紹介会社の話し合いによる。人材紹介会社が危険負担を負うケースが多いようである。人材紹介事業を行う場合、政府からの許可を必要とする制度は採用されていないために、自由に事業をおこすことが可能な状態になっている[7]。

(2) 労働者派遣制度

　国内の企業に労働者を派遣するための事業に関する法律や政令は存在しな

6　道法清隆・林憲忠(2016)『カンボジア経済の基礎知識』日本貿易振興機構、159ページ参照。
7　カンボジアで人材紹介事業を展開しているCreative Diamond Links Ltd.の原畑実央の示唆。

80　第3章　人的資源に関する取り組み

い。したがって、政府の許可は必要なく、自由に起業することが可能な状態
にある。

(3) 海外労働者送り出し

　カンボジア人を海外に送り出す制度が設けられている。2011年8月に「民
間人材派遣会社を通じたカンボジア人労働者の外国送り出しの管理に関する
政令」が公布されている。労働・職業訓練省の許可を得た労働者送り出し機
関は、労働者の募集や事前オリエンテーションの責任を負い、適正な労働契
約を締結して送り出すことが義務づけられている。労働者が送り出された海
外で逃亡して消息不明の場合には直ちに当局に通知しなければならない。労
働者によるカンボジアへの送金手続の支援をしなければならない。労働者送
り出し機関は銀行に10万ドルの保証金を預託することが義務づけられてお
り、重大な理由で帰国が必要な場合の帰国費用に充てることになる。2017
年7月現在で許可を受けた労働者送り出し機関は49社ある。このうち日本に
送り出しできる会社は36社ある[8]。

(4) 失業保険制度

　失業保険制度はまだ整備されていない。解雇時の退職金や解雇補償金がそ
れに代わる役割を持っている。解雇補償金は最大でも従前給与の6カ月分の
給与および諸手当である(労働法89条)。

(5) 障がい者雇用対策

　カンボジアには戦争や地雷によって障がいを負った者が多いと言われてお
り、障がい者の雇用の確保が問題となっている。障がい者の権利保障および
促進に関する法が2009年7月公布された。これは障がい者の権利を認める基
本法となっており、その第7章で障がい者の雇用と職業訓練を扱っている。
この法律に基づき2010年8月に制定された「障がい者雇用率と雇用選抜手続
に関する政令」によって、障がい者雇用の義務づけをおこなっている。100

8　Lists of Overseas Recruitment Agency.
　(https://www.nea.gov.kh/nweb/images/uploaded/lora.pdf)

人以上雇用する使用者は、全従業員の1%以上を障がい者雇用にあてなければならない。もし、これが遵守できない場合は、その不足人数分の障がい者の月の最低賃金額の40%に相当する額を障がい者基金に支払わなければならない。使用者は毎年1月に、障がい者の雇用率を労働・職業訓練省に報告しなければならない。この制度は日本から示唆を得て導入された[9]。

労働・職業訓練省の管轄下で、身体障がい者リハビリテーションや職業訓練が行われている。例えば、日本カンボジア友好協会との協力のもとで、1996年以来、障がい者と貧しい人々のための職業訓練所(Phnom Penh Thmy Vocational Training Center)が事業の一つとして、縫製、オートバイの修理、ラジオやテレビの修理、コンピューター技術を教えて、自立して生活できるための技術習得に貢献している[10]。

(6) 人身取引犠牲者や路上生活者の雇用対策

人身取引によって犠牲者となった者は売春にかかわっている場合が多いが、その犠牲者をどう再び社会復帰をしていくかが問題である。人身売買から救済された場合、まず病気にかかっていれば治療を施す。さらに精神的な病がある場合には、治癒を確認した上で自立して生活していく手段をいかにして身につけるかが問題となる。

地方居住者が家出したり、地方で生活が成り立たなくなって都市に移住して路上生活者になる場合に、屑ひろい、物乞い、窃盗、靴磨き等をしながら不安定な収入で生活するケースが見受けられるため、自立して生活できるだけの収入をどのようにして確保するかが問題である。

その一つの手段が識字教育や、職業訓練を受けることである。例えば、カンボジア女性危機センター (Cambodia Women's Crisis Center)やカンボジア女性開発機構(Cambodian Women's Development Agency)では、家庭内暴力、人身取引によって被害を受けた女性の救済を目指すNGOである。事業の一つ

9　林民夫(2002)『あさやけのクメール』中央法規出版、77ページ参照。

10　The Phnom Penh Thmey Vocational Training Center of JICA's Activities. (http://npo-jcia.or.jp/2012/06/08/the-phnom-penh-thmey-vocational-training-center-of-jcias-activities/)

82　第3章　人的資源に関する取り組み

として、半年から1年程度の期間、縫製、調理、美容師、バイク修理、家具製造、鉄加工、家電修理の職業訓練を実施しており、即収入につながる技術を習得し、さらに自営業を経営できる技術を教えている[11]。

▶▶▶ 2　人材育成

（1）識字率

　カンボジア国民の識字率は、政府統計に基づけば80.5％（2015年）である。周辺のアジア諸国を比較するために、UNDP（国連開発計画）の人間開発指数（Human Development Indicators）の一つとなっている成人識字率（Adult Literacy Rate、15歳以上の率）の2016年の数値をみると、カンボジアは77.2％であり[12]、ラオスよりやや低く、バングラデシュよりも若干高めの水準である（図表3-2参照）。

　カンボジア国内の成人識字率を男女別、地域別でみると格差が見られる。プノンペンの男性の識字率が97.3％であるのに対して、地方の女性は70.7％である（図表3-3参照）。

　さらに、年齢別の識字率をみても格差が見られる。15歳以上について10歳ごとのそれぞれの年齢層では、年齢が上がるほど識字率が下がっている（図表3-4参照）。15歳～24歳の女性が最も高く92.6％であるのに対して、65歳以上の女性は36.8％である。

　過去10年の識字率の推移をみれば上昇傾向にある。84ページの図表3-5は実線で男性、点線で女性の識字率の推移を示したものである。2015年には女性が75.0％、男性が86.5％、全体で80.5％であった。ちなみに、1998年の全体の識字率は50.6％であったので[13]、20年ほどの間で30％程度向上した

11　Cambodia Womens' Crisis Center ed., Literacy & Vocational Training,
　（http://www.cwcc.org.kh/?p-=21）
　　Cambodian Women's Development Agencyについては、次のウェブサイト参照。
　（http://www.gaatw.org/members/asia/127-menbership/asia/599-the-cambodian-women's-development-agency-cwda）
12　UNDPウェブサイト（Human Development Indicators）参照。
　（http://hdr.undp.org/en/countries/profiles/COL）
　　本節におけるウェブサイト最終閲覧日は、特に断りのない限り2018年10月16日である。
13　National Institute of Statistics, Ministry of Planning, 2000, *General Population Census of Cambodia 1998, Analysis of Sensus Results, Report 3, Labour Force and Employment*, p.58.

2 人材育成 83

図表3-2 カンボジア周辺のアジア諸国の成人識字率(2016)(%)

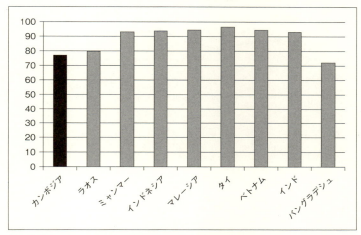

（出所） UNDP, Human Development Indicatorsに基づき作成。

図表3-3 識字率(2015年)(%)

	全体	男性	女性
全土	80.5	86.5	75.0
プノンペン	93.8	97.3	90.7
その他の都市	87.9	93.4	83.0
地方	76.8	83.4	70.7

（出所） National Institute of Statistics, Ministry of Planning, 2016, *Cambodia Socio-Economic Survey 2015*, p41より作成。

図表3-4 年齢別識字率(2015年)

	全体	男性	女性
6歳～14歳	68.5	65.0	72.3
15歳～24歳	92.2	91.9	92.6
25歳～34歳	84.9	87.7	82.1
35歳～44歳	77.5	83.7	71.9
45歳～54歳	72.3	81.8	64.0
55歳～64歳	67.6	81.1	58.5
65歳～	53.0	76.9	36.8

（出所） 前図表と同じ。

84　第3章　人的資源に関する取り組み

図表3-5　識字率の推移(男女別)(％)

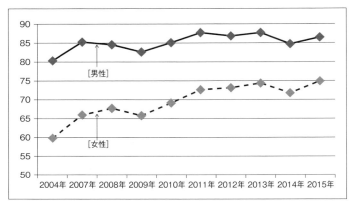

(出所)　National Institute of Statistics, Ministry of Planning, 2015b, *Cambodia Socio-Economic Survey 2014*, p.48および*Cambodia Socio-Economic Survey 2015*, p41より作成。

ことになる。

(2) 学校教育
(a) 学校教育制度

　カンボジアの学校教育制度(初中等レベル)は6-3-3制を採っている。フランス保護領下の教育では6-4-3制がとられていたが、民主カンプチア(ポル・ポト政権)時代(1975年から79年)に教育制度が廃止され、人民革命党(ヘン・サムリン)政権下の1980年、4-3-3制として再開された。その後、1986年には5-3-3制に、1996年から6-3-3制となっている[14]。

　初等教育が6年間、前期中等教育、後期中等教育がそれぞれ3年間である(図表3-6参照)。初等教育から前期中等までの9年間を基礎教育としており、国家が全市民に無償で提供することがカンボジア王国憲法(1993年制定、1999年改正)によって保障されている。

　前期中等学校から後期中等学校へ進学を希望する場合、9年次に国家統一

14　羽谷沙織(2011)「ヘン・サムリン政権下カンボジアにおける教育改革と教科書にみる国家像」『立命館国際研究』23巻、3号、March 2011。

図表3-6　教育体系図

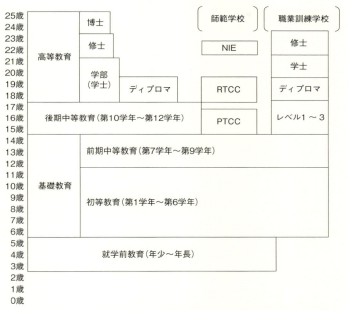

(出所) National Institute of Statistics, Ministry of Planning, 2015b, *Cambodia Socio-Economic Survey 2014*, p.47 および国際協力機構 (2012)[15] などより作成。
注：教員養成校 (PTTC)、地方教員養成校 (RTTC)。

試験を受験し、基礎教育修了資格を得なければならない。試験科目はクメール語、物理、地理、倫理・公民、数学、化学、生物、歴史、地学、外国語の10科目である。さらに高等教育機関へ進学する場合、12年次に国家統一試験を受験し、後期中等教育修了資格を得なければならない。この試験は、後期中等教育の修了と大学入学資格を併せて認定するものである。

　高等学校の教員になるためには、大学卒業後にプノンペンにある国立教育研究所 (NIE) でさらに1年間の教員養成課程を履修する必要がある。職業訓練学校については、継続職業教育の項目で後述する。

15　国際協力機構 (2012)『カンボジア国　産業人材育成プログラム準備調査　ファイナル・レポート』97ページおよび前田美子 (2003)「カンボジア―負の遺産を背負う教師たち―」『途上国の教員教育―国際協力の現場からの報告―』国際協力出版会、30～64ページ参照。

86 第3章 人的資源に関する取り組み

(b) 就学(通学)率

　日系企業で聞き取り調査をすると文字の読み書きや簡単な計算ができない者を採用せざるを得ない現状を耳にすることがある。義務教育を終えていない場合もあるが、義務教育を終えていても工場労働に必要な基本的な読み書きができない者がいるという。基本レベルの教育を企業内で施す必要性があるという話を聞く。ワーカー・レベルだけでなく、管理職や技術職の人材の不足が課題という企業も少なくない[16]。

　こうした教育水準の低さは、第1章第2節のカンボジアの歴史を振り返った際にも触れたが、ポル・ポト政権時代の圧政やその後の内戦の影響のためだと言われている。ポル・ポト時代に教育関係者が集中的に虐殺された。強制収容所では字の読める者は革命の敵と見なされ、教師や医者をはじめとする知識人は逮捕され、多数が処刑や虐殺された[17]。教員や学生・生徒数をポル・ポト政権前後の1968年と1979年で比較して示したのが図表3-7である。中等教育以上では教員・学生・生徒の90%以上が犠牲になったことになる。

　人民革命党政権になって教育制度が回復し、教育体制の進展を示したのが図表3-8である。壊滅的な打撃を受けた教育現場も数字の上では回復してい

図表3-7　ポル・ポト政権期の教育への影響

	1968年(人)	1979年(人)	減少割合(%)
高等教育			
教授・教員	725	50	93.1
学生	11,000	450	95.9
中等教育			
教員	2,300	207	91.0
生徒	106,000	5,300	95.0
初等教育			
教員	21,311	2,793	86.9
生徒	991,000	322,379	67.5

（出所）　Burchett, 1982, p.131[18]を参照し加筆して作成。
注：1979年については8月1日時点のセンサスに基づく数値。
　　「高等教育」は、土生ら(1992)の訳語をそのまま用いている。原文では「Higher Education」となっている。ただ、図表3-6で参照した政府資料における「後期中等教育」(Lycée)に相当するのではないかと思われる。

16　第9章「日系進出企業の人事労務管理」第2節(2)採用、257 ～ 258ページを参照。

図表3-8　各教育機関の生徒・学生と教員数の推移（人）

	高等学校		中等教育		初等教育	
	教員	学生	教員	生徒	教員	生徒
1979年度	20	281	205	4,803	13,619	947,317
1980年度	28	555	671	17,291	30,316	1,328,053
1990年度	2,057	47,562	14,351	201,496	40,014	1,322,143
2000年度	5,000	105,086	18,952	283,578	52,168	2,408,109
2005年度	7,981	204,925	21,729	588,333	61,657	2,558,467
2006年度	7,722	222,271	24,052	626,005	59,889	2,461,135
2007年度	7,857	260,965	27,240	637,629	58,776	2,311,107
2008年度	10,681	292,423	27,784	605,707	56,978	2,262,834
2009年度	11,680	323,583	28,252	585,115	56,670	2,240,651
2010年度	11,686	334,734	30,014	560,868	56,339	2,191,192
2011年度	11,706	325,637	31,698	551,152	56,344	2,269,532
2012年度	12,880	293,950	31,815	542,440	56,108	2,287,775
2013年度	13,330	270,943	32,616	546,286	55,958	2,179,164

（出所）　National Institute of Statistics, Ministry of Planning, 2002, *Cambodia Statistics Year Book 2001*, pp.50-51 and National Institute of Statistics, Ministry of Planning, 2015a, *Statistics Yearbook of Cambodia 2013*, p.242.
　　注：図表3-7と出所が異なるため、数値の整合性がとれていない部分がある。

く様子がみてとれる。しかし、学校教育機関の設置や教員の養成といった教育システムの再構築は十分になされたとは言いがたいようである。

　2015年時点の小学校から高校までの通学率＝就学率を示したのが次のページの図表3-9である（ここで中学校とは前期中等教育、高校とは後期中等教育のことを言う）。小学校に相当する年齢層のうち、通学している割合は87.3％で中学校では43.5％である。通学しない理由として最も多いのが「家業に従事すべきだから」が38.4％（この割合は女の子については41.9％）である。その他、「学校へ行きたくない(13.8％)」「障害や病気による貧困のため(12.1％)」などが

17　コロク　ヴィチェト　ラタ(2001)「カンボジアの教師教育に関する一考察：制度的な発展と養成基準」『名古屋大学大学院教育発達科学研究科紀要　教育科学』48巻、1号、57〜69ページの59ページ参照。

18　Wilfred G. Burchett, 1982, *China, Cambodia, Vietnam Triangle*, Vanguard Books（日本語版：ウィルフレッド・バーチェット(1992)『カンボジア現代史』土生長穂、小倉貞男、文京洙訳、連合出版）。

　　Michael Vickery, 1986, *Kampuchea, Politics, Economics and Society, Frances Pinter*, London, Lynne Rienner Publishers, Inc., Boulder, p.155.

88   第3章　人的資源に関する取り組み

図表3-9　通学比率（2015年）（%）

小学校	87.3	6歳〜11歳
中学校	43.5	12歳〜24歳
高校	21.6	15歳〜17歳

（出所）　National Institute of Statistics, Ministry of Planning, 2016, *Cambodia Socio-Economic Survey 2015*, pp.42-43より作成。

挙げられている[19]。

　25歳以上で小学校を卒業していない者の割合は36.0%、小学校だけを卒業した者の割合は21.9%、中学校卒業が11.4%（この中に小学校卒業者は含まれていない）、高校卒業者の割合は5.3%（同じく小中卒業者は含まれていない）である[20]。

　ちなみに、学校に通った経験の無い者の割合を性別・地域別で示したのが図表3-10である。プノンペン市内の男性は2.9%であるのに対して、地方の女性は20.3%となっている。

（3）初期職業教育訓練

　初期教育訓練には、公的職業訓練と民間企業内での職業訓練がある。

　公的な職業訓練制度は以下のようになっている。小学校6年、中学校3年

図表3-10　就学経験のない者の割合（2015年）（%）

	全体	男性	女性
全土	13.8	9.8	17.6
プノンペン	5.3	2.9	7.6
その他の都市	8.8	5.0	12.3
地方	16.1	11.7	20.3

（出所）　National Institute of Statistics, Ministry of Planning, 2016, p.44より作成。

19　National Institute of Statistics, Ministry of Planning, 2016, *Cambodia Socio-Economic Survey 2015*, p45.

20　National Institute of Statistics, Ministry of Planning, 2016, *op. cit. supra* note 19, p46.

を終えると、3年間の高校レベルでの職業高等学校がある（レベル1～3、図表3-6参照）。高校では各学年が終わるごとに修了証明書（certificate Ⅰ、Ⅱ、Ⅲ）を取得できる。ここでは機械修理、コンピューター技術、農業機械、電気、電子、クーラー修理、土木技術、建築等を学習している。高校卒業後、高等専門学校に進学し、1～3年間の学習によって技術ディプロマ（diploma for technicians）を取得できる。その上には大学で学士、大学院で修士、博士を取得する道が開かれている。

この他に、地方の職業訓練センターが1～6カ月の短期間の訓練を実施している。農業、建築、自動車修理、基本的な食料生産、工芸、縫製、美容などを教えている。ここでは3段階の認証が設けられており、熟練度によって職業証明書（Trade Ⅰ, Trade Ⅱ, Trade Ⅲ）を取得することができる。Trade Ⅲを取得すると職業高等学校に入学する資格を有する（後掲の図表3-12、95ページ参照）。

なお1999年国立職業訓練所が設置され、職業訓練施設での教員を養成する役割を果たしている。毎年300名の教員の養成を目指している。

企業内の訓練は徒弟契約による訓練である[21]。この内容は労働法が規制している。徒弟契約には指導員の氏名・年齢・職業・住所、徒弟の氏名・住所、徒弟の両親や保護者の氏名・職業・住所、契約期間および訓練を受ける職業、報酬、企業が提供する技能分野、契約終了時に支払われる補償、指導員および徒弟の義務が含まれなければならない（53条）。指導員は、徒弟の行動や生活を監督するとともに、職業訓練をおこない、徒弟期間終了後、中立の試験委員による試験に合格すれば証書を授与される（59条）。

さらに、NGOや民間部門で非公式な訓練を提供している。例えば、王立プノンペン大学の敷地内に「カンボジア日本人材開発センター」が国際協力機構（JICA）の支援によって設置され、日本語や経営に関して勉強するコースを設けている。

（4）継続職業訓練

継続職業訓練には、在職のままで再訓練を受けるか、離職してから再訓練

21　徒弟契約については、第4章第3節、106ページ参照。

を受けてより高度な仕事を目指す方法がある。

(a) 工業部門での能力開発・キャリア形成支援

　カンボジアは2030年までに高中所得国(upper middle income country、1人当たり国民所得が3,976ドルから12,275ドル)になるという目標を掲げている。そのために人材育成への投資が不可欠であるが、ASEAN経済統合による要請や必要性と関係してくる。つまりASEAN経済統合によって、モノ、サービス、資本の自由な移動によって単一市場と生産基地の実現を目指しているため、他のASEAN加盟国との間での人材育成の競争が起きてくると同時に、ASEAN内部で受け入れられる資格制度を作る必要性に迫られている[22]。これはASEAN内でのヒトの移動を自由にするという要請に答えるためである。

　職業訓練についての基本法は制定されていないが、投資法によれば、カンボジア開発評議会(Council for the Development of Cambodia：CDC)によって適確投資プロジェクトと判断された投資家(企業)は、適切かつ一貫した訓練を従業員に提供することが義務づけられている(18条)。経済特別区の設定および管理に関する政令によれば、経済特別区の開発業者は、労働・職業訓練省と協力して、従業員に新たな知識や技能を習得させることが義務づけられている(12条)。

　国家技術職業訓練政策(National Technical Vocational Education and Training Policy)(2017 ～ 2025)が労働・職業訓練省を中心として作成され、2017年6月閣僚評議会で承認された。これは国家戦略開発計画(2014 ～ 2019)、産業開発計画(2015 ～ 2025)、国家雇用計画(2015 ～ 2025)とともに高中所得国への移行のための重要な政策文書である。四つの政策目標を掲げている。職業訓練を市場の要請に応じて質を向上させること、雇用創出のために職業訓練へのアクセスを向上させること、持続可能な職業訓練のために官民が連携すること、職業訓練校のガバナンスを改善することの4項目である。

　人材育成・能力開発にかかわる行政機関のうち、教育・青年・スポーツ省と労働・職業訓練省によるプログラムを取り上げることにする。

22　香川孝三(2015)「ASEAN経済統合が各国労働法制に与える影響」『Business Labour Trend』489号、4ページ参照。

（ア）教育・青少年・スポーツ青年省

　教育・青少年・スポーツ省は、教育戦略計画(2014-2018)の中で、中等および高等教育における質の向上に焦点をあて、試験制度の改革を目指している。既述のとおり1996年から6-3-3-4制度が導入され、憲法上9年間が義務教育となっており、一般教育制度の中で能力開発に関する科目を提供しているが、小学校6年、中学校3年を終えると、3年間の高校レベルでの職業課程高等学校がある。小・中・高においてLocal Life Skills Programとして車やバイクの修理、大工、電気機器の修理、畜産、農作業にかかわる技術を習得することができる。さらに高校ではElectoral Vocational Educational Programとして会計・経済、観光、芸術、ICT技術、地域独有の技術などを習得することができる。しかしこれらを受講した学生が就職先を探しやすくするためのキャリア・ガイダンスがほとんどなされていないという問題を抱えている[23]。

　工学系の学部を有する大学レベルでは、電機、コンピューター、土木建築、化学・食品製造、機械などの学科を有し、技術者を育成している。実験や実習の施設が乏しく、知識偏重の教育になっていることや、技術系のキャリアへの社会的評価が高くないため、ホワイト・カラー指向が強いという問題点が指摘されている[24]。

　国立職業訓練校は、1999年12月に教育・青少年・スポーツ省の管轄のもとで開校したが、2001年に労働・職業訓練省に移管された。既述のとおり職業訓練に関する基本法はまだ存在せず、労働・職業訓練省令によって対応している。

（イ）労働・職業訓練省

　労働・職業訓練省の所管である国立職業訓練校はカンボジアの職業訓練校の中心となっており、約300名のスタッフとそれを支援する事務管理部門がある。スタッフの一部は海外の大学や職業訓練校に留学して資格を高めている。その中には日本の職業訓練大学校に留学している者もいる。修士コース、

23　国際協力機構(2012)『カンボジア国 産業人材育成プログラム準備調査 ファイナル・レポート』(2012年3月)。
24　前掲書、64ページ参照。

92   第3章　人的資源に関する取り組み

図表3-11　労働・職業訓練省傘下訓練校39校の分野別学生数（2016年）

訓練分野	6レベル学生総数	うち女子学生数(%)	女子学生の割合(%)	5レベル学生総数	うち女子学生数	女子学生の割合(%)
電気	5,039	124	2.5	3,090	151	4.9
土木工学	3,401	178	5.2	674	46	6.8
電子	482	33	6.8	87	12	13.8
機械工学	298	2	0.7	42	1	2.4
自動車整備	274	1	0.4	855	57	6.7
建築	179	64	35.8	0	0	0.0
エアコン	45	2	4.4	356	9	2.5
溶接	14	6	42.9	502	0	0.0
料理	0	0	0.0	21	8	38.1
金属工学	0	0	0.0	68	1	1.5
計	9,732	410		6,695	285	

（出所）「JICAカンボジア　産業界のニーズに応じるための職業訓練の質向上プロジェクトについて」（奥村英輝・チーフアドバイザー（JICA産業界のニーズに応えるための職業訓練の質向上プロジェクト）提供の資料）より作成。
注：表中のレベルは図表3-12のレベルを参照。

　学士コース、訓練校教師プログラム、若年および年長者コース、短期間コース等が設けられ、土木、建築、電機技術、電子技術、冷蔵庫や空調技術、科学技術が教えられている。全国で労働・職業訓練省傘下の39校で2016年度に在籍している学生は約3万人いる（図表3-11参照）[25]。

　経済発展を担う人材養成、特に生産現場で即戦力となる人材育成が急務であるが、財政不足もあって訓練施設が不十分であり、国際機関や先進国のODAによって支えられているのが現状である[26]。

　国際機関ではアジア開発銀行、ILO（国際労働機関）、UNICEF（国際連合児童基金）、EUが実施しているほか、スイス、ドイツ、フランス、中国、韓国などが職業訓練の支援を行っている。

25　奥村英輝から提供の資料「JICAカンボジア―産業界のニーズに応じるための職業訓練の質向上プロジェクトについて」（未刊行）。
26　田中浩二（2017）「職業訓練校NPIC」日本ILO協議会編『カンボジア・ミャンマー社会労働事情調査団報告書』、24～26ページ参照。

特にアジア開発銀行が第二次の訓練計画に関係しているし、国際協力機構（JICA）も2015年から「産業界のニーズに答えるための職業訓練の質向上プロジェクト」(2015年3月〜2020年3月)を実施している。プノンペン周辺の短大レベルの三つの職業訓練校で、電気分野でのカリキュラム開発およびカリキュラム施行を支援している。機械や設備は電機によって制御しており、生産・加工プロセスにおいて電気系統のオペレーション・メインテナンスができる人材の要請に答えることを目指している。だがいくつかの課題がある。このプロジェクトについてカンボジア日本人商工会製造部会を対象として行われた調査によると、電気分野の訓練課程の内容が日本企業に周知されていないことや、企業のニーズに合致した訓練が行われていないという評価が出ている[27]。

今後訓練校で学生のキャリア・ガイダンスを実施して積極的に企業に就職できるよう配慮することが不可欠であり、そのような試みも始まってきている。

(b) 農業部門での職業訓練

カンボジアでは農村人口が全人口の約8割を占めている現状から農業部門での訓練も不可欠である。アジア開発銀行は2005年〜2010年、2010年〜2015年の2期にわたって地方の訓練所での農業技能訓練の実施に支援を行った。これはVoucher Skills Training Program(VSTP)と呼ばれ、労働・職業訓練省の管轄下で実施されている。9年間の学校教育を受けていなくても受講が可能である。したがって中途退学者、少数民族、失業者、不完全雇用者も受講でき、過半数は農村女性である。野菜や果樹栽培、食品加工、縫製、染色、雑貨屋経営等の訓練があり、多額の資本を必要とせず、比較的参入しやすい分野での訓練である。それぞれの地域の必要に合わせた実践的で、かつ短期間の訓練であり、先述の工業部門の訓練と比較して、インフォーマルな訓練と位置づけられている。訓練を受けることよって所得を増加させることを目的としている。

---

27 国際協力機構(2016)「カンボジア日本人商工会製造部会における産業界のニーズ調査」参照。

94　第3章　人的資源に関する取り組み

　農村における自立支援を目的とした職業訓練の成功事例として挙げられるのが、森本喜久男の取り組みである。シェムリアプの近くに、荒地を開墾して「伝統の森」を作って、絹織物の伝統技術を復活させて村づくりを実践した森本喜久男の業績は、農村の職業訓練の視点からみれば、農村で衰退しつつあった養蚕を復活させて、染色や機織りの技術を訓練して、自活できる道を切り開いていると見ることができよう[28]。

(c) 企業内での訓練

　企業内での訓練としてOJTとOff-JTを実施している企業もある。技術や技能を学習する前提として、読み書きや算数の教育が必要であるため、企業が入社後に教育を施す場合もある。というのは、農村から出てくる労働者の中には学校教育を受ける機会に恵まれず、読み書きや算数ができない労働者がいるからである。読み書きや算数ができることは、仕事をする上でも不可欠であるし、労働者本人にとっても日常生活を送る上でも不便を感じていたケースが多いようで、大きな喜びを労働者にもたらしている。

　日系企業には社内で基礎教育を行う学校を設置しているところもある（第9章第2節、263ページ参照）。当該企業にはじめて雇用された者は、企業に勤めるための基本的な知識や仕事に対する姿勢が身についていないため、基本的な訓練を受ける必要がある。初任者研修であり、最低限仕事をするうえで必要な訓練を受けて、職場に配置される。その後は仕事をしながら実地訓練を受けつつ技能を向上させていく。

　日本の本社や第三国での技術研修を日本人や第三国の技術者から受けている場合もある。社内教育を受けた者が企業での中核となって技術向上に努めることが期待されている。

(5) 能力評価制度

　2012年職業訓練制度を審議する全国訓練審議会で承認された資格制度（Cambodian Qualification Framework）が図表3-12のように設定された。その

28　森本喜久男（2015）『カンボジアに村を作った日本人』白水社参照。

図表3-12　職業訓練資格制度と学校教育制度との関連

資格レベル	一般教育制度	訓練制度	高等教育
8		博士課程	博士課程
7		技術修士課程	修士課程
6		技術学士課程	学士課程
5		技術ディプロマ	準学士課程（アソシエイト） 短大卒相当
4	高校	修了証明書Ⅲ	
3	高校	修了証明書Ⅱ	
2	高校	修了証明書Ⅰ	
1	中学校		

（出所）　Ministry of Labour and Vocational Training, Directorate General of Technical Vocational Education and Trainingが発行している職業訓練についてのパンフレッド中のEducational System of Cambodiaに基づき作成。

制度では8段階に設定されている。それぞれの基準に到達するよう指導する者は努力しなければならない。統一的なカリキュラムや具体的な基準は検討中である。

(6) 職業教育の問題点

　カンボジアの職業訓練の問題点としていくつか指摘されているが、訓練の需要と供給のギャップが見られることが最大の問題とされている。企業が必要とする訓練と、学校が教える訓練や学生が希望する訓練との間にミスマッチがあることである[29]。

　次に、訓練を受けた者が職を得ることとつながっていないこと、訓練校自体が職のあっせんをすることが少ないこと、そこで高いレベルの訓練ではなく、低い訓練を受ける者が多いこと、職業訓練を受けても高い収入と結びついていないこと、などの問題点が指摘されている。それは職業訓練校を出ても、高い地位につくことが難しいことが一因として挙げられる。職業訓練校への評価が低いこと、訓練を受ける費用が高いため、NGOや企業の援助や

29　ILO Asia-Pacific ed., 2013, *Skill Shortages and Skill Gaps in the Cambodian Labour Market : Evidences from Employer Skills Needs Survey.*

96 第3章 人的資源に関する取り組み

寄付がなければ、大学で学ぶ費用より高くなっていること、企業に長期間の訓練のために高い投資をする意欲に乏しいことが問題として指摘されている。

　さらに、訓練の質の確保が問題と指摘されている。その要因として、経験豊富な教師が不足していること、カリキュラムや資格の標準化が不足していること、質のいい訓練を実施するに必要な高額の費用を支払えないこと、実習を行うに必要な機材が不足していることが指摘されている[30]。

▶▶▶ 小括

　カンボジア人は友人や親戚の紹介で職を見つけるのが一般的であるが、それだけでは不十分であるため国が職業紹介機関を展開しはじめ、そうした取り組みを通じて職を見つける者が増加しつつある。さらに民間の職業紹介事業も政府の許可なく開業できることもあって、民間の職業紹介会社を通じて職を探す者も増加している。ただ、そうした取り組みも、まだ始まったばかりであり、求人と求職のマッチング機能が十分に機能しているとは言い難い。

　人材育成・職業訓練機関が国によって設置され、その成果が今後期待される。企業が必要としている技能を持つ者が養成されるように制度設計がなされつつあり、職業訓練の中心となることが期待されている。ただ求人側である企業が必要としている技術と求職者の要望する技術の間にギャップがあるとされている。さらに従来、職業訓練機関が卒業生に対して職のあっせんを積極的に行うことがなかったが、そうした問題への対応もすすみつつある。

　職業訓練の分野にアジア開発銀行、UNICEFのような国際機関だけでなく、スイス、ドイツ、フランス、中国、韓国、日本などが支援している。この分野で国際競争が生じている。支援国それぞれが実施する職業訓練は、それぞれの国の企業がカンボジアへ進出することを後押しするという役割を担っている。

---

30 "Cambodia's vocational training challenges-Costs, Quality, Opportunity."
　(https://www.linkedin.com/cambodians-vocational-training-challenges/)

▶▶▶ 第4章 ◀◀◀

労働法令

ポイペト（タイとの国境）

▶▶ はじめに

　本章ではカンボジアの労働法令の内容についてまとめる。1997年労働法[1]と2016年労働組合法が現在のカンボジアの労働法の基本となっているが、労働組合法の詳細は第5章に譲る。それらの上位規範として1993年憲法がある。さらに、法律の運用を知るためには、下位規範である省令、決定、通達等をも見ていく必要がある。

　発展途上国では法律が制定されても、それが法律に従って施行されているかどうかは疑問がある。そのため本章では実際どのように施行されているか分かる範囲で記述することとする[2]。

▶▶ 1　カンボジア労働法の歴史

　労働法史の時代区分は六つに分けられている。第一期は1953年フランスから独立する以前、第二期は1953年からロン・ノル将軍のクーデターによって「クメール共和国」が成立するまでの1970年、第三期は1970年から1975年の「クメール共和国」の時期、第四期は1975年から1979年まではポル・ポトが支配した「民主カンプチア」の時期であるが、全ての法律が廃止された時期である。第五期はポル・ポト政権崩壊の1979年から内戦が終了して国連カンボジア暫定統治機構のもとに総選挙が実施され、1993年新憲法が公布されるまでの時期、第六期は新憲法が公布された1993年から現在までである。

　第一期のフランスの保護領時代は、カンボジアが1863年フランスの保護領となってから1953年11月9日に独立するまでの約90年間であった。使用者と労働者の関係に関する労働契約の定めは1920年民法にあり、その1927年の民法附則で1日10時間労働制やその他の労働条件を定めた。1927年に労働監督官制度を設け[3]、1951年に労働・社会問題省が設置された。1947年

1　カンボジアの1997年労働法の日本語として以下を参照。
　　日本貿易振興機構（JETRO）（2015）『カンボジア労働法（日本語訳）』。
　（https://www.jetro.go.jp/ext_images/world/asia/kh/law/pdf/labor-law201503.pdf）
　　国際労働財団ホームページ「アジア労働法データベース」中の「カンボジア労働法」。
　（http://www.jilaf.or.jp/asia_laborlaw/data/cambodia_001.pdf）
2　カンボジアでの法律言語はクメール語であるが、英訳がなされている場合が多い。特に法整備支援を受けた法律は公布と同時に英語で閲覧ができる。

5月最初の憲法が公布され、立憲君主制を取り入れた。

第二期の独立から1970年までは、東西冷戦の中で中立政策を採用したシハヌークが東西両陣営から援助を受けて国作りを実施した時期であるが、シハヌークの独裁体制のために腐敗がはびこり国民の不満が高まった。独立によって労働社会問題省がフランス人からカンボジア人による運営に移行された[4]。

第三期の1970年から1975年までは「クメール共和国」時代と呼ばれているが、1970年3月のクーデター後、1972年5月には二つ目の憲法を公布した。これにより王政を廃止して、それに代わって大統領制を取り入れた共和制を採用した。1971年4月7日ILO（国際労働機関）に加盟し、ILO条約のいくつかを批准した。1972年にカンボジア最初の包括的な労働法を制定した。この労働法はその後の1992年および1997年労働法に引き継がれている。労働法を施行する行政機関として、労働・社会問題省を再編して労働・社会問題・雇用省とした。

第四期は1975年から1979年までで、「民主カンプチア」を国名とし、1976年に3番目となる「民主カンプチア憲法」によって、極端な原始共産主義を追求したために、法律は全て機能を停止させられた。ポル・ポトら共産党幹部の命令によって既存の制度は否定された。それに反対する者は粛清され、100万人以上が殺害された。労働面では強制労働が強いられた。

第五期になる1979年1月、ベトナムの指導を受け社会主義政権を目指したヘム・サムリンらの勢力によって「カンプチア人民共和国」が成立し、ポル・ポト派は政権を放棄せざるを得なかった。1981年7月に4番目となる憲法を公布し、ゆるやかな社会主義の方向をめざした。これは1989年の第5番目の憲法によって修正され、私的経済や私的所有を認める方向を示した。社会主義市場経済に向かい始めた情勢を反映したものである。しかし、国内は安定せず、ベトナムの支援を受けた政府軍と三派連合グループ（シハヌーク派、ソン・サン派、ポル・ポト派）との間で内戦がおこった。1991年10月パリでカン

3　労働監督官は、労働法規が遵守されるよう助言および監督を行う行政官である。

4　この二期の労働法についてはClairon, Marcel, 1962, *Droit Khmer-Droit du Travail-2e edition*, Phnom-Penh, E.K.L.I.P.を参照。

ボジア和平協定の締結によって、その内戦が終結した。1992年労働法が1972年労働法を修正する形で制定された。労働者を保護する規定が多く含まれていたが、その保護の範囲が限定されるという問題点を含んでいた。

ポル・ポト時代からこの時期にかけての戦いによって多くの死者や負傷者、孤児や寡婦、高齢の貧困者を出したことを受けて、これらの社会的弱者を保護するための行政機関を再編した。1985年社会問題・負傷兵省、1992年に社会問題・労働省を設置した。

第六期にあたる1993年以降現在までの時期には、1993年に6番目の新憲法が制定されて、計画経済から市場経済に移行し、複数政党制に基づく民主主義への移行することを明確にした。それにあわせて労働法が1997年に制定された。この法案作りには、ILO、フランス労働省、アジア・アメリカ自由労働組織[5]の支援を受けた。この労働法には、それ以前にはなかった結社の自由やストライキやロックアウトに関する規定が含まれており、これが現行法となっている。労働法を施行する行政機関として従来の行政機関を再編して、1996年社会問題・労働・負傷兵問題省を設置した。社会問題、労働問題、負傷兵問題の三つの分野を担当することになった。2002年には社会保障法が制定された。2005年1月に労働を担当する省として労働・職業訓練省となり、社会福祉・青少年更正省と分離した。

市場経済導入の方針を受けて縫製業に多くの外国資本を取り込んだ。その結果、カンボジアの経済成長が進展していったが、その一方、労働者によるストライキが頻発し、生産性が低下するという問題が生じた。それを解決するために1997年労働法(2007年一部改正)では不十分であるとして、2016年労働組合法を制定した。名称が労働組合法となっているが、実質は労使関係法である。労働組合と使用者団体についてだけでなく、不当労働行為、団体交渉、労働協約、労使紛争処理についても定めている。

カンボジアでは1977年から法定最低賃金が定められているが、適用対象は縫製、製靴、繊維業に限定されていた。後述のとおり、これを全産業に拡大する法案が2018年6月に可決され、7月に施行された。

---

5 Asian America Free Labour Institute は、AFL-CIO の指導で1968年冷戦体制のもとでアジア諸国に自由主義体制を維持するために設立された組織である。

なお、第六期にあたる時期には法整備支援事業が先進国や国際機関によってはじまり、日本は1999年3月から民法、民事訴訟法の起草への支援がなされた。日本の支援を受けた民法は2007年12月8日に公布され、2011年12月21日から施行された。民事訴訟法は2006年7月6日に公布され、即日に施行された。

▶▶▶ 2 労働法の法源

カンボジアでの労働法にかかわる法源として、1993年憲法、2007年民法、1997年労働法とそれに基づく下位規範、2016年労働組合法とそれに基づく下位規範、2002年社会保障法とそれに基づく下位規範、批准されたILO条約がある。さらに、裁判所の判決や仲裁委員会の裁定も含まれる。ここでは憲法、1997年労働法およびその下位規範について述べる。

(1) 憲法

まず、最高規範である憲法に含まれる労働に関する規定について、ここで述べておきたい[6]。

憲法第3章「クメール市民[7]の権利および義務」の中で、労働にかかわる基本的な規定を設けている。31条では、クメール市民に法の下の平等を定め、人種、皮膚の色、性、言語、宗教、政治的信条、門地、社会的地位、財産その他の地位にかかわらず、同様の権利および自由を有し、同等の義務を有する。性別による差別禁止がここに取り入れられている。国籍による差別禁止が入っていないのはクメール市民にのみ保障されているためであろう。

36条では、「性別を問わず、その能力および社会の必要に応じて、職業を選択する権利を有する」と規定している。1981年憲法33条では職業選択の自由はなく、「その能力と社会的要請に応じて職業選択の指導を受ける」ことに

6　CHEA Sophal, 2016, "Labor Rights and Trade Unions", Hor Peng, Kong Phallack, Jorg Menzel ed., *Cambodian Constitutional Law, Konrad Adenauer Stiftung Cambodia*, pp.513-535.

7　クメール市民にはベトナムや華僑系、少数民族が適用を除外されることになるが、クメール市民の定義が「国籍法」においてもあいまいなままである。四本健二(1999)『カンボジア憲法論』勁草書房、93〜102ページ参照。

なっており、国の指導によって職業が決められるという社会主義の発想に基づく規定であった。それが市場経済化を目指すために、職業選択の自由を保障したものと思われる。

同じ36条には、「クメール市民は、性別を問わず、同一の労働に対しては同一の報酬を受け取る」という同一労働同一賃金の原則が採用されている。これに関連して、「家庭における主婦による家事労働は、彼女らが報酬を得、家庭外で行う労働と同等の価値を有する」と規定して、家事労働を無償労働としないで、外部で働いたとすれば得られたであろう額を持つ労働としてみていこうとする立場を採用している。最近のジェンダー論での主張を取り入れたものである。さらに、「クメール市民は、法律が規定する社会保障および社会福祉を給付される権利を有する」として、法律で認めた範囲で、社会保障や社会福祉による給付を保障することを定めている。経済発展をまだ十分達成していない段階の国力からいって、全てのクメール市民に最低限度の生活を保障するまでに至っていないために、このような規定になっているものと思われる。75条では、「国家は、労働者および勤労者のために、社会保障制度を確立する」というプログラム規定を設けている。

36条には、「クメール市民は、性別を問わず、労働組合を結成し、その組合員となる権利を有する。労働組合の組織および活動は、法律に定める」という規定がある。組合を結成する権利を保障しており、それを法律によって定めることになっているが、この規定に基づき2016年労働組合法が制定された。さらに37条では、「ストライキおよび平和的示威行為の権利は、法律の枠内で行使しなければならない」という規定がある。法律の枠内でのストライキやデモンストレーションの権利を保障している。これは生産性を阻害するストライキを規制する根拠となりうる。

45条から48条は女性と子どもの権利を保障している[8]。45条では、「女性差別を禁止する。女性の労働の搾取は禁止する」と規定している。この憲法制定の前年である1992年10月に国連のあらゆる形態の女性差別を禁止する国際条約をカンボジアが批准したことの影響がみられる。

8　Ly Vichuta, 2016, "Labor Rights of Women and Children", Hor Peng, Kong Phallack, Jorg Menzel ed., *op.cit.*, pp.539-555.

さらに46条では具体的に差別禁止の内容を定めている。46条では、「人身売買、売春および女性の尊厳を傷つける猥褻行為による搾取は禁止される」「妊娠を理由とする女性の職場からの解雇は禁止される。女性は、出産休暇前の職に復帰し、その他の社会的利益を損なうことなく、有給の出産休暇をとる権利を有する」「国家および社会は、適切な社会的援護を持たない女性、特に農村地域の女性に対して、職業に就き、医療を受け、その子どもを就学させ、適切な生活水準を維持するために保護を受ける機会を提供する」。女性の性的搾取をなくすために、1996年6月1日に「誘拐・人身売買および人的搾取禁止法」が制定された。女性の母性保護によって「子どもを産む性」と女性労働の両立を目指している。

48条では、「国家は、子どもの権利条約が規定する子どもの権利、特に生存の権利、教育を受ける権利、武力紛争における保護を受ける権利を保障し、経済的および性的搾取から保護する。国家は、子どもの教育の機会または福祉を損なう行為から子どもを保護する」と規定している。児童労働、児童売春などの子どもの権利を侵害する状況は現在も存在しており、これらにどう対処していくことができるのかが問われている。73条では、「国家は、子どもおよび母親に対して、最大限の考慮を払う。国家は、保育施設を設置し、適切な支援を受けられない女性および子どもに対して支援する」という規定を定めている。

(2) 1997年労働法

次に1997年労働法の適用範囲について述べておこう[9]。この法律は、労働契約が履行される場所がカンボジア国内である限り、クメール市民だけでなく

9　1997年労働法の解説書として、Eduardt (Kees) de Bouter, Daniel Adler, Lee U Meng, Patricia Baars and etc., 2005, *Cambodian Employment and Labour Law*, Third Edition, Community Legal Education Center, IM Phalla, PHO Sotheaphal and NHEAN SoMuni, 2004, *Employment Cambodia-A Legal & Practical Guidebook*, CDB Partner & Consultancy、さらに、日本語による解説として日本貿易振興機構 (JETRO) (2017)『カンボジア労務マニュアル』(第4改訂版)、2017年3月、
(https://www.jetro.go.jp/ext_images/__Reports/02/2017/2f9339408b21d1d/syusei_cambodia_roumu_final201703.pdf)、夏山宗平・芝清隆・薮本雄登 (2014)『カンボジア進出・展開・撤退の実務』同文館出版、82 ～ 130ページ、これらの解説書を参考とした。

104　第4章　労働法令

外国人も適用になる。さらに企業がカンボジア国内に立地している限り、外国企業にも適用になる。

　適用が除外されているのは、司法官、公共部門に常勤として雇用されている者（臨時に雇用されている者は労働法が適用される）、警察や軍、軍警察に勤務する者で個別の法律によって規制される者、特別法によって規制される空輸や海運に従事する者（結社の自由にかかわる規定は適用される）、家事労働に従事する者（この労働法によって明文で別に定められている場合は除く（労働法第1条）。さらに結社の自由にかかわる規定は適用される）である。さらに大使館・領事館や国際機関に勤務する者も労働法の適用を受けない。

（3）下位規範

　最後に下位規範であるが、いくつかの区別がなされている。勅令（Royal Decrees, Reach Kret）、大臣会議令（Sub-decrees, Anu Kret）、省令（Proclamations, Prakas）、布告（Circulars, Sarachor）、決定（Decisions, Sach K' dei Samrach）、通達（Notices, Sach k'dei chun domnung）の六つがある。勅令は議会の議決があって、大臣会議または司法官職高等評議会の提案によって国王が発する。大臣会議令は、大臣会議の決定に基づいて発する行政命令であり、首相の権限事項の場合は首相のみが署名し、所管の省の管轄事項の場合は、首相が署名し、所管の大臣が副署する。省令は、各省の大臣が管轄する事項について発する行政命令である。布告は各省の大臣が管轄事項を明確にするために発せられる。決定は大臣会議、各省や行政機関によって決められる。下位の行政機関への伝達事項を定めた通達がある。

▶▶▶ 3　労働契約の締結と就業規則・労働協約

（1）労働契約

（a）有期契約と無期契約

　労働契約には期間の定めのある場合と、期間の定めのない場合がある。前者の場合、労働契約は書面で締結され、明確に契約開始日と終了日が書かれなければならない。それが書かれていない場合でも、以下の場合には終了するものとされている。休職中の労働者の代わりに働いている場合には、その

労働者が復職するか、休職中の労働者の契約が終了した場合には同時に終了する。一定の季節だけ働く場合には、その季節の終了によって契約期間は終了する。さらに、臨時の追加や通常行わない作業のために働いている場合には、その臨時の追加や通常行わない作業が終了すれば、その契約期間は終了する(労働法67条4項)。

契約期間は、1回以上更新することはできるが、その期間が2年を超えることはできない。

実際のところ、この規定の解釈がはっきりしていない。労働・職業訓練省は1回以上更新できるが、その更新が2年を超えられないという解釈を示している。この解釈には使用者団体が賛成している。この解釈では、2年を超えない期間での更新が何度でも可能となり、期間の定めある労働契約が無制限に続くことになる。使用者としては雇用する労働者の数を景気に合わせて調整が柔軟にできるという利点があることになる。

しかし、仲裁委員会の考えでは、1回以上更新することができるが、契約期間全体で2年を超えることはできないという解釈をとっている。これによれば、有期の契約期間が全体で2年を超えると期間の定めのない労働契約に転換する(67条3項)。更新ができてもその更新された期間の総数が2年を超えられないので、労働者が安定した雇用を享受することができる。どちらの解釈が正しいのか結論が出ていない。この問題は早急に解決すべき問題となっている。このような対立が生じるのは、67条3項の「前2項の定めに反する労働契約は、期間の定めのない労働契約とする」という規定になっており、「前2項の定めに反する」とは何を意味するかがはっきりしないためである。

有期の労働契約が書面で締結されていない場合、無期の労働契約として取り扱われる(67条8項)。2年未満の有期の労働契約については、当事者が異議なく期間満了後も平穏に労務提供をしている場合は、無期の労働契約となる(97条9項)。更新の意思表示がなくて、労務提供が実質的になされている場合には、黙示に無期の労働契約に転換することに同意しているという趣旨である。

無期の労働契約は口頭でも書面でも効力が生じる(65条)。口頭の場合に、

労働契約の内容が定められていない場合は、労働法に定められている条件に従うという内容の黙示の合意がなされたものとみなされる。

(b) 試用期間

　試用期間は労働者の職業適性を判断するためと、労働者が雇用状況を具体的に知り、理解するための期間と定義されており、正規の労働者の場合3カ月、専門職の場合は2カ月、専門性のない労働者の場合1カ月を超えることができない。この期間は最大であって、延長することができない。試用期間中、住居を離れて勤務する場合、交通費を使用者が支払わなければならない(68条)。試用期間終了後、本人の適正を評価して一定基準に達した場合に本採用とすることができるという合意は有効とされている。

　1日単位や時間単位で雇用され短期間で終了する者や季節的業務、臨時の追加作業や企業で通常行われない業務の場合は有期の労働契約とされる(67条4項、7項)。これはパートタイマーを対象としているが、あくまでも短期間のパートタイマーである。

(c) 徒弟契約

　徒弟として採用する場合は使用者との間で訓練を受けるために徒弟契約を締結する。期間は最長2年を超えてはならない(51条)。この期間は認定された学校や訓練所で理論・実務訓練の学位を有する場合は1年に短縮できる(54条)。この契約は公正証書または書面の契約書でなければ無効となる(52条)。徒弟契約には、指導員の代表者の同意を得た上、指導員と徒弟が署名して締結されなければならない(53条)。労働監督官はその契約を調査し、連署し、登録しなければならない。徒弟契約には以下の事項が含まれなければならない。指導員の氏名、年齢、職業、住所、徒弟の氏名と住所、両親、保護者や両親から委任を受けた者の氏名、職業と住所、契約日、契約期間と訓練を受ける職種、報酬の条件や現物支給、契約終了時に支払われる補償、指導員および徒弟の義務(徒弟は指導員の指示に従い訓練を受け、職務上知りえた秘密を遵守)が定められなければならない(60条)。

　徒弟は実習期間が終了し、試験委員会が行う試験に合格すれば、実習した

3　労働契約の締結と就業規則・労働協約　107

専門技術に関する証書と徒弟契約が終了した証書を授与される。徒弟がさら
に職業訓練校に進学を希望する場合には、指導員は便宜を与えなければなら
ない(59条)。
　徒弟に契約違反をそそのかし、違反させた者は、事業所や作業管理者に、
その損害を賠償する義務が生じる(61条)。徒弟を引き抜いて他の企業に異動
させた場合などがこれに相当する。
　徒弟または指導員の死亡、軍隊勤務、犯罪のために刑務所に収監、作業所
の閉鎖の場合に、徒弟契約は合法的に終了する。一方または双方の申し出に
よって、徒弟契約を終了させる場合として、契約条件に従わない場合、重大
な違反があった場合、就業規則に遵守しない場合、指導員が住所変更をして
別の地区に移動した場合が挙げられている。これらによって一方が損害を受
けた場合、他方が賠償責任を負う(64条)。

(d) 副業・兼業

　労働者は労働契約の範囲内で、職務に専念する義務を有するが、労働時間
外には企業と競合しないで、かつ業務に悪影響を与えない範囲内で他の事業
活動に従事できる(69条)。従って、労働時間外に、労働者が活動することを
禁ずる契約は無効となる(70条)。複数の仕事を持たないと生活を維持できな
い現実を考慮したものと考えられる。

(e) 雇用票(労働者台帳)

　労働契約とは別に、カンボジア国籍を有する労働者は雇用票を所持してい
なければならない(32条)。雇用票は、労働監督官によって作成され、発行さ
れる(34条)。雇用票は、その所持者、労働契約で定めた労働の性質、契約期間、
賃金額および支払方法を確認することを目的としており、採用、解雇、賃金
額を雇用票に記録されなければならない(34条、37条)。
　労働契約の締結やそれを継続する際に、使用者が金銭や何らかの証文を労
働者に求めてはならない(44条)。これは労働者が転職するのを防止して足止
め策とすることを禁止しており、強制労働をなくするという趣旨である。例
えば、試用期間中に賃金から一定額を控除することに労使が合意して、試用

期間が終わって本採用になった時点で控除額を使用者が返済するという合意は44条違反であるとして、その合意は無効と判断されている[10]。

(f) 請負契約

　カンボジアの労働法がユニークなのは、請負契約への規制が労働法に規定されていることである。労働請負人に使用者としての責任が課せられ(47条)、それが破産や債務不履行に陥った場合、発注元が請負人の代わりに責任を負う。損害を受けた労働者は、発注元の事業主や役員に訴訟を提起することが認められている(48条)。請負人は自分自身だけでなく、発注元の氏名・住所を作業場に掲示し(49条)、発注元は常に労働請負人の氏名・住所・身分を記載した一覧表を閲覧できる状態にしておき、それを労働監督官に請負契約締結日から7日以内に送付しなければならない(50条)。

(2) 就業規則

　8名以上を雇用する使用者は就業規則を作成する義務がある(22条)。企業開設後3カ月以内に、使用者と従業員代表が協議をして作成されなければならない。就業規則は労働監督官に送付されて、査証を受けなければならない。60日以内に査証が発行されなければならない(24条)。就業規則に問題点があれば、労働監督官はそれを手直しすることを求めなければならない。それに同意できない使用者は労働・職業訓練省に異議の申し立てが可能であり、それが認められない限り、手直しした就業規則を査証のために再度送付しなければならない。査証を受けやすくするために、モデル就業規則に従って就業規則を作成している場合が多い。労働協約に定める労働条件や労働法規に違反してはならない。違反する就業規則の規定は無効になると解釈されている(23条)。労働監督官は就業規則の規定の修正を使用者に求めることができる(25条)。就業規則が周知されるために作業場の容易に閲覧できる適当な場所に掲示しなければならないし、常に読むことができる良好な状態に保たれていなければならない(29条)。

10　Commmnity Legal Education Center ed., 2005, *Cambodian Employment and Labour Law*, p.62.

モデル就業規則には以下の項目が記載されている。採用条件、採用前の手続、労働者の身上の変更手続、訓練、試用期間、業務の仕方、採用時の健康診断、採用後の健康診断、深夜労働・時間外労働、休日、年間休日・祝日・特別休暇、出産休暇、傷病休暇、労災による休業、給与・ボーナス・諸手当、給与の支払方法、給与の減額、欠勤、休暇、無断欠勤、備品の利用、施設の利用、不正行為の場合の処罰（懲戒処分）、安全衛生、労災予防、その他労働監督官によって現行法や規則に基づいて求められる追加事項。

懲戒処分を就業規則に記載する場合、注意しなければならないのは、使用者は労働者の不正行為を知ってから15日以上経過すると懲戒処分ができないこと、重大な不正行為の場合には、7日以上経過すると解雇できないこと（26条）、不正行為の重大性に比例して懲戒処分の程度を決めること（27条）、一つの不正行為に二重の懲戒処分ができないこと（28条）が労働法に定められている。

日本貿易振興機構（JETRO）プノンペン事務所はモデル就業規則に即して、日本企業向けの32条からなる就業規則を2016年に公表している。別表として懲戒処分の事由と処分の程度を分かりやすいように表にして添付している[11]。

（3）労働協約

労働条件を決める規範として、法律、労働契約、就業規則のほかに労働協約がある。労働協約については2016年労働組合法が定めている。それによれば、労働協約は交渉当事者が交渉して合意がなされれば、その合意が労働・職業訓練省に登録されなければならない。労働協約は書面で締結されることを前提としている。登録が認められれば、その翌日から有効となる（労働組合法73条）。労働協約の適用を受ける者が、労働協約の規定に違反する場合、書面による警告がなされ、その警告を遵守できない場合、500万リエル以下の罰金に処せられる[12]。罰金によって労働協約の履行を確保する仕組みに

---

11 前掲注9、JETRO（2017）、83ページ以降参照。
　（https://www.jetro.go.jp/ext_images/_Reports/02/2017/2f93394708b21d1d/syusei_cambodia_roumu_final201703.pdf）
12 ちなみに、リエルのドル換算については、ほぼ1ドル＝4,000リエル程度で推移している。

110　第4章　労働法令

なっている。

　労働契約や就業規則との効力関係はどうなるのか。労働協約の規定は、法令の規定より労働者に有利でなければならない(69条)。ということは、労働協約は法令に違反することはできない。法令、規則、就業規則に定める権利、給付や労働条件について改定を求める使用者や労働者の主張は団交で処理するとされている(69条)。この規定から、法令、規則、就業規則を上回る内容の労働協約を想定していると思われる。そこで、労働協約≧就業規則≧法令の順序になっていると思われる(労働協約については、第5章第10節、173ページで詳述)。

(4) 使用者側の義務

　就業規則の制定が使用者側の義務になっているが、労働法上それ以外に使用者側の義務となっている点を整理しておこう。

(a) 企業の開設と閉鎖の申請

　労働法の適用を受ける使用者は、企業または事業所を開設する際に、開設前に、労働・職業訓練省に、書面で申請しなければならない(17条)。常時7人以下を雇用し、かつ機械を利用しない使用者の場合は、開設後30日以内に申請すればいい。企業または事業所を閉鎖する場合には、閉鎖後30日以内に、労働・職業訓練省に申請しなければならない(18条)。申請するための書式は省令288/01「企業または事業所の開設および閉鎖の申請」に定められている。これに違反した者は、61日以上90日以下の日給相当額の罰金または6日以上1カ月以下の禁固に処せられる。

　企業はその開設の申請によって労働・職業訓練省に登録され、労働監督官から登録番号を付けられ、労働監督官が署名した企業または事業所登録簿(企業台帳)が作成される。使用者はそれを保管しなければならない(20条)。企業台帳を持たない使用者は、10日以上30日以下の日給相当額[13]の罰金に処せられる。

(b) 雇用票（労働者台帳）への記載

労働者は自分の職歴を記載するために雇用票を労働監督官から取得しなければならない。雇用票を取得するためには、写真、身分証、国籍を証明する書類、すでに身分証を有する2名の労働者が国籍について証言する私信、使用者が発行する就職証明書、1,000リエルの印紙を添付して申請する。さらに1,500リエルの雇用票作成費用を支払わなければならない。労働者は雇用票と「カンボジア労働者のIDカード」を受けとる。この雇用票を持っていない労働者を使用者は雇用してはならない（32条）。雇用票には、使用者によって採用、解雇、賃金やその増額の記録が記載される。離職の場合に、使用者はその労働者への評価を記載してはならない（33条）。採用や離職の場合、使用者は当該の労働者の雇用票を労働監督官に提出し、7日以内に登録しなければならない。これに違反した場合には、使用者は10日以上30日以下の日給相当額の罰金に処せられる。労働監督官は、その雇用票に署名をしなければならない（37条）。雇用票を紛失した場合、労働監督官に再申請して、同じ内容で再発行することができる（38条）。雇用票は使用者が保管しておき、離職した場合に労働者に返却される。

従業員の雇用や解雇によって身分が移動する申告を入社日や退社日から15日以内に書面での申告を怠った場合、使用者は31日以上60日以下の日給相当額の罰金に処せられる。

18歳未満の者を雇用する場合、年齢を記載した登録簿を保管し、査察や監督を受ける際には提出しなければならない。これに違反した場合、使用者は31日以上60日以下の日給相当額の罰金に処せられる。

労働組合登録の際に、組合役員はこの雇用票の写しを添付しなければならないが、雇用票は使用者が保管しているので、その写しを使用者に請求すれば組合の登録をしようとしていることが使用者の知るところとなり不利益を受けるおそれがあるという問題点がある。

13　日給相当額とは「a fine of ten or thirt days of the base daily wage」のこと。この「basic daily wage」は、Prakas 86/97（On Base Daily Wage, March 20, 1997）によって8,000リエルに設定されている。罰金額は日数に幅があるので、状況に応じて軽くしたり、重くしたりしており、その基礎となる額は8,000リエルになっている。以下、日給相当額の罰金額を決める場合も同様の取り扱いである。

112　第4章　労働法令

(c) 給与台帳の保管

　給与台帳の保管が使用者に義務づけられている。経理部か企業本部に保管され、いつでも労働監督官が閲覧できるように備えておかなければならない。給与台帳の全てのページには番号を付けられて、労働監督官の署名がなされなければならない。使いきった給与台帳は3年間、保管しておかなければならない(39条)。

　給与台帳には、雇用されている労働者の情報と給与額や休暇に関する情報が記載されなければならない(41条)。書式によれば、労働者名、国籍、企業内での地位、家庭状況、基本給、家族手当、残業手当、離職手当、有給休暇額、その他の諸手当、控除額、社会保険料、税金額などが記載されなければならない。

　給与台帳を持たない使用者は、61日以上90日以下の日給相当額の罰金、または6日以上1カ月以下の禁固に処せられる。給与台帳を保管期間に違反する場合も同じ罰則となっている。

(d) 就業規則の作成義務

　従業員8名以上を雇用する使用者は就業規則を作成する義務がある。就業規則を持たない使用者は、10日以上30日以下の日給相当額の罰金に処せられる。

(e) 社会保障基金への加入

　従業員8名以上を雇用する使用者は社会保障基金に加入する義務があり、企業開設申請時から45日以内に申請しなければならない。それに違反した場合、10日以上30日以下の日給相当額の罰金に処せられる。

(f) 申請や届出の際に必要な手数料

　2012年12月28日の労働・職業訓練省の公共サービスに関する省令1009号によって、各種の届出や申請には手数料を支払わなければならない。従業員の数が多ければ手数料も高くなることによって格差をつけている(図表4-1参照)。

図表4-1　申請や届出に関する手数料額　　　（リエル）

	8人未満	8人以上 100人未満	100人以上 500人未満	500人以上
会社設立の申告	20,000	30,000	100,000	200,000
事業登録の届出	20,000	40,000	80,000	80,000
給与台帳の届出	40,000	60,000	120,000	120,000
就業規則の登録	なし	70,000	300,000	600,000
従業員の異動の通知	なし	なし	なし	なし
従業員代表の選挙結果の承諾書の発行	なし	80,000	150,000	250,000

（出所）関係法令から作成。

4　賃金

(1) 賃金の定義

　労働法に定義されている「賃金」は、労働契約によって既になされた労働に対する報酬となっており、基本給、残業手当、手数料、ボーナス、利益分配、祝儀、現物支給品、法律の規定を超えて支払われる家族手当、有給休暇のために支払われる補償、障がいや母性保護のために支払われる金銭が含まれている。健康管理のための費用、法律が規定する家族手当、旅費・通勤費、仕事の補助のために支払われる手当は賃金に含まれていない。チップは、ホテル、レストラン、カフェ、バー、ヘヤサロン等で、顧客への請求書の中で「サービス料」という名目で支払われる場合、使用者に支払われる報酬と定義され、それは接客した社員に全額が支払われなければならない(134条)。したがって、ここで言うチップは賃金に入る。

　使用者は労働契約を締結する前に賃金について説明しておく義務がある上に、賃金についての規定が変更になる場合も、その変更について説明する義務を有する。さらに、賃金を構成する項目が変更になる場合も、その変更について説明する義務を有する(112条)。

(2) 賃金の支払方法

　賃金は労働者に直接支払われなければならない。別の手段で支払うことを合意した場合は直接払いの原則を遵守しなくてもいいことになっている。賃

114　第 4 章　労働法令

金は合法に流通している通貨によって支払われなければならない（113条）。
ただし、別の合意があれば通貨でなくても構わない。例えば、米のような現
物で支給することも可能である。しかし、酒または有害な薬物での支払いは
禁止されている（115条）。

　賃金は不可抗力の場合を除き、職場や使用者の事業所が職場の近くであれ
ば、その使用者の事業所で支払われなければならない。ただし、酒場、小売
商店、余暇施設で働いている場合を除く。これらの場所での支払いが禁止さ
れている（115条）。

　賃金の支払いの頻度は、2019年1月1日施行の省令によって、労働法の適
用を受ける月給制の労働者の場合、月2回賃金が支払われなければならない。
1回目は月の第2週、2回目は月の第4週に支払われなければならない。1回
目は1カ月の基本賃金の50％、2回目はその残りや、その他の手当等が支払
われる[14]。

　小売や代理業務のための手数料は、少なくとも3カ月ごとに支払われなけ
ればならない。15日以上働く請負作業や出来高払い作業の場合には、合意
によって支払日を決めることができる。ただし、15日ごとに支払い、完了
した目的物を引き渡した翌週には、残りの全ての賃金を支払われなければな
らない（116条）。支払日は休日の重なった場合、その前日に支払われなけれ
ばならない（115条3項）。

　労働契約が終了する場合、賃金や補償金の残額は、契約終了から48時間
以内に支払われなければならない（116条5項）。

　賃金から控除ができる場合を制限している。職業あっせんを行う者に支払
いをする時に、使用者は労働者の賃金からその額を差し引くことはできない
（126条）。

　以下の額を控除することができる（127条）。業務上必要な道具や設備であっ
ても、離職する際に返済を求められない道具や設備の額やそれを購入するた
めに使用者が支払った前払金に相当する額を労働者の賃金から控除できる。

14　Prakas on Wage Payment for Workers/Employees, No.442 K.B/Br.K.KhL,（2018年9
　　月21日公布）。夜逃げする使用者のために生じる賃金不払いによる労働者の被害を少し
　　でも少なくすることを目的としている。

さらに、労働者が管理および使用する品物および材料の額やそれを購入するために使用者が払った前払金に相当する額を労働者の賃金から控除できる。事業所にある売店への未払金を控除することもできる。

使用者が前払金として支払った場合に、差押や譲渡が可能な範囲で、分割で労働者の賃金から差し引くことができる（128条）。

第127条および128条で定めていること以外について賃金から控除を認める労働協約は無効になる。組合費を賃金から控除することは労働者の書面による承諾があれば可能である（129条）。

賃金支払が正当な理由なく遅延している場合、労働監督官は支払期日を決めて、使用者に支払うよう通知しなければならない。それでも期日に支払わない場合、労働監督官は報告書を作成して裁判所に提出しなければならない。裁判所は労働者を保護するためのあらゆる措置を講じなければならない（117条）。

支払われた賃金額に争いがある場合、使用者側に支払った事実を証明する義務を負う。その義務を果たすために、給与台帳に労働者の署名をさせる。当該の労働者が字を書けない場合は、2人の立会人に署名させることができる（118条）。

賃金の出訴期間は、賃金支払日から3年間になっている（120条）。賃金だけでなく解雇補償金もこの制限に服する。

請負人が持つ未払債権は、労働者への賃金支払に影響を与えないために、差し押できない上に、その支払に異議を申し立てられない。労働者への未払賃金は、原材料の供給業者への支払よりも優先させなければならない（121条）。労働者の賃金債権は、使用者が破産や清算する前の6カ月分について、使用者の動産および不動産に対して優先権を有する（122条）。この賃金債権には有給休暇中の賃金や解雇補償金も含まれる。この優先権は、他の一般的および特別な優先権に対抗することが認められている（123条）。労働者の債権のうち、破産申し立てや清算命令の前、15日間に肉体労働者の賃金、30日間の一般労働者、90日間の代理業者の得た賃金は、他の全ての債権者の債権に優先する（124条）。

賃金債権の差押および譲渡ができる場合を制限している（130条）。これは

労働者とその家族の生活を確保するために設けられた制限である。賃金のうち最低賃金額に相当する額の部分は差押及び譲渡ができない。しかし、最低賃金額の3倍までの額の場合、その20％までは差押および譲渡ができる。最低賃金額の3倍から10倍までの額の場合、その30％までは差押および譲渡ができる。最低賃金額の10倍を超える額の場合、その50％までは差押および譲渡ができる。

さらに、現物支給として米が支払われる場合、それは差押や譲渡の対象にはならない(131条)。食糧配当手当の場合には、差押や譲渡の対象となりうる。家族手当は差押や譲渡の対象にはならない(132条)。

(3) 最低賃金制度

(a) 最低賃金の改定手続き

最低賃金額は、労働法357条によって労働諮問委員会が政府に勧告する額によって決められている。この委員会は政府代表14名、使用者代表7名、労働者代表7名で構成されている。この委員会は専門的な作業部会を設置することができる。作業部会は三者同数の委員から構成され、賃金額の実態調査をして、最低賃金引き上げ幅の妥当性について労働諮問委員会に報告する。毎年7月にそれぞれの政労使の代表者委員ごとに検討を始め、8月から労使、政労、政使の二者間の話し合い、9月から政労使の三者間の話し合いを始め、10月には最低賃金引上げ額を決定して、翌年1月1日から施行するという日程になっている。最低賃金額はコンセンサス方式が採用されているが、それで決まらない場合には投票による過半数以上によって決定される。

(b) 2016年の改定

2016年から最低賃金額を決める要素は、家族の状況、インフレ率、生計費という社会的基準、生産性、競争力の確保、労働市場の状況、各部門の利益率という経済的基準の七つの要素からなっている。これはILO条約第131号の最低賃金決定に関する条約の3条に定められているものである。この七つの要素によって客観的に値上げ率が決まるというものではない。この基準の使い方いかんによって値上げ率の計算に相当の差がでてきている。

労働諮問委員会によって勧告された額が政府案として出されたが、首相の指示によって5ドル引き上げられた。地方選挙や中央選挙という政治的事情を配慮して引き上げられているという見方が有力である。この年の最賃額は月140ドル、皆勤手当は月10ドル、通勤および住宅手当は月7ドル、合計157ドルであった。

(c) 2017年の改定

　2017年1月1日施行の最賃額は月153ドル、皆勤手当は月10ドル、通勤および住宅手当は月7ドルで合計170ドルになった。この年も首相によって5ドル引き上げられた。試用期間中の者は5ドル低くすることが認められているので、最賃額は165ドルとなる。出来高払いの場合には、出来高が最低賃金を上回った場合は出来高給与、下回った場合は最低賃金額が保障されなければならない。この最低賃金は実際の生活水準に比べて苦しい状況にあることが新聞報道されている。勤続20年になる35歳の女性の生活状況のリポートによると、月153ドルをもらっても、田舎にいる家族に100ドル送金し、住環境の悪いアパートでも家賃30ドルを払うとぎりぎりの生活であるという[15]。家族への送金が大きな割合を占めており、1人の労働者の賃金に多くの家族の生活がかかっているという状況が生活苦を招いている。

(d) 2018年の改定

　2018年1月1日実施の最低賃金額は170ドルに決定した。労働組合側の要求は最終的に176.25ドルとなった。三つある主要労組の中にはそれより高い200ドル以上の額を要求していたが、176.25ドルで落ち着いた。使用者側は161.5ドルを求めていた。2017年10月5日の三者制の労働諮問委員会で話し合いがなされ、政府側が162.67ドルを提示した。その後の話し合いで組合側170ドル、使用者側163ドル、政府側165ドルまで譲歩が示された。最終的に諮問委員会で全員一致の合意によって165ドルに決まったが、首相の意向で5ドルかさ上げすることになり、最終的に170ドルが最低賃金額となっ

15　Vandy Muong, 2017, "Garment workers stuck trying to stitch together", *The Phnom Penh Post*, 28 September, 2017.

た[16]。組合側の要求額で妥結に至ったが、これは2018年7月実施の総選挙のための増額がなされたためと言われている。使用者側は譲歩する材料として、輸出管理費の徴収を廃止、利潤税の増税1％分を5年間延期することに合意した。輸出管理費の徴収の廃止は2004年のWTO加盟時に削除することが求められていながら、実施されなかったが、今回の最賃交渉の中で削除が決められたものである。さらに、使用者側は商業省輸出入検査・不正防止部（Cambodia Import Export Inspection and Fraud Repression Department）（通称「CAM-CONTROL」）による輸出輸入品の検査費用（コンテナ一つにつき50ドル）の削減も求めたが、これの回答は得られなかった[17]。しかし、それらが労働コスト上昇分に見合うことにはならない。さらに最低賃金が適用にならない産業ではこれらの優遇措置の適用を受けられるのかどうか、受けられなくても最低賃金額の適用を事実上実施しなければならない。そこで、今後は最賃額の上昇に見合う生産性向上をどのように達成するのか、それができなければ国際競争力を失い、外資系企業や国内の企業が閉鎖される可能性が生まれてこよう。総選挙を有利にするためという短期的な思惑で最低賃金額を上げているが、これが長期的にカンボジアの経済政策に今後どのような影響を与えていくかをみていく必要がある。

　さらに、最低賃金額には課税をしないという政策が採用されており、それを維持するために、課税最低限度を2018年1月1日から100万リエルから120万リエルに引き上げられた[18]。諸手当や残業額を含めると最低賃金額でも課税対象者がうまれる可能性がでてきたためである。

　最低賃金額の推移を示したものが図表4-2である。最低賃金額の上昇率が2013年は31.1％、2014年は25％、2015年は28％と急激に高くなっているが、2016年9.4％、2017年9.3％と少し落ち着いてきている。しかし、2018年は11％と上昇している。同年実施の総選挙のために上昇したものと言える[19]。

16　*The Phnom Penh Post*, October 4, 2017, p.3.
17　"GMAC calls on gov't to help offset rising labour costs", *The Phnom Penh Post*, 5 October, 2017, p.6.
18　既述のとおり、リエルのドル換算については、ほぼ1ドル＝4,000リエル程度で推移している。
19　"Big boost for garment wage", *The Phnom Penh Post*, 6 October, 2017, pp.1 & 4.

図表4-2 最低賃金額の推移

施行日	最低賃金額 （ドル）	皆勤手当 （ドル）	通勤および住宅手当 （ドル）	合計 （ドル）	引上げ率
1997年	40			40	－
2000年8月1日	45	5		50	25.0%
2007年1月1日	50	5		55	10.0%
2008年4月1日	50	5	6（生計手当）	61	10.9%
2010年10月1日	61	5		66	8.2%
2011年3月1日	61	7		68	33.3%
2012年1月1日	61	7	5（健康手当）	73	7.4%
2012年9月1日	61	10	7（通勤手当）＋ 5（健康手当）	83	13.7%
2013年5月1日	80	10	7（通勤手当）	97	16.9%
2014年5月1日	100	10	7（通勤手当）	117	20.6%
2015年1月1日	128	10	7（通勤手当）	145	23.9%
2016年1月1日	140	10	7（通勤手当）	157	8.3%
2017年1月1日	153	10	7（通勤手当）	170	8.3%
2018年1月1日	170	10	7（通勤手当）	187	10.0%
2019年1月1日	182	10	7（通勤手当）	199	6.4%

注1　通勤および住宅手当の額は勤務日数が月14日以上の場合の額を示している。勤務日数が
　　月13日以下の場合は、半額になる。
注2　2012年1月から義務化された健康手当は、2013年5月の引上げの際、61ドルから75ド
　　ルへの引き上げに伴って廃止され、最低賃金額に組み込んだ結果として80ドルとなった。
（出所）ILO（2016）"How is Cambodia's minimum wage adjusted ?," *Cambodian Garment
　　and Footwear Sector Bulletin*, Issue 3, March 2016等を参照。
　　（http://www.ilo.org/wcmsp5/groups/public/---asia/---ro-bangkok/documents/
　　publication/wcms_463849.pdf）

(e) 2019年の改定

　2019年1月1日に施行される最低賃金額が182ドルに決着した。労働組合
側は189ドル、使用者、政府側は177ドルを要求していたが、2018年10月4
日の労働諮問委員会で政府案の177ドルが多数を得て、労働・職業訓練大臣
に答申された。この結果を受けてフン・セン首相は5ドルを増額することを
決定して最終的に182ドルとなった。最低賃金額が増額されてきているが、
ベトナム、ミャンマー、ラオスなどの周辺国との国際競争を懸念する声があ
り、これらの国の賃金レベルに配慮する必要性が高まってきている。

120　第4章　労働法令

(f)　最低賃金法の制定

　これまで縫製業・靴製造業組合に加盟している事業所のみに最低賃金額が適用されてきた。しかし、この最低賃金額が他の企業や事業場の賃金決定や賃上げに大きな影響を与えてきた。事実、縫製業・靴製造業以外の産業でも最低賃金額を考慮してそれ以上の賃金を支払っている事例が多い。そこで、全ての産業に最低賃金額の適用を認める法律を制定する法案が国会に提出され、2018年6月に国会を通過した。

　最低賃金法の内容を見ると、労働法が適用される者に最低賃金額が適用されることを明記した(3条)。最低賃金額を決める要素を決めている(5条)。最低賃金額の遵守を使用者に義務づけている(6、7条)。これに違反する使用者には2,000万リエルの罰金とバックペイの支払いが義務づけられる。同一労働同一賃金の原則を8条で規定している。最低賃金を決める手続(10条)、スケジュール(11条)を定めている。最低賃金諮問委員会が国家労働諮問委員会とは別個に設置されている。この委員会は最低賃金に関する調査を実施して、最賃額を労働・職業訓練省大臣に勧告することを任務としている(16条)。三者制なので、各側16名の委員と同数の補助委員を任命することになっている(17条)。委員報酬は給与ではなく、出席するごとに手当が支給される[20]。

(4) 通勤および住宅手当

　通勤および住宅手当の額は勤務日数が月14日以上の場合に7ドルの額を示している。勤務日数が月13日以下の場合は、その半額になる。これが最低賃金額に含まれている。

　ある日系企業で2014年に通勤手当についての紛争がおきた(AC Award 110/14)。従業員が約535名であり、労働組合が結成されていた。通勤手当として月5ドル、住宅手当として月5ドルを支払っていたが、その対象者は自分の通勤手段で通っている者だけであった。会社が提供する車を利用する者

20　Cambodia's Draft Law on Minimum Wages.
　(https://www.hrinc.asia/index.php/insights/hrinc-infocus/154-cambodia-s-draft-law-on-minimum-wages)
　(2018/06/26)

には住宅手当だけ支払われていた。従業員には雇用する段階で、会社の車を使うのか、自分で通勤手段を確保するのかを問い、後者の場合に通勤手当5ドルを支払っていた。残業がある場合、会社の車は25人が乗らないと発車しないという慣行があった。

残業する者が多い場合には、25人が集まらず発車しない。残業しない者は残業が終わる午後6時30分まで待たされることになる。これは残業する者と残業をしないで通常の時間で帰る者とを差別する慣行であり、残業しない者に事実上残業をやらされるのと同じことになってしまう。そこで従業員は会社の車を使う者にも通勤手当を支払うか、定時で終わった労働者のために会社の車を提供するかのどちらかの実施を要求したのである。

この訴えに対して仲裁委員会は以下の判断を示した。2012年230号の通達によると、使用者が通勤手段や住宅を提供する場合は、手当を支払う義務はないとされており、1999年80号の通達では残業は任意の労働者の意思で行われるべきものとされ、労働者に残業を強制したり、残業命令に従わないことを理由に懲戒処分はできないと定められていることを前提として、残業しない者は残業を終わる時間まで会社の車の発車を待たなければならないことは不合理であるとした。使用者は定時に勤務が終わった労働者には会社の車を適切な時間に発車させるべきである。勤務が終わってすぐに帰宅することは十分な休息をとることになり健康を維持することにもなるので、残業が終わる午後6時30分まで待つことなく、会社の車を発車させて帰宅させるべきであるという判断であった[21]。

（5）食事代

1日0.5ドルを食事代として支払う義務が、縫製業と製靴業には課せられている。

（6）皆勤手当

月10ドルが皆勤手当として、縫製業と製靴業には支払義務が課せられて

21　Arbitration Council ed., 2015, *Annul Report 2014*, pp.10-13.

122　第4章　労働法令

図表4-3　年功手当額

雇用期間	年功手当額
1年以上	2ドル
2年以上	3ドル
3年以上	4ドル
4年以上	5ドル
5年以上	6ドル
6年以上	7ドル
7年以上	8ドル
8年以上	9ドル
9年以上	10ドル
10年以上	11ドル

（出所）　Council for the Development of Cambodia(CDC)ウェブサイト：Prakas of Labor Advisory Committee of March 4, 2011 on Additional Incentive and Bonus http://www.cambodiainvestment.gov.kh/investors-information/labouring.html

いる。労働者は欠勤した場合には、出勤日数に応じて支払うことも可能とされている。

（7）年功手当（Seniority Allowance）

　1年以上勤務する製靴・繊維・縫製業の労働者に、年功手当を支払う義務が使用者に生じる。これは昇給額とみることができよう。これは2000年から施行されており、2000年以前の勤続年数はカウントされない。

　年功手当額は図表4-3のように雇用期間によって決まる。

　この表から分かるように、勤続1年で1ドルずつ昇給していくことを求めている。しかし、11年目以降については何も定めていない。11年以上の勤続勤務者を想定していないのはなぜか。11年目以降は昇給なしでもいいという考えであろうか。この点は不明である。

5 労働時間制度　123

▶▶▶　5　労働時間制度

（1）所定労働時間と変形労働時間

　所定労働時間は1日8時間および1週48時間を超えてはならない（労働法137条）。これは基本として週6日勤務することを前提としている。ただし、その例外的措置として変形労働時間制を認めている。

　土曜日の午後を休日とするとか、ウィーク・デイの1日の午後を休日とする場合、1日当たり1時間を超えないという条件で、つまり1日9時間までの労働時間とすることができる。この条件のもとで、週48時間の枠内で労働時間を配分することができる。

　週単位の平均で1週間当たり48時間を超えず、1日の労働時間が10時間を超えず、かつ1日当たりの追加の労働時間が1時間を超えないという条件のもとで、週以外の区切りによって労働時間を配分することができる（141条5項）。例えば、1月単位（31日の場合）で先の条件のもとで、総所定労働時間が$48 \times 31/7 = 212.5$時間を超えないで時間配分を行うことができる。

（2）労働時間規制の例外

　通常業務時間外でなされる予備的または補助的業務、断続的業務の場合には、恒常的に労働時間の規制を免除される。この場合、労働・職業訓練省の許可が必要となる（141条3項）。

　さらに、季節的業務や以下の場合には、一時的に労働時間の規制免除を受けることが認められる。この場合、労働・職業訓練省の許可が必要となる（141条4項）。

　　a　深刻または切迫した事故、不可抗力、機械や設備の維持のための緊急な作業。

　　b　傷みやすい原材料の損失や作業の結果損なわれることを防止する場合。

　　c　資産目録、貸借対照表の作成、清算や決算のための作業。

　　d　他にとりうる手段がなく、超過労働を認める場合。

　さらに、戦争や国家の安全が脅かされる事態が生じた場合には、労働時間の規制を停止することができる（143条）。

124　第4章　労働法令

(3) 残業時間と割増賃金

　残業は、特別かつ緊急の場合に例外的に可能とされている。残業時間は1日2時間に制限されている。この場合、労働・職業訓練省の許可が必要である。15日前までに申請する必要があり、2カ月先までの許可を受けることができる。

　勤務日の残業について、50％の割増賃金、22時から翌日の5時までの夜間の残業について、または週休における残業については、100％の割増賃金が支払われなければならない（139条）。祝日の労働の場合は、100％の祝日手当が支払われなければならない。

　縫製や製靴に従事する労働者には、食事を無料で提供するか、食事手当として2,000リエルの現金を給付する必要がある[22]。

　勤務スケジュールは各企業の業務や性質に応じて作成できるが、シフト制を採用する場合は、通常、午前と午後にシフトを組むことができる（138条2）。夜間の勤務シフトを設ける場合、昼間の賃金の30％の割増賃金を支払う義務がある（144条）。

　残業の割増賃金は管理職にも支払われなければならない。日本とは違って、割増賃金について管理職を非管理職と別に扱う規定がないからである。

(4) 労働時間の埋め合わせ（代休）

　偶発的事故や自然災害、休日や地方の祭や催事によって、大規模な業務の中断や業務の遅延によって失われた労働時間を埋め合わせる制度が設けられている。残業によって処理するのではなく、労働時間の埋め合わせという制度で、労働時間の延長を労働・職業訓練省令によって認めている。1年に30日以上の労働時間の埋め合わせは認められない。業務再開後15日以内に実施しなければならない。農業の場合は、1カ月以内になっている。1日当たりの労働時間の延長は1時間以内であり、1日10時間を超えることはできない（140条）。

22　既述のとおり、リエルのドル換算については、ほぼ1ドル＝4,000リエル程度で推移している。

（5）週休制

　週7日労働させてはならないという規制があり（146条）、少なくとも連続して24時間の週休を付与することが義務づけられている（147条）。したがって週1日の休日の保障が求められている。しかも、原則として日曜日に週休を付与することになっている。しかし、例外として、全員が日曜日に週休をとると、社会に不利益をもたらし、業務に支障が生じる場合は、別の曜日や、日曜日の午後から月曜日の正午までの週休、シフト制で週休をとることができる（148条）。

　シフト制による週休制が認められるのは、生鮮品製造業、ホテル・レストラン・バー、生花店、病院・診療所・薬局等の医療機関、公衆浴場、新聞社・芸能・博物館、車両貸出業、電気・水道・機械動力企業、陸運業、腐りやすい原材料を使う企業、安全・衛生にかかわる企業が含まれている（149条）。

　救助活動、事故防止、原材料や機械設備の復旧作業などの緊急事態が生じた場合は、週休を停止することができる（151条）。その代わり代休が付与される。日曜日に週休がとれない守衛や管理人は、別の曜日に代休をとらせなければならない（152条）。小売店で地方の休日と週休が重なる場合、季節産業や傷みやすい物または悪天候に影響を受けやすい食品加工業の場合、労働監督官の許可によって週休を取り消すことができる（154条1）。取り消されると翌週に代休をとらせなければならない（154条2）。悪天候のために数日間の休日を取らざるをえない場合は、月に最大2日間、週休を減らすことができる（155条）。

　集団的に週休をとる場合、週休の予定表は目につきやすいところに貼り出さなければならない。集団的にとらない場合は、個々の労働者ごとの週休日を特定した表を作成しなければならない（158条、159条）

　週休の停止を希望する経営者は、その理由、週休停止の期間、停止される労働者の数、代休の予定を示して、労働監督官の許可を得なければならない。申請から4日以内に通知がなされなければ許可されたものとされる（160条）。

（6）有給の祝日

　毎年、労働・職業訓練省は有給の祝日を省令で発布する。年によって日時

126　第4章　労働法令

図表4-4　2019年の祝日の一覧表

1月1日	新年
1月7日	ポル・ポト政権からの解放の日
2月19日	ミァック・ボーチャ祭
3月8日	国際女性デー
4月14日〜16日	クメール正月
5月1日	メーデー
5月13日〜15日	シハモニ国王誕生日
5月18日	ビサック・ボーチャ祭および仏陀生誕記念日
5月20日	追悼の日
5月22日	王室耕作祭
6月1日	国際子どもの日
6月18日	モニク前王妃誕生日
9月24日	憲法記念日
9月27日〜29日	プチュン・バン(お盆)
10月15日	シハヌーク前国王の他界記念日
10月23日	パリ和平協定記念日
10月29日	シハモニ国王即位記念日
11月9日	カンボジア独立記念日
11月10日〜12日	水祭
12月10日	国際人権デー

（出所）　Public Holidays in Cambodia for the Year 2019, Council
　　　　for the Development of Cambodia.
　　　　(http://www.cambodiainvestment.gov.kh/country-
　　　　overview/politics.html)

が異なっているためである。祝日が日曜日と重なる場合、翌日は休みとなる。この祝日は賃金カットの対象ではなく、有給である。祝日も労務提供が不可欠な企業では、労働者に賃金のほかに、それと同額の残業手当を支払わなければならない。祝日のために労働時間が失われた場合、労働時間を埋め合わせることができ、それは通常の労働時間とみなされる(165条)。カンボジアの2019年の祝日を示したのが図表4-4である。

　カンボジアでは、旧正月は祝日になっていない。旧正月には飾りつけや大掃除をしたりして旧正月を祝う。市場、商店や役所、学校が休みとなり、多くの労働者が田舎に帰省するために工場が休みとなる場合もある。

（7）年次有給休暇

　週の所定労働時間によって、月の有給日数が決められている。週48時間勤務する場合、1カ月勤務する毎に1日半の割合で有給休暇を取ることがで

図表4-5　月および年の有給日数

週所定労働時間	月の有給日数	年の有給日数
48時間	1.5日	18日
40時間	1.25日	15日
32時間	1日	12日
24時間	0.75日	9日

きる。そこから年の有給日数を以下のように計算できる（図表4-5参照）。勤続3年ごとに1日の割合で増加する（166条）。したがって、週所定労働時間が48時間の場合、勤続4年目で19日、勤続7年目で20日、勤続10年目で21日となっていく。

　有給休暇を取得する権利は勤務開始日から発生するが、勤続1年が経過しなければ実際に行使することはできない。その結果、勤続期間が1年になる前に労働契約が終了または満了する場合は、勤続した日数に比例して計算される有給休暇日数に相当する補償額を支払われる（167条）。勤続期間が2カ月未満（月平均20日以下しか勤務しない場合を含む）の労働者は、労働契約終了時に、勤務した時間に比例して計算された有給休暇日数に相当する賠償金が支払われる（166条2項）。

　有給休暇は原則としてクメール正月に取得する。別の合意によって別の日に取得する場合は、労働監督官に申告しなければならない。クメール正月にまとめて年休を取得しているのは、農村からプノンペンなどの都市に出稼ぎにきている労働者が農村に里帰りをするのに年休が利用されている実態を反映している。15日を超える年休日数について、残りの休暇を年内に取得するようにしなければならない。

　有給休暇を放棄する、または免除するという合意や、買い上げをするという労働協約は全て無効となる。ただし、労働契約が終了する場合に年休が残っている場合に買い上げることは認められている（167条2項）。しかし、有給休暇の一部または全部を留保すること（日本法で言えば年休の繰越）は放棄とはみなされない。この留保は連続して3年を超えることはできない。さらに留保できるのは有給日数のうち12日を超える日数についてだけ可能となる（167条）。

（8）特別休暇

　親族にかかわる出来事（結婚式・出産・病気・死亡など）が起きた期間中、特別休暇を年間7日間取得することができる。年休日数が残っている場合には、そこから特別日数分を差し引くことができる。残っていない場合に、翌年の年次休暇から差し引いてはならない。特別休暇で失われた労働時間は埋め合わせることができる（171条）。

（9）病気休暇

　医師の診断書があれば、病気休暇が認められる（71条）。6カ月以上続く場合には、解雇する権限が使用者に認められている。病気休暇中の給与は2002年労働・職業訓練省令14号によって、以下のように就業規則に定めることが推奨されている。

1カ月目まで	給与100％
3カ月まで	給与60％
4カ月から6カ月まで	給与の支払いなし

　それぞれの月に給与の全部や一部の支払いをうけて病気で休むことができ、6カ月を超えると解雇されるという意味である。これは3カ月までは有給で、4カ月から6カ月までは無給だが病気休暇を取得できることを意味する。

▶▶▶ 6　年齢に関する法制度

（1）　未成年者

　カンボジアの成人年齢は18歳であり、自ら労働契約を締結できるのは18歳以上の者である。18歳未満の者は保護者の同意がなければ労働契約を締結することができない（181条）。

　最低労働年齢は15歳となっている。これはILO条約に則している。健康、安全、道徳に有害な労働における最低労働年齢は18歳となっている（177条1、2項）。労働諮問委員会での協議をへて、15歳以上の未成年の健康、安全、道徳が十分に保障され、十分な指導と職業訓練を受けることを条件に、15歳以上の雇用を労働・職業訓練省が許可を与える。

12歳以上15歳未満の未成年が軽作業のために雇用されることが認められている(177条4項)。この年齢の未成年の健康や精神的および身体的発達を害さないという条件と、学校への通学、ガイダンス・プログラムや職業訓練への参加に影響を与えないという条件が満たされる必要がある。

　既述の通り18歳以上が成人であるので、18歳未満の者が働く場合は、保護者の同意が必要であり、その生年月日を記載した登録簿を企業は保管しておかなければならない。労働監督官は、仕事が未成年の身体的能力を超えているかどうかを検査することを医師に求めることができる。もし超えている場合には、労働監督官は、未成年者に仕事を変更することを求めたり、両親がその求めに反対する場合には、事業所に未成年者の雇用をやめさせるよう求めることができる(178条)。

　18歳未満の未成年者を、地下鉱山および採石場で働かせてはならない(174条)(2002年労働・職業訓練省令44号)。例外として16歳以上18歳未満の者を地下で働かせる場合には特別の条件が課せられている。

　さらに、18歳未満の未成年者を夜間勤務に就かせることはできない(175条)。例外として、16歳以上18歳未満の者を、業務の性質上、日夜継続勤務が必要な産業(鉄鋼、ガラス、製紙、製糖、金鉱石製錬)では、条件付きで夜間勤務が認められている。通常業務に支障がでる場合や回避できない事情がある場合にも夜間勤務が認められている。これらの夜間勤務の場合、休憩は最低連続して11時間付与しなければならない(176条)。

　使用者は、18歳未満の者の生年月日が記載されている登録簿を保管し、労働監督官からの査証を受けるために提出しなければならない(179条)。

　年齢の確認はIDカードによって可能であるが、それが悪用される場合がある。姉のIDカードを妹が利用して年齢を誤魔化して雇用される場合がある。特に15歳未満の雇用には気をつけなければならない(第9章日系企業事例、259ページ参照)。

　初等教育を実施する孤児院やボランティア施設で、14歳未満の者に職業訓練を行うことを認めているが、その場合訓練の時間は1日3時間を超えてはならない。この場合、未成年者の生年月日、労働条件、学習、訓練、休憩や食事などの時間表を作成して保管しなければならない。その記録は毎年末

に労働監督官による監査を受けなければならない（181条）。孤児やストリート・チルドレンを保護する施設で、施設を出たあと就職できるように職業訓練を認めているが、その内容に規制を加えている。

　使用者は、未成年者がよき行動をするよう監視し、公衆の面前で未成年者が礼儀を守るようにしなければならない。さらに性的暴力や嫌がらせは厳しく禁止されている。

　刑法344条と345条で、児童を違法な活動に利用することを禁止している。麻薬の利用を唆したり、麻薬の運搬や供給の仕事を児童に唆すと罰則が科せられる。さらに児童に物乞いを唆す行為も同様である。刑法346条では、児童ポルノを収集する行為も罰則を科せられている。

　カンボジアでは18歳未満の人口が多く、約37％を占めている。貧困のために働かざるをえない児童が多い。2015年のアメリカ政府の調査[23]によれば、5歳から14歳の者で働いているのは約27万6500人で全体の9.4％である。働いているのは農業・漁業・林業62.1％、工業15.7％、サービス業22.2％である。工業では、レンガ作り、製塩、建設土木、繊維・縫製、製靴、酒蔵、屠殺、木工に従事している。カンボジアで最も多くの労働者が従事している縫製業にも児童労働がみられる。サービス業では、家事労働、警備やウェイターやバーテンダー、ダンサーのような娯楽業、物乞い、靴磨き、ゴミ拾い、物売り等の路上での仕事、売春街、カラオケバー、マッサージ、サロン等での児童買春に従事している。

　これらの児童達が教育を受けられる機会を増やすことが必要であるが、農村部や少数民族の集落では、学校自体が少ない上に、教員の確保も難しいのが現状である。義務教育が無料といっても、受験や個別指導の費用、学用品などの追加の費用が必要なために、貧しい家庭ではそういった費用を捻出することは難しい。学校に入っても途中で退学せざるをえなくなると言われている[24]。

23　Findings on the Worst Forms of Child Labor Cambodia,
　（https://www.dol.gov/agencies/ilab/resources/reports/child-labor/cambodia）
24　ILO ed., 2013a, *Cambodia Labour Force and Child Labour Survey 2012, Child Labour Report*, November 2013.

（2）高齢者

アジア諸国もしだいに高齢化社会を迎えているが、カンボジアでは、2016年段階で人口の52.1％は24歳以下の若い人々である。65歳以上は人口の4％しかいない。40歳台以上の者と30歳台以下の者を比べると、その数が大きく異なっている。これはポル・ポト政権が崩壊した後に生まれた者が多いことを示している。

定年についての規定は労働法には存在しない。一般的には58歳を定年年齢としている。公務員法や裁判官や検察官の地位に関する法律では60歳が定年年齢となっている。平均寿命が2014年段階で68.21歳であり、それを考慮すると58歳退職後、平均して10年程度しか生存できない状態にある。

▶▶▶ 7　強制労働の禁止

労働法15条、16条で強制労働を禁止している。ILO29号条約に従って、強制労働が禁止され、この場合、家事労働者や農業に係る事業を含む全ての労働者に適用になる。債務返済のために労働させることも禁止されている。

カンボジアは現在での奴隷に近い状態で働かされている強制労働が広がっていることで知られている。Global Slavery Index 2018では、北朝鮮、エチオピア、ブルンジ、中央アフリカ共和国、アフガニスタン、モーリタニア、南スーダン、パキスタンに次いで高い数値となっている[25]。カンボジア漁民がタイの港で船に積み込まれて出航し、船のために逃げることができず働かされていたことが報道された。女性の場合、強制的に中国人と結婚させられて、人身売買の対象となり、中国で労働させられる事例が増加している[26]。

25　Walk Free Foundation, Global Slavery Index 2016.
　　（https://downloads.globalslaveryindex.org/ephemeral/GSI-2016-Full-Report-1546930678.pdf）
　　Walk Free Foundation, Global Slavery Index 2018.
　　（https://downloads.globalslaveryindex.org/ephemeral/GSI-2018_FNL_180907_Digital-small-p-1546930322.pdf）
26　"250k Cambodians subject to forced labour or marriage, report finds", *The Phnom Penh Post*, 31 May, 2016,
　　（http://www.phnompenhpost.com/national/250k-cambodians-subject-forced-labour-marriage-reports-finds）

132　第4章　労働法令

たとえ稼げる額が高くても、だまされても逃げられない状況で働かされているので、強制労働となっている。

▶▶▶　8　女性

（1）母性保護

　90日間の出産休暇が認められている（労働法182条）。これは産前と産後を合わせた日数である。したがって、産前休暇をいつとるかは妊産婦の意思や健康状態によって決められる。1年以上勤続した女性は、出産休暇中、給与その他の手当の半額を受け取ることができる（183条）。出産休暇後2カ月間は軽作業のみしか従事させられない。出産休暇中、または解雇予告期間の最終日が出産休暇中に到来する時期に、女性を解雇することが禁止されている。

　生後1年以内の子どもを持つ女性は、1日当たり1時間の有給の授乳時間をとることができる。30分ずつ2回に分けることもできる（184条）。どの時間にとるかは母親と使用者との合意で決められる。合意がなければシフトの中間に取得するものとする。授乳時間は通常の休憩時間とは区別され、賃金を差し引くことはできない（185条）。

　100人以上の女性を雇用する企業では、事業所内やその近くで、授乳室および生後18カ月以上の子どもを預かる保育所を設置しなければならない。保育所を設置しない場合には、保育所に預ける費用を使用者側が負担しなければならない（186条）。

　出産による女性の死亡率は、カンボジアでは高い。カンボジアでは毎年10万人の新生児が誕生しているが、2000年には437人、2008年には461人の母親が死亡している。出産時に医療ケアを受けられなかったり、助産師の援助を受けて出産できないケースが、特に農村部でみられる。都市部では医療ケアを受けることができても、その費用が高く、出産手当では不十分である[27]。

　日本のように育児休業制度が設けられていない。そのため出産休暇が終われば、職場復帰するか育児に専念するかの判断を迫られる。職場復帰できるためには子どもの世話をする人が必要となる。そのために親族の援助が不可

27　ILO ed., 2012, *Action-oriented research on gender equality and the working conditions of garment factory workers in Cambodia*, pp.39-44.

欠になる。公的な保育施設は限られているからである。

　母性保護が遵守されているのであろうか。妊娠や出産を機に解雇すること
が禁止されているが、企業によっては、任意退職に追い込む場合があると言
われている[28]。

（2）女性差別の禁止

　労働法12条に、特別に女性、子ども、外国人についての法律や規定があ
る場合を除いて、使用者に、以下の理由で差別することを禁止している。人
種、肌の色、性別、信条、宗教、政治的意見、出生、社会的出自、労働組合
や組合活動の9項目が挙げられている。雇用、業務の割当、職業訓練、昇進、
昇給、賃金、社会的給付の支給、懲戒や労働契約の終了において、上記の理
由で差別することを禁止している。ただし、特定の業務に求められる資格を
もとにして、上記の理由で拒否したり、受け入れたりすることは差別とはみ
なされないとされている。この12条に違反した場合、369条によって61日
以上90日以下の日給相当額の罰金または6日以上1カ月以下の禁固に付され
る。わずか1条ではあるが、日本の男女雇用機会均等法に定める雇用上の差
別を罰則付きで禁止していることになる。しかし、その具体的内容を定める
政令や省令は存在しない。仲裁委員会から出される裁定があるだけである。

（3）性的嫌がらせ

　性的暴力や性的嫌がらせは厳しく、禁止されている。だれを対象に禁止さ
れているのか明記されていないが、条文を見れば、使用者および管理者が、
18歳未満の子ども、徒弟、女性に対して行う性的暴力や性的嫌がらせが禁
止されていると解釈される（労働法172条）。しかし、これに違反した場合の
罰則の規定が見当たらない。一方、刑法246条では、性的嫌がらせには、1
年以上3年以下の禁固刑または200万リエル以上600万リエル以下の罰金を
科している[29]。刑法でいう性的嫌がらせとは、「性的興奮や喜びのために、他

28　ILO ed., 2012, *op. cit.*, pp.39-44.
29　既述のとおり、リエルのドル換算については、ほぼ1ドル＝4,000リエル程度で推移し
　　ている。

人が任意に受け入れないにもかかわらず、その他人の性器またはその他の性的部分に触ったり、愛撫したり、撫でたりする行為、または、他の者に強制してその行為を他の者や第三者に行わせること」と定義されている。刑法上の定義と労働法上の性的嫌がらせの定義が同じかどうかははっきりしない。刑法上の罰則があるので、労働法上には罰則を設けなかった可能性がある。

女性が多く勤務している縫製業で、性的嫌がらせが多くみられ、女性への人権侵害とされている[30]。

日本でも問題になっているパワー・ハラスメントについての規定は定められていない。

LGBTの権利を保護する法律は制定されてはいない。しかし、カンボジアにはタイと同様にLGBTに寛容な文化が存在する。クメール語には男性(bros)と女性(srey)の他に中間の性をしめす「kteuy」という言葉がある。性同一性障がいの人がこれに含まれている。寛容とはいっても、日本のように一定の条件のもとで性同一性障がい者の性を変更することを認める法律は存在しない。2010年にカンボジア人権センター（Cambodian Center for Human Rights）がLGBTの人々を支援するプロジェクトを立ち上げたが、それはLGBTに対する人々への偏見や差別がなくなっていないからである。

（4）女性への特別保護規定

女性を労働時間面で制限をして特別に保護するという規定は労働法には見られない。つまり、女性であることを理由として深夜勤務や残業時間の規制を男性より強くするという考えはみられない。しかし、重量物の扱いには男女で差を設けている。

労働法ではないが、女性保護のために、2005年施行された「ドメスティック・バイオレンス防止法」と、2007年施行された「人身売買等取締法」が制定されている[31]。

国連で1979年に採択された女性差別撤廃条約にカンボジアは加入している（1992年10月批准）。しかし、世界経済フォーラムが発表しているジェンダー

30　CARE Australia, 2017, *The Prevalence and Productivity Cost of Sexual Harassment to the Cambodian Garment Industry*, March 2017.

格差指数の2016年版によると、カンボジアは144カ国の中で112位である。2017年版では144カ国中99位、2018年版では149カ国中93位である[32]。順位が低い要因は、政治の場への女性の参加率が低いことと、女性の労働の場において管理職や技術・専門職への参加率が低いこと、男女の賃金格差が大きいことにある。ちなみに、日本の順位は、2016年が111位、2017年は114位、2018年は110位である。

　国連女性差別撤廃委員会は、カンボジアでの女性差別の原因として、カンボジア女性の行動規範(Chbab srey)を挙げている。これは女性として取るべき行動を記述しており、学校でも教えられている。女性は小さいころから親に従い、親の仕事を手伝い、親孝行する義務があるとされている。結婚するまで女性は処女でなければならず、結婚すれば夫に従順でなければならない。夫は家族を養う義務を負っており、その夫のもとで妻は家事に従事する義務があるとされている。この行動規範は性別役割分業の考えを固定化しており、それを宗教や伝統社会の価値観が支えていることが指摘されている[33]。上座部仏教における業(カルマ)によって、因果応報の考えに基づき、前世からのカルマによってこの世での生き方が支配されており、男性に支配される女性の生き方を肯定する態度につながってくる。

　女性の労働力率は男性のそれと比べると低い。2000年では男性66.2%、女

31　前者の日本訳はhttp://www.goj.go.jp/content/001226850.pdf、後者の日本語訳はhttp://www.goj.go.jp/content/001226849.pdf参考文献として、四本健二(2007)「カンボジアにおける女性の権利―ドネスティック・バイオレンス防止法制の展開を中心に―」関西大学法学研究所『アジアのマイノリティと法Ⅱ』、67～98ページ、四本健二(2004)「カンボジアにおける社会問題と法―トラフィッキング取締法制の展開を中心に―」天川直子編『カンボジア新時代』アジア経済研究所、第3章177～222ページ、香川孝三(2010)a「カンボジアの2008年人身売買禁止法と日本の協力」香川孝三『グローバル化の中のアジアの児童労働』明石書店、203～222ページ、Katherine Brickell, 2017, "Violence Against Women and Girls in Cambodia", Katherine Brickell and Simon Springer ed., *The Handbook of Contemporary Cambodia*, pp.294-305参照。

32　The World Economic Forum, 2016, *The Global Gender Gap Report 2016*, p.11.
　　(http://www3.weforum.org/docs/GGGR16/WEF_Global_Gender_Gap_Report_2016.pdf)
　　The World Economic Forum, 2017, *The Global Gender Gap Report 2017*, p.11.
　　(http://www3.weforum.org/docs/WEF_GGGR_2017.pdf)
　　The World Economic Forum, 2018, *The Global Gender Gap Report 2018*, p.11.
　　(http://www3.weforum.org/docs/WEF_GGGR_2018.pdf)

33　pra17 & 18, CEDAW/C/KHM/CO/3.

性64.4％だったが、2015年では男性88.5％、女性77.2％となっている[34]。11.3％の差がついている。これは女性が家事労働の負担が重いからであると考えられている。

　年齢別の女性の労働力率を見てみると、日本のＭ字型とはまったく異なっている。台形型に近い。ということは出産や子育て期に労働市場から引退していないことを意味している。これは子育てを支援してくれる親類や近所に住む人物がいるからである。しかも60歳前半まで70％〜80％近い労働力率になっており、高齢者になっても就業し続けていることを示している[35]。

▶▶▶　9　障がい者

　カンボジアではポル・ポトが支配していた時期から1993年憲法が制定されて政治的安定を得るまで紛争状態が長く続いたために、内戦によって障がいを負う者や、内戦終了後も不発弾や地雷が多く残存し、それらの暴発によって四肢を切断ないし不能にすることによって労働能力が大きく削がれてしまった者が多い。最近は妊娠・出産時の医療事故やバイクによる交通事故が都市部で多発し、その結果障がい者になる者が増加している。

　農業部門の人口が多いカンボジアでは、農業の機械化が進んでいないために、障がい者になると農作業に従事することができなくなり、労働力人口が減少して、被扶養者が増加するという結果をもたらしている。

　障がい者のための保護規定は労働法にはみられない。しかし、障がいを理由に雇用を拒否すれば、刑法267条によって、使用者に1カ月以上から1年以下の禁固、および10万リエル以上200万リエル以下の罰金を科せられる。刑法269条によって、障がいを理由に解雇や配転をした場合、使用者には、1カ月以上1年以下の禁固刑、および10万リエル以上から200万リエル以下の罰金が科せられる。刑罰によって障がい者の雇用上の不利益から保護して

34　National Institute of Statistics, Ministry of Planning, 2001, *Labor Force Survey 2001*, p.3 and National Institute of Statistics, Ministry of Planning, 2016, *Cambodia Socio-Economic Survey 2015*, p 51.

35　Asian Development Bank ed., 2013, *Gender Equality in the Labour Market in Cambodia*, p.10.(http://www.adb.org/sites/default/files/publication/31993/gender-equslity-labour-market-cambodia.pdf)

いる。この刑法による罰則がどの程度効果を持っているのであろうか。実証する文献は見当たらない。

2009年7月「障がい者の権利保障および促進に関する法律」が公布された。これを受けて2012年8月国連で制定された障がい者の権利条約を批准し、2013年1月19日に国内法として発効した。この法律は2005年設置された社会福祉・退役軍人・青少年更生省の管轄下にある。なお、この法律の立案にはJICA専門家として厚生労働省からカンボジアに派遣された林民夫氏がかかわっていた[36]。

この法律の中で、労働に関係のある規定として、障がい者の権利を保障するために、障がい者が公務員、労働者、徒弟、インターンとして差別なく雇用されることが定められている(同法33条)。さらに、民間企業や国家機関での雇用率を設定すること(同法34、35条)が定められている。38条では、障がい者が働くために必要な合理的な措置を使用者に求めている。

それを受けて、2010年8月制定の大臣会議令(Sub-Decree No.108, dated 09 August 2010, on Determination of Rates and Procedure of Disabled Workers)によって障がい者の雇用率が定められている。100人以上労働者を雇用する使用者は、全労働者の1%以上を障がい者の雇用にあてなければならない。これを遵守しない場合、月額の最低賃金額の40%相当の額を障がい者基金に支払わなければならない。これに違反した場合、罰金が科せられる。100人以上の労働者を雇用している使用者は、毎年1月に、労働・職業訓練省に、労働者数と障がい者数を報告しなければならない。

法律による障がい者の定義では、「身体的、精神的機能の欠損、損失または形態障害の結果、日常の生活または行動に制約を有する者」[37]となっているが、具体的にどう認定するのか、障がいの程度にランク付けをどうするのか、軽度の者と重度の者との違いを雇用率に反映させているのか、フル・タイムで雇用する場合とパート・タイマーとして雇用する場合の区別があるのか等の論点で、日本の障がい者雇用率の運用と比較すると問題が多いように

36　林民夫(2002)『あさやけのクメール』中央法規出版。
37　四本健二(2010)a「カンボジアにおける障害者の法的権利の確立」小林昌之編『アジア諸国の障害者法』アジア経済研究所、94ページ参照。

138　第 4 章　労働法令

思われる[38]。

　2002年施行のHIV/AIDS防止法によれば、HIV/AIDSに感染した者の雇用、昇進や社会生活面での差別を禁止している。さらにHIV/AIDSの感染や感染が疑われる者の解雇は違法となる(36条)。公職に就任する場合も、HIV/AIDSに感染または感染が疑われることによって就任拒否されてはならない。病院での治療が拒否されることも禁止されている(41条)。

　カンボジアでは売春や注射の使い回しによってHIV/AIDSが拡大している。カンボジアでは売春に比較的寛大であるといわれているが、夫から妻に感染し、さらに母から新生児に感染するケースもあるという。感染率は低下傾向にあるといわれているが、HIV/AIDSに感染すると、忌み嫌われ、家族から見放されたり、仕事を失って差別を受けやすい状況になる。

▶▶▶　10　外国人

　外国人を雇用する場合に、いくつかの規制が課せられている。外国人はカンボジアにはない熟練技能を持っていることで雇用されるのが一般的である。そのために、外国人は合法的にカンボジアに入国することが必要であり、パスポートとビザを取得しておかなければならない。在留許可を取得し、感染症などの病気に感染していないこと、健康診断を受けて仕事を行うに十分な健康な状態にあることを証明されていることが必要である。労働・職業訓練省から労働許可と雇用票を取得しておかなければならない(労働法261条)。労働許可を取得するには 3 カ月以上から 6 カ月ぐらいの期間がかかる。労働許可は 1 年間有効であるが、在留許可されている範囲で、期間延長が可能である。毎年延長するには、更新ごとに100ドルの支払いが必要である。延長される予定の労働許可を取得する外国人と、カンボジア人の求職とが競合する場合には、労働許可は取り消される(262条 1 項 b)。これは職業が競合する場合には、カンボジア人を優先する政策を採用しているためである。

　弁護士、管財人、公証人のような専門家を雇用する場合には、カンボジア人にまず働きかけをすることが求められている(263条)。さらに、以下の職

38　前掲注37、四本健二(2010)a、107ページ参照。

種には外国人の雇用の割合を制限している(264条)。

専門職員	6%
事務職員	3%
非専門職員	1%

　しかし、企業運営の必要上、外国人の雇用を増加する必要性がある場合は、労働・職業訓練省の指示と助言、許可を受けて、この割合以上の外国人を雇用することが認められている(265条)。

　雇用された外国人は労働・職業訓練省の職業および手工芸局に労働許可証および雇用票の発行の申請を行わなければならない。これに違反した外国人は、61日以上90日以下の日給相当額の罰金に処せられる。雇用票を持たない外国人を雇用する使用者は、61日以上90日以下の日給相当額の罰金または6日以上1カ月以下の禁固に処せられる。再犯の場合には、1カ月以上3カ月以下の禁固に処せられる。

　労働許可書および雇用票は1年間有効であり、更新するためには、外国人は、期限の3カ月前に延長申請しなければならない。

　ASEAN経済共同体の成立によって専門職の移動を自由にしていくという方針を決定しているが、どのように履行するかは各国に任されている。カンボジアは他のASEAN諸国と比較して経済的に遅れているために、専門職が国外で高い給与を得られる国に脱出する可能性があるが、他の国から専門職が流入する可能性はあるのであろうか。

▶▶▶　11　農業従事者に対する労働条件の特別保護

　プランテーション、穀物の栽培や家畜の飼育を行う農場、林業、漁業に勤務する労働者を保護するために設けられている規定が労働法にある。カンボジアに進出する企業がプランテーションや農場を経営する場合もあるので、ここで記載しておきたい。

　カンボジアでは、労働者を雇用して、プランテーションで、コーヒー、茶、砂糖キビ、ゴム、バナナ、ココナッツ、ピーナッツ、たばこ、柑橘類、油やし、キナ、パイナップル、胡椒、綿花、ジュートなどの商業作物を栽培している。

140　第4章　労働法令

　労働時間は1日8時間、1週48時間である。1日の労働時間を9時間に延長できるが、1週48時間を超えてはならない。1週間単位の変形労働時間制を認めている（労働法194条）。住み込みの労働者の場合には、職場との間が1時間以上かかる場合は、その通勤期間は労働時間とみなされる（195条）。特定の作業のために最大2時間待機させることができるが、これは8時間に追加される。この待機時間中は、労働者は自由に時間を使うことができるが、呼び出しがあれば直ちに対応しなければならない（196条）。8時間を超えた労働時間には残業の割増賃金が支払われる。残業は、災害を避けるため、または災害からの復旧作業のためを除き、10時間を超えることはできない（197条）。

　賃金規制としては以下の規定がある。現物支給による支払が認められているが、強制はしてはならない。現物支給の場合、米を1日900グラム支給しなければならない（198条）。米による支給を合意によって現金による支払に換えることができる。現物支給の場合には、現金での評価を給与台帳に記載しておかなければならない（199条）。

　米は妻と16歳未満の子どもの分についても毎日支給されなければならない（200条）。妻には800グラム、2歳未満の子には200グラム、2歳以上6歳未満の子には400グラム、6歳以上10歳未満の子には600グラム、10歳以上16歳未満の子には750グラムが支給される。労働者が入院や疾病で働けない場合にも米は支給される（200条2項）。17歳以上21歳未満の子で、中学校や高等学校に通っている子、徒弟として働いている子には、1日750グラムの米が支給される（200条3項）。これらをもらうためには妻は賃金を得て働いてはならないし、夫と同居していなければならない。子も労働者と同居していなければならない。ただし、学校に通っていたり、徒弟で同居できない場合は、その旨の証明書があればよい。

　労働者は無償で住居が提供される権利を有する（204条）。家族持ちには24平方メートル以上の広さが求められている（205条）。妻と子ども以外の者を住まわせてはならない（207条）。労働者は住居を清潔に保つ義務があり、住居を傷つけた場合は責任を負う（208条）。

　住居の提供ができない場合は、住宅手当が支払われなければならない（209条）。使用者には水の供給の義務があり、汚染が疑われる場合は、煮沸や塩

素消毒のような対処をしなければならない(211条、212条)。プランテーションが常設の市場から離れている場合は、生活必需品を扱う店舗の設置が求められている(213条)。トイレ、廃棄物の処理、労働者死亡の場合の葬儀用品の提供(214条～18条)、100人以上の住み込みの女性労働者が働いている場合、6歳になるまで収容できる託児所を設置し、米や食糧品の供給が求められている(219条～221条)。住み込みの正規労働者達に6歳以上の子どもが20人以上いる場合、学校の設置が求められている(222条)。学校に必要な家財や教材、教員の給与、通学手段の提供が使用者に求められている(223条～226条)。プランテーションが辺鄙な場所に設けられた場合、労働者とその家族の生活の不便さを解消する措置が使用者に求められている。

▶▶▶ 12 労働契約の停止(欠勤および休職)

労働契約が停止される事由は以下のように定められている(労働法71条)。

- ・使用者が兵役に就く場合や、義務的な軍事訓練に参加するために事業所を閉鎖するとき
- ・労働者が軍事訓練のために欠勤するとき
- ・医師の診断によって労働者が欠勤するとき(最大6ヵ月)
  ただし、後任者がでてくるまで延長は可能である。
- ・労災で労務提供ができない期間
- ・妊娠、出産、産後の疾病で欠勤する期間
- ・法律、労働協約、労働契約によって、使用者が労働者の欠勤を認めた期間
- ・就業規則によって、正当な理由で一時解雇が認められる期間
- ・有給休暇の期間
- ・有罪判決前の勾留の期間
- ・不可抗力によって労務提供ができない期間(最大3ヵ月)
- ・企業経営が困難に直面した場合、事業を中断した期間(最大2ヵ月)
  この場合、労働監督官の許可が必要になる。

この労働契約の停止は、労働者に労務提供義務がなくなり、それに伴って

使用者の賃金支払義務が生じない。しかし、労働契約停止中であっても、祝日手当や年功ボーナスの支払義務があるのでないかという問題が争われた事件がある[39]。企業経営が苦しくなったため、2015年11月1日から12月31日までの2カ月間企業を閉鎖した。そのとき月50ドルの住宅手当は支給するが、その他の賃金は支払わないという労働協約を締結した。ところが労働者は祝日手当の支払を要求した。しかし、使用者はそれを拒否した。この事件では仲裁委員会は、使用者が労働法71条、72条の定めに従って労働契約の停止を実施しており、その間の祝日手当を支払う義務はないと判断した。労働・職業訓練省令10号では事業を継続するために祝日に操業するときには手当を支払うことを使用者に義務づけているが、これは労働契約の停止中は適用にならないと判断された。

労働契約の停止期間であっても、使用者の宿泊施設の提供義務、労働者の忠実義務、機密保持義務は引き続き効力を有する。労働組合の代表の権限も認められる。この停止期間は別段の定めがない限り、年功の計算の際に加算される(72条)。

▶▶▶ 13 労働契約の終了

労働契約の終了は、有期労働契約と無期労働契約に分けて規制されている[40]。

(1) 有期契約の場合

有期労働契約の場合、2年を超えることはできないが、2年を超えない範囲で更新することは可能である(労働法67条)。満了前に解約する場合、重大な不正行為や不可抗力の場合には可能となる。さらに満了前に終了させたい場合には、終了までの報酬に相当する額を支払えば可能である。金銭の支払いによって処理するという発想が見られる。

---

39 "M & V International Manufacturing Ltd.," Arbitration Council Foundation ed., 2016, *Annual Report* 2015, pp.12-15.

40 この問題を整理した文献として NOP Kanharith, 2014, *A Comparative Study on Dismissal Rules in Cambodia and Japan : A Focus on the Rule of Justified Dismissal*, Nagoya University, CALE Books 5を参照。

有期労働契約の期間が6カ月以上の場合には、更新するかどうかを終了10日前までに予告しなければならない。期間が1年以上の場合には、15日前に予告しなければならない（73条）。この事前の更新しない予告がない場合、同じ期間延長されるだけという説と、雇用期間を合計すると2年を超える場合は期間の定めのない労働契約に転換するという説がある（105ページ参照）。

企業側の対応として短期の労働契約を更新して2年を超えない時期に更新せずに、労働契約を解約してしまうケースが見受けられる。期間の定めのない労働契約の締結を避けるためである。景気の調節弁として有期労働契約を利用している場合がある。

有期労働契約が終了する場合、その理由を問わず、契約期間中の給与総額（残業手当を含む）の5％以上を退職金として支払うことが使用者に義務づけられている。

(2) 無期契約の場合

無期労働契約の場合、一方当事者の意思によって契約を終了させることができる。ということは労働者側が退職する場合や使用者側が労働者を解雇する場合の両方を規制していると見ることができる（74条）。事前の予告期間が以下のように求められる（75条）。

- ・勤続期間が6カ月以下の場合　　　　　　　7日
- ・勤続期間が6カ月を超え2年以下の場合　　15日
- ・勤続期間が2年を超え5年以下の場合　　　1カ月
- ・勤続期間が5年を超え10年以下の場合　　　2カ月
- ・勤続期間が10年を超える場合　　　　　　　3カ月

予告期間を遵守しないで解雇する場合は、予告期間中に受け取る賃金および手当に相当する金額を使用者は払わなければならない。

この予告制度の場合、短期の労働契約を繰り返す方が労働者にとって受け取れる額が有利になっている。これは長期間継続して雇用されるより短期で転職を繰り返す者が多いことを反映しているのではないかと思われる。

予告期間は再就職先を探すことが目的なので、週当たり2日の有給の休暇を労働者は取得することができる（79条）。予告期間中に再就職先を見つけた

場合、重大な不正行為で解雇される場合以外には、予告期間満了前に、労働者は退職することができる。この場合、労働者は使用者に生じる賠償金を払う必要はない。転職しやすい状況を保障していると思われる。

以下の場合には、予告期間が必要なくなる。つまり、試用期間またはインターンシップの期間、一方当事者に重大な不正行為がある場合、一方当事者が不可抗力で義務を履行できない場合である（82条）。

使用者側の重大な不正行為とは、83条Aによれば、詐欺で労働者を欺いて労働契約を締結、賃金の一部または全部の不払、たびたびの賃金支払の遅延、暴言・暴行・脅迫、出来高制の労働者に仕事を回さないこと、労働安全衛生の措置を講じないことが挙げられている。

労働者側の重大な不正行為とは、83条Bによれば、労働者の窃盗、着服、横領、詐欺行為、懲戒や安全、健康についての重大な不正行為、脅迫、暴言、暴行、他の労働者に不履行をそそのかす行為、事業所での政治的プロパガンダ、活動やデモ行為が挙げられている。ただし、重大な不正行為を知ってから7日以内に解雇しなければ、解雇権を放棄したものとみなされる（26条）。

82条3項における義務が履行できない場合とは、使用者の場合、事業所閉鎖、自然災害によって労働再開ができないことを意味し（85条）、労働者の場合、慢性的病気、精神障がいや身体障がいがあるとき、刑務所に収監されるとき（86条）を指す。

無期の労働契約の場合に一方的に解雇する場合、使用者は解雇補償金を支払わなければならない制度があったが、2018年労働法改正によって廃止された。それに代わって年功手当として年2回、6月と12月に支払う制度になった。これは労働契約終了後、解雇補償金を支払わないで夜逃げする経営者がいるために、労働者が不利益を受ける事例が発生したためである。その不利益をできる限り少なくするために毎年支払う年功手当制度を創設したものである[41]。

その額は、2019年以降の場合には、1回7.5日分の給与相当額で年2回の支払で、合計年15日分の給与相当額になっている。1年間に1カ月から6カ月

41　Prakas on Payment of Seniority Indemnity.
　（https://www.gmac-cambodia.org/regulation_pdf_en/1538119587.pdf）

間しか働かない場合には、7.5日分の給与相当額を支払わなければならない。従って、年6カ月以上勤務する場合は、年15日分の給与相当額が支払われなければならない。

2019年以前から働いている場合、縫製業と靴製造業においては、1回15日分、年に30日分の給与相当額、それ以外の業種では、1回7.5日分、年に15日分の給与相当額を年功手当として支払わなければならない。

その結果、縫製業と靴製造業では、2019年以前から働いている労働者は、2019年以降年に45日分の給与相当額が年功手当として支払われなければならない。それ以外の業種では、30日分の給与相当額が支払われなければならない。この制度は使用者側に人件費の負担を重くする結果を招くであろう。

さらに使用者の悪意、不当な理由によって労働契約が終了された場合には、労働者が損害賠償金を請求することができる。損害賠償の額は地方の慣習、仕事の種類や重要性、労働者の年齢、損害の有無や範囲を考慮して裁判所が認定する(94条)。

労働者が不法に労働契約を破棄し、別の仕事に従事した場合には、それが新しい使用者の勧めでなされた場合には、その新しい使用者と労働者は、前の使用者に損害賠償を支払う義務が生じる(92条)。

12条では、人種、肌の色、性別、信条、宗教、政治的意見、出生、社会的出自、労働組合員やその活動をしていることを理由とする差別が禁止されており、解雇も禁止されていると解釈されている。293条では、企業や事業所の職場委員(労働組合法43条では、任期を終了して3カ月以内の職場委員や職場委員選出の投票で落選して3カ月以内の候補者も含まれる)は、解雇されるためには労働監督官の承認が必要になっている。通知を受けてから1カ月以内に労働監督官は職場委員の解雇を認めるか、取り消すかの判断を示さなければならない。組合委員長、副委員長、書記長も解雇されるためには労働監督官の承認が必要とされている。これらは先任権のルールの適用を組合役員には排除していることを意味している。182条では、産前産後の90日間の休業中の解雇も禁止されている。

146　第4章　労働法令

(3) 使用者の地位変更

　使用者が相続、承継、売却、合併、資本の移転によって変更する場合、新たな使用者と労働者が、変動した日に有効な労働契約を締結されたものとして扱われる(87条)。ということは、これらの理由によっては、労働契約は終了しない。企業閉鎖を理由に労働契約を終了させることはできない。不可抗力によって閉鎖に至る場合には、労働契約を終了できる。ただし、倒産や清算の場合は不可抗力とはみなされないので、労働契約が終了にはならない。

(4) 人員整理の場合

　事業所の業務の縮小、内部組織の再編によって、人員整理が必要な場合、使用者は人員整理について従業員代表に通知し、さらに労働監督官に連絡する(95条)。職業上の資格、先任権、家族の負担を考慮して、職業上の能力の低い者、勤続年数の短い者が、人員整理の対象となる。既婚者には1年ごとに先任権が加算され、扶養している子どもの数だけの年数が加算される。労働監督官は、人員整理による影響を最小にするために、使用者や解雇予定の労働者を複数回呼び出して調査を行うことができる。

　人員整理された労働者は、解雇から2年間は、復職する権利が保障され、そのために企業に住所変更を通知し、配達記録や書留郵便で復職の連絡が使用者からなされる。復職の通知をうけた労働者は、1週間以内に事業所に出向かなければならない(95条)。

(5) 解雇後の処理

　解雇がなされた場合、雇用票(労働者台帳)に記録され、解雇の翌日から7日以内に労働監督官に雇用票の査証を受けるために提出されなければならない。さらに未消化の有給休暇は買い取る必要がある(110条)。

(6) 民法上の規定との関係

　カンボジアでは民法が2007年に制定され、同年12月8日に公布され、施行された。民法の第9章に雇用に関する規定がある(664条〜668条)。それらの中で解雇に関係するのは、667条の一身専属性を定めた条文である。労働

者が使用者の承諾なく、自己に代わって第三者を労務に服することはできない。それに反して使用者の承諾なく、第三者に労務に服させた場合、使用者は労働契約を解除、つまり解雇することができる。それ以外の労働契約に関する問題は、民法668条によって労働法の定めによって処理されることが明記されている。

(7) 解雇紛争手続

　解雇は、個別紛争手続によって解決されている。一方当事者から労働監督官に申し立てがなされ、労働監督官は受理してから3週間以内に当事者から事実関係を聴取して調停を試みる。そこで合意が成立すれば、労働契約として法律上強行される。しかし、合意が成立しない場合、調停が失敗した日から2カ月以内に裁判所に提訴することができる。2カ月をすぎれば訴訟は却下される。労働裁判所の設置が予定されているが、2019年1月現在、設置されていないので、一般裁判所で処理されている。2006年民事訴訟法が日本の支援を受けて制定され、施行されているので、その手続に従って裁判所で処理されることになる。

▶▶▶ 14　国際的動きとのかかわり

(1) ILO条約とプロジェクト

　カンボジアは1969年2月24日ILOに加盟した。これまで13のILO条約を批准している。最も注目されるのは中核的労働基準である八つのILO条約を全て批准していることである。強制労働を禁止している29号、105号、児童労働を禁止する138号、182号、雇用および職業における差別を撤廃する100号、111号、結社の自由を定める87号、98号である。29号は1969年2月24日に批准し、87号、98号、100号、111号、138号は1999年8月23日に批准した。182号は2006年3月14日に批准した。

　これらを批准する前に、それに違反する国内法を改正するのが通常であるが、カンボジアでは、その作業を行っていない。ともかく批准を先に実施して、それに違反する法律の改正は後回しなっている。これは批准後、ILOの財政的および技術的援助を受けて実施していこうという戦略である。という

のは、1998年に「労働における基本的原則および権利に関するILO宣言とそのフォローアップ」が決議され、ILO条約批准後、その実施に問題がある場合、ILOが支援をすることを表明されたからである。

例えば、87号、98号条約批准後、1997年労働法では結社の自由を遵守するには不十分であるので、労働組合法の法案作成の支援をILOから受けて、2016年に制定し、公布された。

この八つの条約の他に批准されたのは、女性の深夜勤務についての4号、工業部門の若年者の深夜勤務についての6号、塗装に白鉛を利用することについての13号、雇用政策についての122号、労働行政についての150号である。4号、6号、13号は1969年2月24日に批准され、122号は1971年9月28日、150号は1999年8月23日に批准された。

ILOのかかわるプロジェクトとして注目されたのは、児童労働撲滅のためのプロジェクト(IPEC Cambodia)[42]、労働条件監視プロジェクト(Better Factories Cambodia, ILO garment factory monitoring program)と、労使紛争解決プロジェクトとして仲裁委員会の設置である。

児童労働撲滅のためのプロジェクトがIPECの枠組みの中で、いくつかの国の支援を受けて実施された。2002年から2004年にかけて、デンマーク、オランダ、イタリア、イギリス、アメリカ等の支援が始まった。日本労働組合総連合会は2004年1月から2007年6月まで教育、絵画、メディアを通じて児童の権利を向上する活動を実施した。

労働条件監視プロジェクトは、2005年2月から開始されたが、縫製工場における労働条件の遵守を監視するプログラムを作成し、監視をパスすればアメリカに輸出する割り当てを受けることができるという仕組みである。カンボジアでは労働監督機関が十分機能していなかったので、ILOが関与する監督制度を作り上げた。この仕組みがカンボジアで成功したので、他の国々にも労働基準遵守のための技術協力として広がっていった[43]。

42　IPECは、児童労働撤廃国際計画(International Programme on the Elimination of Child Labour)のこと。

43　香川孝三(2010)b「ILOのカンボジア工場改善プログラム─労働基準監督の国際協力」『季刊労働法』233号、167 〜 181ページ参照。

（2）国連で制定された国際条約

　カンボジアは1955年国連に加盟した。カンボジア憲法31条は、「カンボジア王国は、国際連合憲章、世界人権宣言並びに人権、女性の権利および子どもの権利に関する条約および協定が定める人権を承認し、尊重する」と定め、人権尊重を謳っている。これはポル・ポトによる人権抑圧を反省して、規定されたものと思われる。

　人権に関する国連条約の批准状況をみてみよう。人種差別禁止条約は1983年11月28日に批准した。自由権規約および社会権規約と呼ばれている二つの条約は1992年5月26日に批准した。女性差別撤廃条約と子どもの権利条約、拷問禁止条約はともに1992年10月15日に批准、障がい者権利条約は2007年12月20日に批准した。

　しかし、移民労働者の権利保護に関する国際条約については、カンボジアは2004年に署名はしたが、まだ批准はしていない。しかし、2007年には人身取引議定書（パレルモ議定書）に加盟している。カンボジアは移民労働者を送り出す国であると同時に受け入れ国でもある。1人当たり国民総生産の高い国、例えば隣国のタイには2014年10月段階で約80万人が移動している。タイとの間には、二国間の覚書を締結して、送り出した先での自国民の権利の保護にカンボジアは関心を示している。

　一方、カンボジアに送りこまれる人々も存在する。例えばベトナムの少数民族の女性が人身売買によってカンボジアに送りこまれて売春を強要されている実態がある。アメリカ国務省が2000年制定の人身取引被害者保護法に基づき、公表している人身取引報告書2017年版[44]によると、第2段階の監視対象であって、人身取引防止の対策がなされているが、不十分であり、監視する必要があるとされている。

（3）ASEANとの関係

　カンボジアは1999年4月30日にASEANに加盟した。10番目の加盟国であり、最も新しい加盟国であった。ASEANとのかかわりは1993年から

44　アメリカ国務省ウェブサイト（Trafficking in Persons Report 2017）参照。
　（http://www.state.gov/j/tip/rls/tiprpt/2017/index.htm）

1995年まではゲスト、1995年から1999年まではオブザーバーの地位にあり、1999年4月30日正式に加盟した。カンボジア和平協定が成立し、1993年5月、カンボジア暫定統治機構のもとで総選挙が実施されたころにASEANに将来加盟することが計画されていたことが分かる。

　2015年末にASEAN経済共同体が発足した。最終目標はASEAN共同体の結成であるが、政治・安全保障、経済、社会・文化の3本の柱があって、まず経済の分野だけでの共同体が発足したことになる。「単一の市場、単一の生産基地」を目指し、関税の撤廃、サービス分野の開放、資本と人の移動の自由化に取り組んでいる。労働に係る問題は人の移動の自由化である。

　人の移動の自由化のために6項目が課題とされている。経営者や熟練労働者のビザや雇用許可を通じて移動の自由化を整備すること、専門的業務の資格を相互承認すること、その相互承認のための取り決めの交渉を進めること、サービス分野における人的資源管理や能力向上を図ること、サービス分野の職業で中核的な能力と資格を設定すること、労働市場計画を策定する能力向上を図ることの六つが挙げられている。具体的には、1995年ASEANサービスに関する合意によって、エンジニア、看護師、建築士、測量士、医師、歯科医師、会計士、旅行業専門職の8職種については相互承認の協定が締結されている。2012年11月には、自然人の移動に関する協定が締結され、商用訪問者、企業内転勤者、契約で合意されたサービス提供者に限定して、移動の自由を認めることで合意されている。しかし、どのように移動の自由を認めるかは各国の判断に任されている。どの資格を持っている者をどのように入国を認め、どの条件で働くことを認めるかは各国の判断に任されている。カンボジアでは1997年労働法によって、外国人の雇用枠を設けることによって規制を加えており、ASEAN共同体の方針とは異なっている。これは、技能や技術を有する外国人を受け入れたいが、大規模な外国人の流入はカンボジア国民の雇用を危うくするおそれがあるため、制限を加えたと言えよう。さらに、人の移動を自由にすることは技術や技能を有する者が国外に脱出する可能性が高まり、国の開発にとってはマイナスになるかもしれないので、積極的に進めることには躊躇せざるをえない状況にある。

　移民の権利については2007年の「移民労働者の権利の保護と促進に関する

ASEAN宣言」(セブ宣言)が採択されている。これは宣言であって、拘束力の
ある条約とはなっていない[45]。これは正規の移民のみを対象とし、不法移民
には適用されない。受入国と送出国のそれぞれの努力義務がかせられている。
条約とするための交渉がなされているが、受入国と送出国の利害が錯綜して
いてまとまらないのが現状である。

　カンボジアからタイに移住したり、働きに出かける者が最も多い。タイ政
府とカンボジア政府の間の協定によって正式に移住した数は2003年から2004
年6月までで9万9,401人であった。それに対して、違法に移住する者を含め
た数をみると、2014年6月23日から同年10月31日までにタイに移民として
登録されたのは69万6,388人、その扶養者が4万2,609人となっている[46]。

　移民労働者と人身売買とは密接に関係する問題であるが、そのきっかけに
なったのが麻薬問題であった。これは国内だけでなく、国際的な犯罪組織や
不法移民の問題とも関連してきたために、「越境」する犯罪への取締という問
題が1990年代後半からASEAN内で議論され始めた。その後、人身取引も
越境してなされる犯罪であることから、人身売買については2004年「人とく
に女性および子どもの取引に対するASEAN宣言」が採択された。ここでは
出入国管理に携わる機関間の意見交換、情報共有、国境管理の強化、不正パ
スポートに対する対応が定められている。さらに、これがもとになって、
2015年11月2日にASEAN人身売買防止条約が署名された。しかし、この条
約でも、被害者の権利保護は国の努力義務となっているにすぎない。

　ASEAN内では、人権委員会と、女性と子どもの権利擁護委員会、移民労
働者の権利促進保護委員会が設置され、人身取引問題を含む人権問題に対応
している。

　ASEAN以外ではあるが、メコン流域の6カ国である中国、ベトナム、カ
ンボジア、ラオス、タイ、ミャンマーによる人身取引についての地域的取組

45　山田美和 (2016)「移民労働者に関するASEAN共同体の政策課題」鈴木早苗編『ASEAN
　　共同体—政治安全保障・経済・社会文化』アジア経済研究所、161 ～ 185ページ参照。
46　Ministry of Labour and Vocational Training, ILO and tripartite Action to Protect
　　the Rights of Migrant Workers within and from the Greater Mekong Subregion ed.,
　　2014, *Policy on Labour Migration for Cambodia*, December 2014.
　　（http://www.ilo.org/asia/publications/WCMS_145704/lang_en/index.html）

がなされている。中国を除く5カ国はASEAN加盟国である。2004年に「メコン地域の人身取引対策のための覚書」に基づいてメコン地域の社会福祉担当閣僚によって結ばれた「人身取引対策のためのメコン閣僚協調イニシアティブ」(Coordinated Mekong Ministerial Initiative against Trafficking, COMMIT)によってUNIAP(人身取引に関する国連機関合同プロジェクト：United Nations Inter-Agency Project on Human Trafficking)が組織された。これは13の国際機関、8の国際NGOとも協力関係を持ち、人身取引の予防と法律の施行、犠牲者の救済と社会復帰の支援をおこなってきた。これが発展解消して、2014年にUNACT(人身取引に対する国連協同行動：United Nation Act for Cooperation against Trafficking in Persons)が設立された。これは、加盟国が人身取引事件の加害者を捜査・逮捕し、刑罰を科す制度の運用を支援する。国を超えて人身取引がなされる場合には、司法共助の支援を実施する。被害者を救済のための仕組みを加盟国で確立することを支援する。例えば、シェルターや孤児院の運営を支援する。被害者が職業訓練を受けて自活できるよう社会復帰を支援する。そのためにNGOや市民団体と協力する枠組みを構築する。そもそも人身取引の被害を受けないためのセミナーや学習会の開催を支援している。UNACTの本部はバンコクにあるが、プノンペンにはカンボジア事務所があり、カンボジアでの人身取引撲滅のための活動を実施している。

　人身取引はカンボジア国民が海外に売られていくケースと、海外からカンボジアに売られて来る場合、カンボジア国内で農村から都市に売られていく場合[47]の3類型が見られる。どのぐらいの数の犠牲者がいるのかは明らかになってはいないが、カンボジアから国外に売られて、そこで保護された数はアメリカ国務省の人身取引報告書2017年版によると、2016年には11カ国で815名が救出されている。マレーシアが272名、ベトナムが231名、タイが139名、インドネシアが78名、中国が64名、日本が16名、シンガポールが6名、ソマリアが4名、ラオスが2名、ロシアが2名、オーストラリアとサウジアラビアが1名となっている。最も多いのはASEAN諸国であるが、中国や日本、中近東、ロシア、オーストラリアにまで広がっており、UNACTが

47　島崎裕子(2018)『人身売買と貧困の女性化—カンボジアにおける構造的暴力』明石書店に人身売買の具体例が示されている。

メコン流域だけでなく、より広い地域に活動の範囲を広げていこうとしている理由が理解できる。

ASEAN経済共同体に続いて、ASEAN安全保障共同体とASEAN社会文化共同体を設立する予定である。そのうち、ASEAN社会文化共同体の設立に向けた文書（ASEAN Social-Cultural Community Blueprint 2025）を2016年3月に公表した。それによると、人権や基本的権利、女性、障がい者、高齢者、移民労働者、児童、若者や社会的弱者を配慮する社会開発、持続可能な環境とともに雇用や働き甲斐のある労働（decent work）を目指す。これは持続可能な開発目標（Sustainable Development Goals）と同じ発想で書かれている。これらの課題にどう対応するかはASEAN加盟国にゆだねられており、カンボジアも今後どう取り組むかが問われる。

（4）グローバル・コンパクト、SA8000、ISO2600

企業の社会的責任への認識はまだ高くない。しかし、次第に認識が高まってくる可能性はある。国連グローバル・コンパクト事務局の報道によると、2019年1月現在、カンボジアの企業で加盟しているのは3社だけである[48]。2014年8月13日に加入したEzecom と、2017年4月10日に加入したCambodian Mango Farms Limited、2017年12月28日に加入したKnai Bang Chatt Resortである。ともに中小企業であるが、Ezecomは通信のプロバイダーの企業である[49]。Cambodian Mango Farms Limitedは名前からわかるように食品生産の企業である。

SA8000は労働分野における企業の社会的責任についての認証を行う制度の普及に力をいれている。そのためにシェムリアプで講習会を開催しているが、加入しているのは1社だけである。それはPractice Cambodiaという会社であり、オランダから中国に12年前に進出し、チャイナ・プラス・ワンとしてカンボジアのシェムリアプに進出してきた。約350名の18歳以上の若

---

48 UN Global Compact, Our Participants.
　（https://www.unglobalcompact.org/what-is-gc/participants）
49 "EZECOM becomes the first Cambodian company to sign up to UN CSR initiative."
　（http://asean-csr-network.org/c/news-a-resource/csrnews-first-combodian-to-sign-up-to-un-csr-initiative）

い女性を雇用して、サングラス、メガネを保存するポーチやレンズを拭く布を製造している。訓練によって仕事への心構えや勤務態度の在り方を教えて生産性を向上させ、賃金アップを図ることができた。セクハラ問題にも対応してきたことが評価され、SA8000の認証を得ることができた[50]。

　企業の社会的責任を果たすために、2015年3月31日に国内CSR Platformが組織された。2018年までにカンボジア政府によって国内CSR枠組みが採択されることを目標にしている。そのために学習会を開催して情報を共有する。人材育成によってCSRを普及させ、政策提言を行えるようにするという戦略を持っている。加盟しているのはPactics Cambodia, Nexus for Carbon Development, Ezecom, EuroCham Cambodia, TI Cambodiaなどの民間企業、商工会議所やNGO団体である。これはCSR普及のためのカンボジア初の組織である。

(5) ビジネスと人権に関する指導原則

　2011年国連人権理事会で「ビジネスと人権に関する指導原則」が採択され、人権デュー・デリジェンスの実施が記載されている。ISO2600やOECDの多国籍企業ガイドラインの改訂版にも人権デュー・デリジェンスの実施が示されている。企業による人権侵害が問題となってきたことから人権デュー・デリジェンスが取り上げられるようになった。特に日本企業が海外の企業に部品の製造を発注したり、日本企業のブランド名を付けた製品の製造を請負として発注する場合に、その発注を受けた企業で人権侵害が起きた時に、日本企業がサプライ・チェーン・マネジメントとしてその人権侵害を無視することは許されない。受注企業の指導を行って人権侵害をなくすように努めなければならない。その努力がなされなければ企業のブランド・イメージが損なわれ、消費者からの反発を受けて不買運動の対象となり、機関投資家が投資を引き上げることによって株価が下落するおそれが生じる。このようなリスクを回避すると同時に、コーポレート・ガバナンスを高める一貫として人権デュー・デリジェンスを実施する必要性がある。

50　"Factory Boss Seeks to Empower His Cambodian Workers,"
　　(http://www.voanews.com/a/Factory-boss-seeks-empower-his-cambodian-workers)

カンボジアでおきた事例を紹介しておこう。カジュアル・ウエアーの製造のZhong Yin B Textile Co. Ltdにおいて、2015年に労使紛争が発生した。この企業は日本の衣料品生産販売大手企業から製造委託を受けた企業であった。この会社の親企業は中国のBeijing Joywin社であった。争議がおきた要因は、違法な長時間労働、残業手当の不払、妊娠・出産を理由とする解雇、労働組合加入や活動を理由とする解雇、有期労働契約の更新拒否などであった。この会社で結成されていた企業別組合はカンボジア・アパレル民主労働組合連合(Coalition of Cambodian Apparel Workers' Democratic Union)に加入しており、その指導を受けた。この会社は、2015年9月に組合の活動を理由に約50名の労働者を解雇し、この解雇を抗議するために実施したストライキを理由に約200名を2016年2月に解雇した。先の解雇問題については仲裁委員会の仲裁(AC Award 306/15)において解雇労働者の復職を求めた。後の解雇問題についても仲裁委員会は復職を求める仲裁を出した。後の解雇については会社側が裁判所に提訴し、2016年7月会社に有利な判決を出した。これに対して労働組合は控訴した。

この問題は2014年から中国やカンボジアでの縫製業の労働環境を調査していた国際人権NGOであるヒューマン・ライツ・ナウが日本の衣料品大手企業にサプライ・チェーン・マネジメントの責任を問う質問状を出している[51]。

これに対して、会社は2016年10月19日に回答を提出した。それによれば、工場と従業員側との話し合いにより、解雇された工場従業員の再雇用が確定し、和解が成立したことと、会社で作成された「日本の衣料品大手企業の生産パートナー向けコード・オブ・コンダクト」によって、商品生産の過程における適切な労働環境と持続可能性の実現を重視すること、組合結成の自由を尊重することを明記し、全ての取引先工場にその遵守を求めていると述べている[52]。さらに、このZhong Yin B Textile会社は2015年11月にBetter Factories Cambodiaに加入したという。

---

51 調査結果は「カンボジア・縫製産業で違法な搾取労働が横行─政府および国際ブランドの責任が問われている」(http://hrn.or.jp/activity/2144/)
52 http://www.fastretailing.com/jp/susutainability/news/161091500.html

156 第4章 労働法令

　類似の問題はH＆M、Marks and Spencer、Joe Fresh、Gapが発注した
カンボジアの縫製企業でも発生した[53]。

▶▶▶ 小括

　カンボジアでは今、次々と労働立法が制定されつつある時期である。基本
法として1997年労働法があるが、労使関係に関する特別法として2016年労
働組合法が制定された。さらに、最低賃金法が制定されたが、個別紛争処理
のために労働争議調整法も制定される予定となっている。工業化・産業化が
進むにつれて、労働法の適用を受ける労働者層が拡大化・多様化していくこ
とが予想される。現在はまだこれらに対応した労働法は整備されていない。
今後、労働法をどのように展開していくのか、さらにそれをどのように施行
していくかが重要な課題となってこよう。

　カンボジア労働法の制定や実施にはILOが深くかかわっている。ILOから
の助言や技術支援による労働立法の制定だけでなく、Better Factories Cam-
bodiaによって労働法の実効や適用を促進することにもかかわっている。さ
らにASEANとの関係で労働法を見なければならないことを指摘しておきた
い。2015年12月31日にASEAN経済共同体が成立し、資本や人の移動が自
由になり、ASEAN内部での競争がきびしくなり、それへの対応の必要性が
高まってきている。ASEANで決まったことをどう実施するかは加盟国の判
断にまかされているが、それへの対応から労働法改正や新たな法律の制定が
促される可能性がある。

53　Human Rights Watch ed., 2015, *Labour Rights Abuses in Cambodia's Garment In-
　dustry.*
　〈https://www.hrw.org/report/2015/03/11/work-faser-or-get-out〉
　〈https://www.hrw.org/report/2015/03/11/work-faster-or-get-out/labour-rights-
　abuses-cambodias-garment-industry〉

▶▶▶ 第5章 ◀◀◀

労使関係の法制度

仲裁委員会事務局のエントランス

はじめに

　本章では、2016年労働組合法の内容と、1997年労働法の中で集団的労働関係にかかわる規定の内容について述べることにする。この両者がカンボジアの労使関係法を形作っているからである。経済開発に寄与する安定的な労使関係を法律によって形成していこうとする政府側の立法意思が読み取れるであろう。しかし、政治状況のいかんによって労使関係が左右され、安定的な労使関係の実現は困難な状況にある。さらに、労使紛争処理機関の制度について説明する。

1　2016年労働組合法制定の経緯

　カンボジアでは1990年代中ごろから縫製業や製靴業を中心として経済発展政策がすすめられた。農業国の中から工業化を行う場合、軽工業から出発するというのが一般的である。2000年代初め頃から縫製業や製靴業に働く労働者が増加していくにつれて労働組合の活動が活発になり、労使関係上の問題を引き起こした。低賃金を武器に外資を導入して工業化を進めたために、労働者側からの反発が生じ、賃金値上げの要求が強くなり、それを実現するために組合結成が進められた。しかし、2000年代後半ごろから企業内に複数組合が結成され、組合間の勢力争いが激化して、違法なストライキによって生産性が阻害されるという問題が発生した。1997年の労働法では対応しきれないために、2008年からILO（国際労働機関）の支援を受けながら労働組合法を制定する方針が打ち出された。カンボジアは1999年に中核的労働基準を定めた九つのILO条約を批准しており、結社の自由を踏まえた労働組合法を制定する必要性があった。本来ならば、ILO87号、98号条約を批准する前に労働組合法を制定しておくべきであったが、順序が逆になった。先に批准をしてILOの技術援助を受けて労働組合法の制定を行うという戦略を持っていたものと思われる。

　1997年労働法の中では「第11章　労働組合の自由と労働者代表」が規定されていた。この規定に必要な規定を追加して「労働組合法」として独立させることになった。2011年9月に労働組合法案が公表されたが、国内での反対意見が強く法案が成立するに至らず、頓挫した状態になった。そこで再度ILO

が支援に乗りだし2014年から2015年にかけて法案の再検討がなされた。最終的な法案は2015年11月13日の閣議で承認された。それでも労働組合側や国際労働組合からの批判があったが[1]、2016年4月18日国会で成立した。同年5月23日に公布・施行された[2]。

「労働組合法」という名称になっているが、労働組合および使用者団体、不当労働行為、団体交渉、労働協約、労使紛争処理についての規定を設けており、実質的に労使関係法となっている[3]。

▶▶▶ 2 労働組合および使用者団体の組織構造

労働組合は、基礎労働組合、労働組合連合、労働組合連盟の3層構造になっている。基礎労働組合は、企業または事業所で10人以上の労働者によって結成される。労働組合連合(federation)は、登録された7以上の基礎労働組合によって結成される。労働組合連盟(confederation)または労働組合総連盟(co-alition of union federation)は、登録された5以上の労働組合連合によって結成される(労働組合法10条)。

基礎労働組合は、上位の労働組合連合には一つだけ加入できる。複数加入することは禁止されている。さらに、労働組合は国内だけでなく、海外の労働組合と提携することができる。その数の規制はない。

使用者団体は2層構造になっている。使用者団体は、9以上の企業または事業所により組織される。使用者連合(federation)は、登録された6以上の使用者団体によって組織される(10条)。使用者団体は国内および海外の団体と

---

1 "Cambodia：ITUC Deplores New Anti-Union Law."
 (http://www.ituc-csi.org/cambodia-ituc-deplores-new-anti?lang=en)
 "ILO's Statement on Trade Unions law in Cambodia."
 (http://www.ilo.org/asia/media-centre/WCMS_466553/lang--en/index.htm)
2 カンボジア労働組合法の日本語訳は、日本貿易振興機構(JETRO)・プノンペン事務所編(2017)『カンボジア労働組合法(ジェトロ仮訳)』、
 (https://www.jetro.go.jp/ext_images/_Reports/02/2017/2f933947081d1d/0316TMI.pdf)
 および、国際労働財団(JILAF)ウェブサイト「アジア労働法データベース」の「カンボジア労働組合法」(http://www.jilaf.or.jp/asia_laborlaw/data/cambodia_002.pdf)参照。
3 香川孝三(2017)「2016年カンボジア労働組合法の意義」『労働法律旬報』旬報社、1882号4〜5ページ参照。

160 第5章 労使関係の法制度

提携することかできる。その数の規制はない。

　労働者が労働組合に加入することも、加入しないことも自由である。これはユニオン・ショップ制を否定し、オープン・ショップ制を採用していることを意味する。労働者はいつでも労働組合を脱退できる自由を持っている。労働者は、署名または拇印された文書を労働組合に提出することによって脱退することができる。その文書が出された後、自動的に組合員でなくなる。つまり、組合の承認がなくても、組合から脱退できることを意味する。それによって使用者は組合費の賃金からの控除を中止しなければならない。

　使用者も使用者団体に加入しても加入しなくてもいい自由を有している。いつでも文書の提出によって使用者団体を脱退することができる（7条）。

　人種、肌の色、性別、信条、宗教、政治的意見、社会的身分、健康状態によって差別されることなく、労働組合や使用者団体に加入することができる（6条）。

　労働組合と使用者の双方を含む労働組合および使用者団体の結成は禁止されている（5条）。

▶▶▶ 3　登録制度

　3層の労働組合、2層の使用者団体は、労働・職業訓練省に登録されなければならない。省は登録の記録を保管し、定期的に登録を公表するために協力しなければならない（労働組合法11条）。

　登録には以下の条件を満たす義務がある（12条）。それを満たせば、登録は承認され、登録証明書が発行される。

（a）目的を含めた労働組合および使用者団体の定款の原本

（b）指導や管理についての運用規則の原本

（c）労働組合および使用者団体の指導者や管理者の名簿

（d）会計帳簿や記録が保管される場所

（e）登録受理後45日以内に銀行口座情報が提供されることを保証する宣誓誓約書

（f）労働組合および使用者団体の設立に関する選挙の結果の原本を添付すること

(g) 労働組合の場合、基礎労働組合は10以上の会員の名簿を持っているこ
と。労働組合連合は7以上の会員の名簿を持っていること。労働組合連
盟または労働組合総連盟は5以上の会員の名簿を持っていること。

(h) 使用者団体の場合、9以上の企業の名簿を持っていること、使用者団体
連合は6以上の使用者団体の名簿を持っていること。

　登録申請受理後、30日以内に省が何も回答しない場合には、登録された
ものとされる。労働組合や使用者団体の役員の名簿は、市または県の労働部
門、省の評議会、司法省、内務省に提出されなければならない。それらが変
更された場合も、再度提出されなければならない(12条)。

　登録のために定款(組合規約)に書いておくべきことが以下に定められてい
る(13条)。

(a) 労働組合、使用者団体の名称、ロゴ、住所、印鑑

(b) 労働組合、使用者団体がカバーする職業または職種の詳細

(c) 労働組合、使用者団体の会計帳簿の保管、年次会計報告の公表について
の定め

(d) ストライキ決議、規約の改正や総会の決議のための定足数が絶対的多数
(50%プラス1)であることの定め

(e) ストライキ決議が秘密投票によって絶対的多数の賛成によってなされる
こと

(f) 秘密投票による役員の選出手続

(g) 役員の任期および再選の可能性についての定め

(h) 会員が支払う会費の額および支払い方法が労働組合や使用者団体の総会
で決議されていること

(i) 本法20条、21条に定める役員になる資格要件
　この資格要件を見てみると、労働組合役員の場合は、満18歳以上、住
所を申告すること、クメール語の読み書きができること、刑事事件で処
罰されたことがないこと、
　外国人の場合には、さらに少なくとも2年間カンボジアで働いたこと、
移民法によってカンボジアに居住する権利を有することが定められてい
る(20条)。

使用者団体の役員の場合にも、満18歳以上、住所を申告すること、刑事事件で処罰されたことがないこと、外国人の場合には、さらに、移民法でカンボジアに居住する権利を有すること、少なくとも2年間カンボジアで投資したり、働いた経験があることが定められている(21条)。
(j) 労働組合の規約では、企業や事業所の全ての労働者を代表するのか、特定の職種の労働者を代表するのかを明記しなければならない。この定めからは特定の職種に従事する者だけの労働組合の結成も認められていることになる。

　以下の場合には登録が延期される(16条)。省は30日以内に延期の理由を労働組合・使用者団体に通知し、それを受け取った場合3日以内に修正して登録申請を行わなければならない。それがない場合、申請は却下される。したがって、延期と定められているが、実質的には登録は拒否される場合である。
(a) 労働組合・使用者団体の目標は、規約に定められている労働者や使用者の権利保護でない場合
(b) 労働組合が使用者団体の支配下にある場合、使用者団体から何らかの介入や影響にある場合に、労働組合が独立していないと判断されるとき
(c) 労働組合・使用者団体が12条の登録要件を満たしていない場合
(d) 労働組合・使用者団体の定款(規約)が本法の定めに従っていない場合
(e) 労働組合・使用者団体の役員が、20条、21条の資格要件を欠いている場合
(f) 労働組合・使用者団体の名称がすでに登録された労働組合・使用者団体の名称によく似ている場合。または労働組合・使用者団体のカバーする範囲や職種をはっきりさせないで、公衆を欺いたり、誤解される可能性がある場合

　登録の効果として、登録することによって適法性と法人格を取得する。したがって登録されない場合は適法性を得られないので、違法な団体ということになる。労働組合や使用者団体として活動するためには登録されなければならない。これが強制登録制度である。さらに、登録によって裁判所に訴えることができ、また訴えられる可能性がある。

動産や不動産を取得することができ、契約を締結する権利も取得すること
ができる。労働組合として事業活動は、59条(キ)の販売店、食堂、医療介護
などの協同組合を設立すること以外のことはできない(14条)。

　以下の事項を労働組合・使用者団体は行わなければならない(17条)。

(a) 収入、支出を記載した会計帳簿や会計報告、活動内容、会員人数を記載
　　した報告書を3月末までに労働・職業訓練省に提出しなければならない。

(b) 登録日から45日以内に銀行口座の詳細を労働・職業訓練省に提供しな
　　ければならない。

(c) 会員の変更、情報変更が必要とされる場合にはその情報の変更を15日
　　以内に更新しなければならない。

　上記の義務を履行しない場合、労働・職業訓練省は労働組合・使用者団体
に1回目の変更通知をし、その日から45日以内に労働組合や使用者団体は変
更しなければならない。しかし、それをしない場合、労働・職業訓練省は2
回目の通知を行い、その通知を受けた日から30日以内に労働組合・使用者
団体は変更しなければならない(18条)。2回目の通知後も変更しない場合に、
労働・職業訓練省は、労働裁判所[4]に登録の取り消しの訴えを提起すること
ができる(19条)。

　さらに、登録は労働組合・使用者団体が解散した場合には、自動的に取り
消される。

　労働組合・使用者団体の財源は、会費、収益事業からの収入、寄付や資金
援助からなっている(22条)。会費は、労働者の書面による承認をうけて、使
用者が労働者の賃金から控除し、労働組合に支払うチェック・オフ制度が導
入されている(26条)。

　労働組合や使用者団体の財産と、役員や組合員・会員の個人の財産とは区
別しておかなければないのは当然である(23条)。財産や資金を使っての預金、
送金、投資その他の取引は定款(規約)にしたがって行われなければならない
(24条)。もし、それに疑義がある場合、監査機関に監査することを関係当事
者が求める権利を有する(24条)。

4　実際にはまだ労働裁判所は設置されていないが、条文には労働裁判所に関する規定が
　ある。

164　第5章　労使関係の法制度

　労働組合・使用者団体の役員や管理責任者は財産の利用や管理の責任を有する(25条)。会計の記録を保管し、定款(規約)にしたがって会計報告を組合員・会員に行い、その写しを労働・職業訓練省に送付しなければならない(27条)。

　これらの規定は、労働組合および使用者団体の運営の透明性を高めることを目的としている。特に労働組合にとっては会計処理を正確に実施することは困難を伴うので、この規定に批判的であった。

▶▶▶　4　労働組合・使用者団体の解散

　以下の場合に解散ができる。定款(規約)にしたがって解散する場合、企業や事業所が閉鎖されることによって解散される場合、裁判所の決定によって解散する場合の3通りがある(労働組合法28条)。

　会員の過半数以上が解散を裁判所に申したてることができる。裁判所は以下の場合に解散を命じなければならない。活動が定款(規約)に違反している場合、労働組合が使用者から独立しておらず、独立の見込みがない場合、役員が重大な刑事事件をひきおこした場合である(29条)。この三つの要件を裁判所が判断する場合、一定の期間を設けてそれぞれの要件を修正することを認め、それでも修正されない場合に、解散を命じることになる。

　解散の決定が裁判所によって出されても、正式に解散されるまで、役員は責任や義務を免れることはできない。役員は裁判所の決定が出された日から5年間は、新たな労働組合や使用者団体の役員になることはできない(30条)。

　解散になった労働組合や使用者団体の財産は定款(規約)によって処分されるが、定款(規約)に定めがない場合は、総会の決議に基づいて処分される。それもない場合には、他の労働組合や使用者団体、慈善団体などに寄付することができる(31条)。

▶▶▶　5　従業員代表の選出

　従業員代表制度をカンボジアは取り入れており、労働組合によって労働者を代表する制度との2本立てになっている。これは労働組合組織率が低いこと[5]、全ての企業で設立されていないために、労働組合の設立されていない

企業にとっては従業員代表が選ばれてその利害を代表する役割を果たすことができる。

8人以上の労働者を雇用する企業または事業所では、その代表として従業員代表を選出しなければならない。従業員代表を選出する単位となる事業所の数について「最も代表的な労働組合」と企業との間に協定がない場合、単位となる事業所の性質を確定するための紛争が労働裁判所に付託される（労働組合法32条）。

従業員代表の数は、企業または事業所の労働者数によって決められている（40条）。

- 8人から50人の場合：1人の従業員代表と1人の従業員代表補佐
- 51人から100人の場合：2人の従業員代表と2人の従業員代表補佐
- 100人以上の場合：100人増加する毎に、1人の従業員代表と1人の従業員代表補佐を追加していく

投票の実施は使用者の義務とされている。労働者、労働組合、労働監督官からの要望を受けてから15日以内に選挙実施日を決定し、公表しなければならない。実際の投票は要望を受けてから45日以内に実施しなければならない。従業員代表の任期が終わる場合には、任期終了の15日前までに投票を実施しなければならない（35条）。

選挙権者は18歳以上で、企業または事業所に3カ月以上勤務し、投票権をはく奪されたことがない者でなければならない。被選挙権者は、18歳以上、企業または事業所に3カ月以上勤務し、クメール語の読み書きができなければならない。外国人の場合には、これらの条件の他に、移民法によってカンボジアに居住する権利を持たなければならない（38条）。

労働組合が指名する候補者、または企業・事業所で立候補する非組合員の中から従業員代表が選ばれる。労働組合は本法で決まった代表数を超える者を候補者とすることはできない。労働組合が設立されておらず、立候補する非組合員もいない場合、労働・職業訓練省がこの問題を解決しなければなら

---

5 ILOSTATのTrade union density rate（％）を参照すると2016年までの各国の数値が掲載されているが、カンボジアは2012年の9.6％という数字があるのみで、それ以外の年の数値は掲載されていない。その後の組織化活動を考慮しても10％前後であろう。

166 第5章 労使関係の法制度

ない。ということは労働者を説得して立候補させるよう労働・職業訓練省の職員が努力することになる（39条）。

　投票は労働時間内に行われ、従業員代表と従業員代表補佐は区別して投票が実施されなければならない（36条）。投票者数は選挙権者総数の過半数以上でなければならず、それに達しない場合、再度15日以内に投票が行われなければならない（33条）。2回目の投票では定足数はもうけられていない（34条）。投票の結果、得票数が多いものが当選する。得票数が同じ場合には、女性または最も長期間勤務した者が優先されて当選する（33条）。投票の結果は投票日から8日以内に議事録を使用者が作成し、労働・職業訓練省に送付するとともに、その写しを企業または事業所に掲示しなければならない（37条）。

　従業員代表の任務は以下のように定められている（41条）。
- 労働法、労働規則[6]、労働協約、賃金制度の適用について労働者が不満を有する場合、それを使用者に通知すること
- 労働法、労働規則の適用について労働監督官が監督することについての不満を労働監督官に通知すること
- 労働安全衛生に関する規則を監視すること
- 労働者の健康、安全、労働条件の改善、特に労働災害、業務上の疾病について有効な措置を提言すること
- 就業規則案やその改正案について相談を受けて、書面で意見を提出すること
- 企業活動低下による人員整理案や解雇案について相談を受け、書面で意見を提出すること
- 労働組合が設立されていない場合、使用者との間で暫定的な労働協約を締結することができる。その期間は2年を超えることはできない。「最も代表的な労働組合」と使用者との間で労働協約が締結され、その内容が暫定的な労働協約を上回る場合には、暫定的な労働協約は自動的に「最も代表的な労働組合」と使用者の間で締結された労働協約に置き換えられる。

6　労働規則は労働法の下位規範全体の総称として使っている。

従業員代表に労働組合に代わって労働協約を締結する権限を期限付きでは
あるが、認めている点が注目される。

　従業員代表および従業員代表補佐の任期は2年であり、再選は可能である。
死亡、辞任、雇用契約の終了によって任期は終わる。従業員代表が退職した
り、不在の場合は従業員代表補佐が任務を遂行するが、最も多くの票を得た
従業員代表補佐が優先的に任務を遂行することができる(42条)。

　従業員代表やその補佐には特別な保護が認められている。解雇する場合に
は労働監督官の承認がなければならない。任期が終わってから3カ月以内の
解雇、投票の結果落選した候補者にも投票結果公表後3カ月以内の解雇には
労働監督官の承認が必要になっている。従業員代表の地位を喪失させる配転
や異動の計画も、労働監督官の承認が必要となる。

　解雇についての承認を求められた労働監督官は、1カ月以内に決定を下さ
なければならない。その決定の通知がなされない場合は、却下されたものと
される。労働監督官の決定に不服な者は労働・職業訓練大臣に申し立てるこ
とができる。大臣は労働監督官の決定を取り消し、または修正することがで
きる。大臣の決定の通知が2カ月以内になされない場合は、却下されたもの
とみなされる(43条)。

　従業員代表やその補佐の解雇の承認が大臣または労働裁判所によって取り
消される場合、その決定の通知を受けてから2カ月以内に申し立てれば、従
業員代表やその補佐は自己の職務に復帰することができる。任期が残ってい
る間はその職務に復帰できる(44条)。

　労働法上の重大な不履行がある場合、労働監督官の決定が出るまで、暫定
的に使用者は従業員代表やその補佐を休職にすることができる。労働監督官
が承認しない場合は、その休職は無効となる。使用者はその従業員代表や補
佐を復職させなければならない(45条)。

▶▶ 6　労働組合の権利義務

　組合員は一つの組合にしか加入できない。複数の組合に加入することが禁
止されている。すでに加入していても、後になって別の組合に加入した場合
には、後の組合の組合員になるとされている(労働組合法49条)。

168　第5章　労使関係の法制度

　基礎労働組合の役員は使用者の許可を得て、企業または事業所に立ち入ることができる。企業または事業所での通常業務を妨害しない限りは、使用者はこの許可を拒否することはできない（66条）。

　労働組合の役員は組合員の直接投票によって選出され、さらに再選されうる（49条）。労働組合の役員立候補者は労働者代表と同じに解雇からの保護を受ける。当選しなかった立候補者は投票前45日から投票後45日まで解雇からの保護を受ける。立候補者名については労働組合が使用者に通知し、その写しを労働・職業訓練省に提出しなければならない。組合を結成した者やそれに加入した者については、登録申請期間中および登録確認した日から30日までは解雇からの保護を受ける（67条）。登録申請期間中の解雇をなくして労働組合結成を使用者が妨害することをなくす目的のための規定である。さらに、それ以降も、組合の委員長、副委員長、書記長については、その名称を使用者に通知し、解雇からの保護を受けることができる。その通知の写しは労働・職業訓練省にも提出されなければならない。

　重大な違反行為によって解雇された労働組合の役員は、組合役員を辞任し、企業または事業所に立ち入ることはできない。ただし、解雇から60日間は、自分の任務を果たすために企業または事業所に入ることは認められる。その場合、通常の業務を妨害することは許されない（68条）。

▶▶▶　7　使用者の不当労働行為と労働組合の不当労働行為

　使用者は、雇用、役職、昇進、配置、地位、報酬、給付、懲戒処分、手続違反の解雇、契約不更新を含む契約終了について判断する場合、組合への参加や活動を理由に差別的取扱いが禁止されている（労働組合法62条）。

　以下の行為は、使用者の不当労働行為として違法な行為とみなされ、書面による勧告と罰金の対象となる（63条）[7]。

（a）労働組合の結成に、なんらかの方法で干渉すること

（b）労働組合に加入しないこと、労働組合から脱退することを雇用条件とす

7　使用者の組合活動侵害行為の事例はCHEA Sophal, 2016, "Labour Rights and Trade Unions", Hor Peng, Kong Phallack and Jorg Menzel ed., *Cambodian Constitutional Law*, Konrak Adenauer Stiftung Cambodia, p.529参照。

ること

(c) 組合員の担当する業務を外部に委託して、組合結成の権利行使を妨害すること

(d) 労働組合の創設者やその支持者に財政援助をして、組合運営に介入すること

(e) 労働組合加入を奨励、抑制するために、賃金、労働時間、その他の雇用条件に差別的取扱いをすること

(f) 証言、証拠や情報提供する労働者を解雇し、差別的取扱いをすること

(g) 団交義務に違反し、意図的に法律、労働契約、覚書、労働協約に違反し、労働協約の履行を妨害すること

(h) 違法なロックアウトを行うこと

(i) ストライキに参加する労働者に、入口を閉鎖し、脅迫や暴力を加えること

(j) 企業または事業所閉鎖に際し、その義務を果たさないこと

　労働組合は、組合員の加入を、人種、肌の色、性別、信条、宗教、政治的意見、国籍、社会的身分、健康状態によって拒否することは労働組合の不当労働行為とされている(64条)。

　さらに、以下の行為が労働組合の不当労働行為とされている(65条)。違反すれば書面による勧告と罰金を受ける。

(a) 労働者の組合結成を制限し、強制すること。ただし労働組合は、組合員の募集、維持についての規則を定める権利を有する

(b) 組合加入を拒否し、脱退しようとすることを理由に解雇または不利益取り扱いを使用者に行わせること

(c) 「最も代表的な労働組合」との誠実交渉義務に違反すること

(d) 使用者が業務を行わないことに、組合が金銭や対価の支払いを強制すること、組合が交渉ごとに金銭の支払いを使用者に求めることを含む

(e) 法律、労働契約、合意文書、労働協約、規則に違反すること、交渉を妨害し、労働協約の実施を妨害すること

(f) 純粋な政治的目的や個人的野心を持って暴力行為を扇動すること

(g) 企業または事業所の入り口を閉鎖して、ストライキの不参加者に仕事を

170　第5章　労使関係の法制度

　　しないよう脅迫や、暴力的に妨害行為をし、公道を封鎖すること
（h）手続違反のストライキやデモを指導すること
（i）個人財産、集団財産、公的財産を破壊すること

▶▶▶ 8　最も代表的な労働組合

　カンボジアでは企業や事業所に複数組合が併存している状況にある。そこでどの組合と使用者は団体交渉するのかという問題がある。そのために「最も代表的な労働組合」が排他的交渉権を有することを認める制度を導入した（労働組合法54条）。

　「最も代表的な労働組合」になるための要件は以下に定められている。
（a）適法に登録されていること
（b）組合員に専門的、文化的知識、教育を提供できるプログラムや活動内容を持っていること
（c）正式な身分証を持つ最も多くの組合員についての名簿を持ち、企業または事業所で最大の得票数を得ていること
　　－労働組合が一つしかない場合、全労働者の30％以上を組合員としていること
　　－労働組合が二つ以上ある場合、他の組合からの支持を含め、30％以上の支持を得ていること
　　－30％以上の支持を得た労働組合がない場合、企業または事業所で全労働者の投票によって30％以上の得票を得ること

　「最も代表的な労働組合」を特定の職種、経済活動や部門ごとに設けることができる制度になっている（55条）。特定の職種、経済活動や部門で最も多くの組合員を持っているという要件を満たせば、「最も代表的な労働組合」としての地位を得ることができ、その職種、経済活動や部門での排他的交渉権を有し、労働協約を締結したり、集団紛争の解決に乗り出すことができる。

　この「最も代表的な労働組合」の地位は労働・職業訓練省に申請して、決定をあおぐ必要がある。申請を受理して30日以内に決定されなければならない。大臣は必要と判断すれば、決定に必要な審査を行うことができる。要件を欠いていると大臣が判断すれば、「最も代表的労働組合」の地位を停止し、

または取り消すことができる(57条)。

　そのために使用者は申請する際に審査ができるように、労働者の名前、労働契約の状況、職種ごとの労働者の名簿を保管し、月次ごとに更新しておかなければならない(52条)。

　「最も代表的な労働組合」の地位は2年間有効であるが、2年経過後、その地位を認めることに異議がある場合、大臣に申し立てることができる。そのために労働・職業訓練省は「最も代表的な労働組合」の記録を保管し、12カ月ごとにその名簿を公表することに協力しなければならない(60条)。以下の場合にその地位を消失する。

(a) 58条の義務(「最も代表的な労働組合」の義務)に日常的に違反していると大臣によって認定される場合

(b) 労働組合の登録が取り消された場合

(c) 労働組合が解散した場合

(d) 「最も代表的な労働組合」の地位を失ったとする明らかな証拠がある場合

　「最も代表的な労働組合」の権利義務は以下のとおりである(58条)。

(a) 労働条件、労働安全、衛生その他の労働条件について使用者と誠実に団体交渉して労働協約を締結すること

(b) 労働協約をめぐる紛争で、自己の組合員でない労働者を誠実に代表すること

(c) 新たに組合員が加入する際に差別しないこと

(d) 労働法の定めによって設けられる機関に多くの議席を割り当てること

　「最も代表的な労働組合」になれない少数組合が存在するが、その少数組合の権利義務も以下のように定めている(59条)。これらの役割は「最も代表的な労働組合」も果たすことができる。

(a) 法律知識や専門知識についての訓練を提供すること

(b) 組合員に法的および実務的助言を提供すること

(c) 個別紛争において、自己の組合員を代表すること

(d) 職場において協力に関する仕組みに参加すること

(e) 労働市場についての協議に参加すること

(f) 組合員資格についての情報を提供すること

172　第5章　労使関係の法制度

(g) 組合員の生活水準向上のために販売店、食堂、医療介護等の協同組合を設立すること

(h) 失業した組合員に給付を提供するために管理者としての役割を果たすこと

　この「最も代表的な労働組合」の制度はアメリカの交渉代表制の発想が取り入れられている。一つの法案(Draft Law on Enterprise Unions, Revised September 4, 2014)では過半数を超える組合員数を要件としていたが、成立した法律では30％以上になっている。これは組合組織化の現状を配慮した結果ではないかと思われる。

▶▶▶　9　団体交渉

　使用者と団体交渉する際に、労働者を代表する者が必要になる。「最も代表的な労働組合」は、排他的交渉権限を認められている。したがって少数組合は、「最も代表的な労働組合」が締結した労働協約がカバーする事項について再交渉したり、それの変更を試みたりすることはできない。なぜならば、「最も代表的な労働組合」が締結した労働協約はその「最も代表的な労働組合」が属する企業や事業所の労働者全てを拘束するからである。この場合、どの組合にも所属していない労働者はただ乗りすることになる。その労働者に何らかの負担を負わすことが必要になる。それが何なのか不明である。

　「最も代表的な労働組合」は交渉のために組合代表を指名することができる。組合代表は労働組合法38条の選挙権や被選挙権の資格を有する必要がある。組合代表は使用者と交渉し、労働協約を締結して署名を行う権限を有する。この地位は2年間有効である(50条)。

　労働組合は一つしかない場合には、その組合が組合代表を指名することができる。それは38条の選挙権や被選挙権の資格を有する必要がある。使用者と誠実に団交して労働協約を締結して署名する権限を有する。任期は2年間であり、再任されうる(50条)。

　使用者および使用者団体も労働組合およびその代表と誠実に交渉する義務を負う。この誠実交渉義務は労働組合が取り上げた提案を認める義務までは意味していない。交渉によって合意に至った内容を労働協約として締結する

ことを意味する。そのための情報交換や労働組合に施設を提供することも誠実義務の内容となっている(53条)。

団体交渉の当事者は、組合員の書面による委任状や交渉権限の代理に基づいて交渉する権限が与えられる(71条)。

「最も代表的な労働組合」でない組合と使用者との間で労働協約が締結される場合であっても、組合と使用者による交渉協議会があらゆる交渉レベルにおいて全ての労働者と使用者のために代表する権限を有する(72条)。これは「最も代表的な労働組合」と使用者との間で交渉し、その結果労働協約が締結されれば、全ての労働者に効力が及ぶことを述べている。

▶▶▶ 10 労働協約

労働協約は労働者の労働条件を規定し、使用者と労働者や労働組合との関係、労働組合と使用者団体との関係を規制することを目的としている(労働組合法69条)。

労働協約は、適用範囲を特定しなければならない。

地理的範囲として、事業所レベル、企業レベル、州または市レベル、全国レベルの4種類を定める。職業単位として、特定の一つの職業、複数の職業の複合または類似の職業、経済活動単位や経済活動の特定部門単位、複数の経済活動や経済活動の中に部門単位の区別を定めることができる。さらに航空または運輸の部門単位を定めることができる。

労働協約の規定は、法令に定める規定より労働者に有益でなければならない。それは公共の秩序や法令に違反してはならない。法令、就業規則に違反する労使の要求は団体交渉の過程で処理されなければならない(69条)。

労働協約は労働・職業訓練省に登録されなければならない。登録された翌日から有効となる。しかし、労働協約締結の日から登録が認められるまでに時差があるので、労働協約で暫定的に適用するという規定がある場合には、締結された日から有効とすることができる。労働・職業訓練省は、登録された労働協約の一覧表を1年毎に公表することに協力することができる(73条)。登録するかどうかの判断が労働・職業訓練省でなされ、問題がある場合には労働協約の修正が必要になるものと思われる。

174　第5章　労使関係の法制度

　労働協約には期間の定めのある場合と定めのない場合とがある。期間の定めのある場合、3年までとする。一方当事者が、この期間が終了する3カ月前に労働協約の終了や修正を申し込まない限り、従前と同じ期間の労働協約が継続することになる。

　期間の定めのない場合、いつでも労働協約の撤回を申し出ることができる。ただし、申し出が受理された日から1年間は有効であり、その後労働協約は撤回されることになる。撤回の通知がなされても、署名をした他の当事者間で労働協約を維持することを妨げるものではない(70条)。

　労働協約に定める事項として、紛争処理手続、最低限維持される重要な業務やそれに関連する業務(保安業務)、公共の秩序を守るための業務が定められている(74条)。紛争処理に関する手続を定め、いわゆる平和条項を労働協約に定めることを求めている。さらに、最低限維持されるべき重要な保安業務や公共の秩序を維持するために必要な保安業務をあらかじめ定めておくことを求めている(74条)。

▶▶▶　11　労働組合および使用者団体間の紛争処理

　複数労働組合間の紛争は国の労働諮問会議で和解や相互理解によって解決されなければならない。使用者団体間の紛争も、組合や全国組合協議会と使用者団体との間の紛争と同様に最大の努力によって議論をして解決されなければならない。その際には最低限不可欠な保安業務や公共の秩序を守るための保安業務を確保しておく必要がある(労働組合法75条)。

▶▶▶　12　労働争議解決機関

　労使紛争は個別紛争と集団紛争に分けられている。労働紛争調整手続の概要については図表5-1に示した通りである。以下は労働法で規定されている労働紛争解決機関について述べる。

　個別紛争は、使用者と1人またはそれ以上の労働者(徒弟を含む)との間の労働契約や労働協約、効力を有する法律および規則の解釈運用をめぐる紛争と定義されている(労働法300条)。集団紛争は、1人またはそれ以上の使用者と複数の労働者との間で生じる労働条件、組合の権利行使、組合の承認、労

図表 5-1　労働紛争調整手続の概要

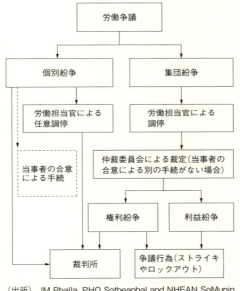

(出所)　IM Phalla, PHO Sotheaphal and NHEAN SoMunin, *Employment in Cambodia-A Legal & Practical Guidebook*, p.62.

使関係に関する紛争であって、企業の効果的な経営や社会的平和を危うくする紛争と定義されている(302条)。それぞれの紛争で処理システムが異なっている。個別紛争か集団紛争かの区分けがなされるのは労働・職業訓練省の労働監督部である。両者の区別はかならずしも明確ではない。個別紛争であっても、それが労働組合によって取り上げられれば集団紛争に転化するからである[8]。労働組合が結成され、その組合員になっている場合には、一つの紛争が個別紛争にも集団紛争にもなりうるということである。労働組合もなく、労働者の集団もなく、個々の労働者が紛争を申し立てる場合には、個別紛争しかないことになる。

8　Y, Samphy, 2008, "Arbitration of Individual Versus Collective Labour Disputes：A Critique for the Better",(Master's Thesis of Nagoya University, Graduate School of Law), p.4,(unpublished paper).

(1) 個別紛争処理

個別紛争では、労働監督官に一方当事者が調停を申請することができる。申し立てを受理した労働監督官は、3週間内に両当事者から意見を聴取して、当事者間の調停を試みなければならない。それで合意に達すれば法的拘束力を有する。調停が不調に終われば、2カ月以内に裁判所に訴訟を提起することができる。それを過ぎると訴訟は却下される[9]。

労働監督官は、調停の結果を報告書に記載し、それには労働監督官と当事者の署名がなされなければならない（301条）。

個別紛争は裁判所で処理されるが、既述の通り労働裁判所は2019年1月現在設置されておらず、一般の裁判所で処理されている。今後は労働裁判所やそこでの手続を定めた法律を制定する計画はあるが、まだ実現していない。

さらに個別紛争を処理するための法案を作成中である。個別紛争を仲裁委員会の裁定で処理する案がでており、仲裁で解決しない場合に裁判所で処理するという構想である。2017年11月から始まった国会に提出予定であったが、断念したという報道があった[10]。個別紛争を仲裁委員会で扱えば事件数が増加することが予想されるが、現行の委員数で対応できるのか、さらに労働事件を専門に扱う労働裁判所の設置が構想されているが、まだ具体化していないという問題を抱えている。しかし、今後個別紛争の処理をめぐる法案が提出される可能性があろう。

(2) 集団紛争処理

集団紛争の場合、調停と仲裁の2段階の紛争処理が用意されている[11]。必ず調停手続を経なければならないという調停前置主義が採用されている。次の仲裁手続に入った後でも調停手続に入ることが奨励されている。

9　Prakas No.318 dated 20 November, 2001, on Procedure for Settlement of Individual Disputes.

10　"Labour Ministry says it will scrap clauses from law", *The Phnom Penh Post*, 19 October, 2017.

(a) 調停手続

まず、両当事者は労働監督官に紛争発生を通知しなければならない。通知がなくても労働監督官が紛争を認識したときに調停手続に入る(303条)。通知を受けて48時間以内に労働・職業訓練大臣は、調停員を任命しなければならない(304条)。任命から15日以内に調停を実施しなければならない(305条)。この期間は当事者の合意によって延長することができる。

調停の結果、合意ができれば、それは文書化され、両当事者の署名、調停員の署名によって、労働協約と同じ効果を持つ(307条)。調停が不調に終わった場合、調停員は争点と記録した報告書を作成し、調停終了後48時間以内に労働・職業訓練省に送付されなければならない(308条)。

調停が不調に終わった場合、労働協約における仲裁手続、全ての当事者が合意する手続、または労働法上の仲裁手続に入らなければならない(309条)。

(b) 仲裁手続

調停員からの報告を受けた労働・職業訓練大臣は、3日以内に仲裁委員会に付託しなければならない。事件を受理した仲裁委員会は3日以内に手続を開始しなければならない(310条)。仲裁委員会による集団紛争処理手続の概要については次のページの図表5-2に示した通りである。

仲裁委員会は、調停不調の際の報告書に記載された論点や報告書作成以後に生じた紛争について調査する義務を負う。労働法規、労働協約の解釈運用についての法的判断を行う。企業経営の状況や労働者の社会的状況を調査する権限も有する。そのために必要な情報、会計、財務等について提出を求める権利を有する。それらを解明するために、専門家の支援を求めることもできる。

具体的な紛争については政労使それぞれ1名、合計3名の仲裁委員からなる小委員会(arbitration panel)(以下、仲裁パネル)で取り扱われる。まず使用者は使用者リストから選び、労働者は労働者リストから選ぶ。その選ばれた2

---

11 Prakas No.317 dated 20 November 2001, on Procedure for Settlement of Collective Labour Disputes、労働争議解決についての解説書としてDaniel Adler, Susie Brown, Lee U Meng and Hugo van Noord ed., 2010, *The Arbitration Council and the Process for Labour Dispute Resolution in Cambodia*, Third edition, Arbitration Council Foundation参照。

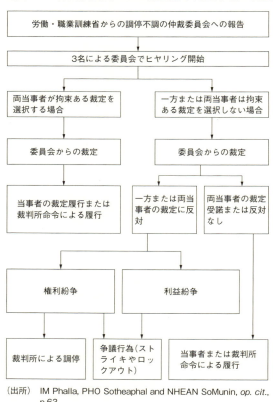

図表5-2 仲裁委員会による集団紛争処理手続の概要

（出所）　IM Phalla, PHO Sotheaphal and NHEAN SoMunin, *op. cit.*, p.63.

名は政府リストからもう1名を選ぶ。その選任に合意が得られない場合は、籤で決める。この3名の仲裁委員が相互にまたは紛争当事者との間に利害関係があって独立性や中立性に疑問がある場合には、辞退しなければならない（労働組合法99条）。仲裁委員がその職務を果たせない事情が生じた場合は、代理の仲裁委員を選任しなければならない（省令17条 Prakas No.099 dated 21 April 2004, on Arbitration Council）。

　仲裁委員に選ばれた者は3日以内に会合を開くことが求められているが、電話での会合も認められている。そこで当事者との会合の日時や場所を決定

し、事務局に連絡する。事務局は仲裁パネルに出席する日時や場所を当事者に通知する。当事者から聞き取りを行わなければならないが、弁護士や当事者から文書で委任を受けた者が代理をすることも可能である。仲裁パネルは当事者に、解決に必要な情報やそれらの文書を提供することを求める。提出された情報は全て、両当事者に伝えられる。必要であれば証人を呼び、証言をさせることもできる。仲裁手続はクメール語で行われ、クメール語を話せない場合は通訳をつける必要がある（省令23条）。仲裁手続は当事者の合意がない限り、非公開である（省令29条）。

　仲裁パネルは、仲裁を開始する前に、両当事者に「拘束力のある裁定」と「拘束力のない裁定」のどちらかの選択を求める。途中で、それを変更することも認められている。どちらを選ぶかによって効力が異なっている。

　両当事者が拘束力のある裁定を希望する場合には、裁定が出されればそれで最終的解決となり、拘束力を持ち、両当事者はそれを履行しなければならない（省令41条）。事前に労働協約で裁定には反対しないことが合意されていれば、裁定は最終的解決となって、拘束力を有する（省令42条）。

　拘束力を持たない裁定を両当事者が希望する場合、出された裁定をみて、通知を受けてから8日以内に反対しなければ、裁定は拘束力を持つ。反対する場合には、登録されたメールまたは口頭で当事者が事務局に反対することを述べて、さらに大臣に反対の意見書を提出する（労働法313条、省令40条）。この場合、裁定内容は強行されず、紛争が権利紛争のときには裁判所に付託されるか、または労働争議（ストライキやロックアウト）に入っていく。利益紛争のときには裁判所にいくことはできず、労働争議に入ってストライキかロックアウトが行われる。しかし、当事者が裁定に代わって団体交渉の合意によって新しく労働協約を締結できなければ、1年間は裁定の拘束力を残すことを認めている（省令43条）。これは裁定が出されてから1年間の間に、団体交渉して新しく労働協約を締結することを促している。

　裁定による救済は正当かつ公平とみなされる民事上の救済を与えることができる。その実例として、以下が省令に記載されている（省令34条）。

・解雇された従業員に原職またはその他の適切な職に復帰を命じる。
・バックペイの支払を命じる。

180　第5章　労使関係の法制度

・一方当事者が実施する争議行為の即時停止を命じる。

・報復行為だけでなく、違法行為または禁止された行為の即時停止を命じる。

・団体交渉を命じる。

・省令30条[12]による処理に従うよう命じる。

・労働協約に期間を設ける。

・それ以外の適切な救済を命じる。

　救済の内容は全員一致で決められるべきであるが、それができない場合、多数決で決することができる（省令36条）。裁定には3名の委員が署名をし、もし反対の委員がいた場合には、その旨を裁定の添付資料に記載しておかなければならない（省令37条）。裁定が出されると，直ちに当事者に通知されなければならない（労働法313条）。事務局が両当事者に裁定の写しを送付することになる（仲裁委員会手続規則5-3）。

　裁定は拘束力を有すると、労働監督官がその履行を支援する（省令35条）。一方当事者が拘束力のある裁定の履行を拒否する場合、他方の当事者が裁判所に裁定の履行を求めることができる（省令46条）。以下の場合には裁定の履行を避けることができる（省令47条）。

　①その当事者が仲裁委員の選択に十分かかわっていない場合や、手続を知らされていない場合、または意見を十分述べる機会が与えられていない場合、②裁定までの手続が法律や省令に従っていない場合、③仲裁委員会が、労働法や省令によって認められた権限を越えて裁定を下した場合である。

　仲裁の期間中であっても、別途当事者が話し合って和解をすることは可能であり、和解で合意された内容は、仲裁による裁定に基づくものとみなされる（省令30条）。

　当事者が期間延長に合意しない限り、仲裁委員会は受理してから15日以内に裁定を出さなければならない。その結果を労働大臣に報告しなければならない。拘束力のある裁定は、労働監督官のいる事務所に掲示される。さらに利益紛争の裁定は労働・職業訓練省に労働協約と同じ方法で登録されなければならない。

12　仲裁委員会が最後にもう1回両当事者を呼び出して解決を試みる場合には、それに応じることを求めている。

以上のことから、カンボジアの労使紛争解決手続の特徴を整理すれば以下のようになろう。

①調停と仲裁の2種類の手続があり、調停を必ず経なければならない調停前置主義を採用している。

②政労使三者による紛争処理方式を採用し、後で述べるように、腐敗に陥らないように、労働・職業訓練省とは一線を画して、独立性や公平性を重視する仲裁委員会を設置している。

③仲裁には「拘束力のある裁定」と「拘束力のない裁定」のどちらかを選択できる仕組みを導入している。一般には任意仲裁の場合には、「拘束力のある裁定」しか存在しないが、「拘束力のない裁定」を認めて、裁定の内容いかんによって判断する余地を残している。これがカンボジアで仲裁を利用しやすい根拠になっている。

④カンボジアでは、強制仲裁制度は導入されていない。緊急事態の場合でも、それで解決することができるという制度は採用されていない。

⑤裁定内容は公開され、だれでもそれにアクセスできる。しかも、後で述べるように、クメール語だけでなく英語でも公開され、カンボジアに企業進出をした外資系企業にもアクセスしやすくなっている。

⑥後で述べるように、ストライキやロックアウトに至るまでに調停や仲裁手続を経る必要があり、ストライキやロックアウトへの抑制となっている。

(3) 仲裁委員会

　労使紛争の中で集団紛争を解決する方法として1997年労働法では、労働監督官の調停、仲裁委員会、労働裁判所が設けられると規定されている。労働裁判所はまだ設置されていないが、仲裁委員会は、ILOによって裁判外紛争処理（ADR）として技術援助（ILO-Labor Dispute Resolution Project）を受けた。この仲裁委員会の仲裁がカンボジアでの労使紛争処理の役割を果たし、よく機能しているという評価を得ている[13]。

　ポル・ポト政権時代に知識人が多く殺され、ポル・ポト政権が崩壊した時

13　木村光豪（2014）「カンボジアにおける代替的紛争解決─仲裁評議会による労働紛争の解決」『関西大学法學論集』63巻5号186～230ページ参照。

には法曹資格を有する者は10人を切っていたといわれている。それから40年近くたって、海外からの法整備支援を受けて法曹資格を有する者が増えてきた。問題は質の確保である。カンボジアでは、官庁・警察・軍隊が腐敗によって不公正な行政が行われてきたし、さらに裁判所が腐敗していて、金銭を多く支払った側に有利な判決を出す事例が見られる。

　カンボジアでは、2009年11月施行の刑法によって公務員への贈収賄、裁判官や検察官への贈収賄、民間企業の従業員への贈収賄が罰則の対象となっているが、さらに2010年4月から汚職防止法が施行されている。しかし、トランスペアレンシー・インターナショナルが公表している公務員と政治家がどの程度腐敗しているかを示す腐敗認識指数の2017年版をみると、180カ国の中でカンボジアは161位ときわめて低いランクにいる[14]。世界正義プロジェクト（The World Justice Project, WJP）の法の支配についての報告書2017-2018年版によると、汚職度は1点満点中0.32で、113カ国の中で112位という低いランクにいる[15]。裁判官や公務員の給与が低く、兼職をしないと生活を維持できないという状況にあることや、汚職を容認する社会的風土があることが要因として指摘されている。

　そこで、ILOは公正で透明性の高い労使紛争処理を実現するために、政府から独立した機関を設けることを提案した。それが仲裁委員会として2003年に設立された。仲裁委員会の運営の費用は、ILO、EU、アメリカ労働省、アメリカ国務省、アメリカ国際開発庁（USAID）、世界銀行、ニュージーランド国際援助開発庁、アジア財団、オーストラリア海外援助庁、オーストラリア国際ボランティア、アジア基金、スイス開発協力庁、リーヴァイ・ストラウス基金、国際連合工業開発機関（United Nations Industrial Development Organization：UNIDO）、Gap社などの多様な機関からの援助を受けた。運営は設立直後はNGOであるCommunity Legal Education Centerに委託していたが、2005年に仲裁委員会基金（Arbitration Council Foundation）を設置して、仲

14　グローバル・ノートのウェブサイト（腐敗認識指数 国別ランキング・推移）参照。
　（https://www.globalnote.jp/post-3913.html）
15　World Justice Project, WJP Rule of Law Index 2017-2018.
　（https://worldjusticeproject.org/sites/default/files/documents/WJP-ROLI-2018-June-Online-Edition_0.pdf）

裁委員会の活動を支援している。これは内務省の許可を得たNGOとして設立されたが、労働・職業訓練省と切り離して独立性を担保するためである。既述の通り透明性を高めるために、裁定内容をクメール語と英語で公開している。最初は冊子を印刷していたが、現在はそれだけでなく、インターネットで公開している。クメール語だけでなく英語でも公表しているので、外国人にもアクセスしやすくなっている。裁定には事件の事実関係、裁定に至った理由や根拠規定が示されていて、将来類似する事件が発生した場合の先例となるように工夫されている。

　仲裁委員会の独立性を維持できるポイントは委員の資質である。独立性、公平性を担保するのは委員自体の取組にかかっているからである。そこで委員の選任には非常に留意しており、委員は政労使三者から、それぞれ10名ずつ選出されているが、その選任条件は省令(Prakas No.99 dated 21 April, 2004 on the Arbitration Council)で定められている。

　委員に共通の条件として、25歳以上であること、高い道徳心を持っていること、少なくとも3年以上関連する仕事の経験を有することが挙げられている(省令6条)。高い道徳心とは腐敗とはかかわりを持たず、清廉潔白な資質を有することである。11条には、委員は完全に独立性を有して、任務を果たすことが求められ、だれも仲裁委員会やその委員に紛争処理に関して指示を出してはならないとされている。そのために仲裁委員会の会長という職は設けられていない。15名の委員は対等という前提に立っている。国籍による差別を禁止しており、外国人が委員に選ばれる可能性を認めている。その外国人がクメール語を理解できない場合には通訳をつけ、その外国人を推薦した母体が費用を負担することまで定めている(省令49条)。

　政府側の委員は労働・職業訓練省によって任命されるが、法学士またはそれに相当する法律上の資格を有し、労働法についての知識を有していることが条件となっている。ただし、労働・職業訓練省の職員は委員にはなれない。そこで弁護士や大学教授、学識経験者から選ばれている。フランス、アメリカ、日本への留学経験者が多い。したがって政府側の任命する委員は、日本の労働委員会の公益代表に近い状況になっていると思われる。労働法の定めでは裁判官も委員になれるが、実際には裁判官や裁判官を退職した者は任命

されていない。これは司法部の腐敗のための不信感の表れと理解することができる。

　労使側の委員は労働諮問委員会の労使委員によって、労働法の知識を有し、少なくとも1年以上労働問題や紛争処理の経験を有しているという条件を満たす者の中から任命される。ただし、過去1年間に使用者団体の役員であった企業の経営者や管理者はなれないし、過去1年間に労働組合の役員であった者も委員にはなれない。この労働諮問委員会は1997年労働法によって労働・職業訓練省に設置され、雇用、賃金、職業訓練、安全衛生など労働政策にかかわる問題についての提言を行う役割を担っている（351条〜358条）。

　使用者側の委員には弁護士、労働問題のコンサルタント、労働・職業訓練省以外の省の職員経験者、労働者側の委員には弁護士、人権関係のNGOの職員が含まれている。委員になれる条件に制限がつけられているために、現職の企業経営者とか組合役員が委員になることができない。この点は日本の労働委員会の労使側の委員とは根本的に異なっている。その結果、政労使三者の委員は弁護士が最も多くなっている。官庁の職員であった者も含まれているが、それらは退職者である。労働者側の委員の中に、人権関係のNGOの職員と組合役員経験者が含まれているのが注目される。労使の委員ともアメリカ、フランス、オーストラリア、ベルギー、ロシア、日本への留学経験者が含まれている[16]。

　委員の任期は1年で再任は可能である。死亡、辞任や職務を果たすことができない状態に至った場合や、刑事責任を追及され有罪判決を受けた場合は、委員にはなれない。委員に選ばれれば、仲裁のための訓練プログラムを受ける。委員は本来の自分の仕事を持ち、パートタイマーとして勤務することになる。報酬は1件担当するごとに固定額を受け取る。委員設置当初は、30ドル、2004年から100ドル、2008年から120ドル、調査時点（2017年9月）には150ドルになっている。

　さらに事務局が不可欠であり、事務局は事件を受理して委員の仕事をサ

16　Arbitration Council ed., *Biographies of Members*, May 2006 & 2010.
　（https://www.arbitrationcouncil.org/uploads/e27ec-arbitration-biography-english.pdf）

ポートする事務処理を担当している。その職員は労働・職業訓練省の外局の公務員である。省の介入を受けないで独立性を維持し、仲裁作業を効率よく公平に行えるよう配慮する必要がある。事務局予算は省から受けることはなく、独立した基金で運用している。職員の給与、訓練費用などは基金から支払われている。この基金の費用が海外の援助で賄われているが、いつまでそれが続くのかが問題である。紛争当事者は無料で仲裁の申請を行うことができる仕組みを維持するためには予算の確保が今後必要になってこよう[17]。

▶▶▶ 13 ストライキとロックアウト

（1）ストライキに関する規定

　ストライキは、「労働者の団体が、使用者への要求を実現する目的のために、労務提供を再開することを条件として、企業または事業所において労務の提供を拒否することを指す」（労働法318条）と定義されている。これはストライキの主体を「労働者の団体」としており、労働組合だけでなく労働争議団も含まれることになる。ストライキは労働契約を切断することではなく、労務提供義務の一時的な不提供を意味し、ストライキが終了すれば復職したものとみなされ（332条2項）、労務提供義務が復活することを前提としている。ストライキの目的として、「労働者の経済的および社会職業上の利益を保護すること」が追加になっている（320条3項）。

　ストライキ権は、紛争解決のためのあらゆる手続、例えば団体交渉で解決せず、仲裁手続によっても合意できないときに実施することが認められている（320条）。さらに、紛争解決のための仲裁手続に付託することを拒否された場合にもストライキ権行使が認められる（319条）。しかし、労働協約や仲裁裁定が有効な期間のストライキはできないという平和義務が定められている（321条）。

　ストライキを実施するためには、組合員による秘密投票で承認を得ること、使用者および労働・職業訓練省に7日以上（生命、安全、健康に危害を加える業

17　Hugo van Noord, Hans S. Hwang and Kate Bugeja, 2011, *Cambodia's Arbitration Council : Institution-building in a developing country*, ILO Regional Office for Asia and the Pacific.

務の場合は15日以上)前に通知をすることが組合に義務づけられている(324条、327条)。さらにストライキは平和的に実施されなければならない。したがってストライキ中の暴力行為は禁止される(330条)。暴力行為は重大な企業秩序違反行為となって懲戒処分の対象となる。

ストライキ実施の手続や平和的ストライキに違反すると違法なストライキとなる(336条)。ストライキが違法かどうかは裁判所の判断にゆだねられている。裁判所によって違法と判断されれば、労働者は判決後48時間以内に職場復帰しなければならない。もし復帰しなければ、重大な企業秩序違反行為があったものとみなされ、懲戒解雇を含む懲戒処分の対象となる(337条)。

さらにストライキの事前通告中に、施設設備や機材を維持するために保安要員をどう確保するかについて紛争当事者は会議に出席することが義務づけられている(326条)。当事者間で合意に至った場合は、それに基づき保安要員を確保することが必要になる。もし合意に至らない場合のために、労働・職業訓練省が省令で最低限施設を保護するための最低限業務の範囲を定めなければならない。さらに、生命、安全、健康を脅かし、危険性を与える業務はストライキ中でも実施されなければならない。これは必要不可欠な業務としてストライキ中でも欠かすことができない業務となっている(327条)。どの業務が必要不可欠かについてはストライキを実施する労働組合が意見を述べる機会が与えられなければならない(328条1項)。事前に話し合いで保安要員に必要な業務範囲を労働協約で決めておくことも可能である。労働協約によって保安要員とされた者はストライキ中であっても、その業務に従事しなければならない。保安要員とされた者がそれを行わない場合は重大な企業秩序違反行為とみなされ(328条2項)、懲戒処分の対象となる。

ストライキ中には、それが合法であるか違法であるかを問わず、労働者は賃金を受ける権利を持たない(332条1項)。したがって使用者側に賃金支払義務は生じない。ところが、ストライキを終了させ労働者が職場に復帰することを確保するために話し合いの結果、スト中の賃金を支払っているのが実態であるという報告がなされている[18]。ストライキ終了後、縫製の納期に間に合わせるために、労働者に職場復帰して働いてもらわなければならないために、ストライキ期間中の賃金を払っているという[19]。最低賃金水準の手取り

のため貯金のない労働者にとって賃金カットを受けることは苦痛である。そこでスト解決金として賃金を払った方が労働者の労働意欲を刺激するからである。この点は、法律とは違った運用がなされている。日本でも終戦後の貧しい時代に、スト中の賃金に相当する額が支払われたいたことがあり、カンボジアの取り扱いは不思議ではない。

　使用者は、ストライキ参加を理由に労働者に懲戒処分を科すことはできず、もしその懲戒処分がなされても無効となる（333条）と同時に、使用者は61日以上90日以下の日給相当額の罰金、または6日以上1カ月以下の禁固刑を科せられる（369条）。

　ストライキ中、使用者は新規に労働者を雇用することは、事業維持に必要な場合を除いて禁止されている（334条）。つまり、スト破りを雇用することが禁止されている。

　ストライキに参加しない労働者に、労働組合が強制や脅迫によってストライキ参加をさせることが禁止されている（331条）。非組合員の場合には、ストライキ参加を強制されない。ピケッティングによって組合が非組合員に、ストライキに協力することを平和的に説得することができるが、脅迫や強制を用いてはならないということである。これに対して、労働組合員の場合は、ストライキ決議に拘束されてストライキに参加しなければならならない。もし参加しなければ組合から処分を受ける。

　ストライキとともにデモンストレーションが行われる場合があるが、このデモは平和的なデモに限って認められている。その根拠規定は1991年デモンストレーション法（Law on Demonstration）に基づいている。デモは工場の出入り口を閉鎖する役割を担っている。ピケッティングと言い換えてもいいであろう。

18　Megan Reeve and Hun Chenda, 2015, *Study on Labour Disputation and Use of Strikes in the Cambodian Garment and Footwear Industry*, Arbitration Council Foundation, July 2015, p.17.

19　Oka Chikako, 2016, "Improving Working Conditions in Garment Supply Chains : The Role of Unions in Cambodia," in *British Journal of Industrial Relations*, Vol.54, Issues3, pp.647-672.

(2) ロックアウトに関する規定

ロックアウトは、「労働争議中に、使用者によってなされる企業または事業所の全部または一部の閉鎖を指す」(318条)と定義されている。これはロックアウトを使用者からの労務受領拒否と見ていることを意味している。

職場から労働者を締め出すロックアウトは、ストライキに関する規定が適用される。違法なロックアウトがなされた場合、使用者は労働者にロックアウト期間中の賃金や損害賠償を支払わなければならない(335条)。第三者にあたる顧客や消費者から期日までに商品が配達されなかったことで損害が発生した場合、使用者はその責任を負わなければならない[20]。

ロックアウトは実施の7日以前に企業や事業所の労働者や労働・職業訓練省に事前通告されなければならない。生命、安全、健康に危害を加える可能性のある必要不可欠な業務を含むロックアウトの場合には、15日以上の事前通告が求められている。ロックアウトが終了すれば、労働者は労務提供する義務が復活するので、出勤しなければならない。

▶▶▶ **14 罰則**

労働組合法が規定する罰則には2種類あって、書面による勧告と罰金である。書面による勧告に従わない場合に、罰金が科せられる。禁固刑は定められていない。ただし、刑法にふれる行為がなされた場合には、禁固刑が科される可能性がある(労働組合法95条)。

会計記録を保管しない場合(78条)、労働組合や使用者団体を結成する権利、加入する権利、加入しない権利、役員に応募する自由の妨害行為(79条)、未登録のままの労働組合や使用者団体の活動(80条)、定款や規約に定めた活動の範囲を超えた活動(81条)、投票実施義務違反や投票結果の議事録作成義務違反(82条)、労働組合代表や「最も代表的な組合」の代表を騙って活動すること(83条)、誠実交渉義務に違反する行為(84条)、「最も代表的な労働組合」を示す労働者名簿不保管(85条)、少数組合の義務違反(86条)、適法なストライキ妨害行為(87条)、証言供述する労働者を解雇する行為(88条)、ストライキ

---

20 IM Phalla, PHO Sotheaphal and NHEAN Somunin, 2014, *Employment in Cambodia*, p.57.

参加強制行為(89条)、団体交渉妨害行為(90条)、労働協約違反行為(91条)、労働裁判所によって違法とされるストライキの指導者(92条)、労働裁判所によって違法と判断されるロックアウトを行う使用者および使用者団体(93条、94条)が罰則の対象行為として定められている。

▶▶▶ 15　ILOでの労働組合法の審査

　国内法令およびその施行が国際労働基準に適合しているかを確認するILO内の手続として、条約勧告適用専門家委員会での書面審査と、さらにそのうえでの総会基準適用委員会で審査するという二重の審査構造が設けられている。政府の回答とそれに対する労働組合や使用者団体の意見が審査の対象となる。カンボジアはたびたび審査を受けてきた。2007年、2010年、2011年、2012年、2016年に審査を受け、さらに2017年も審査を受けた。

　2016年カンボジアで労働組合法の制定過程で、その内容に問題があるのではないかという指摘が労働組合からなされてきた。そこで労働組合法やその施行に問題があることを指摘する文書が2017年に労働組合から条約勧告適用専門家委員会に提出された。

　例えば、カンボジア労働総連合(Cambodia Labor Confederation：CLC)から提出された文書によると、7つの問題点を指摘している。

①2004年暗殺されたChea Vicheaの真相究明が進んでいないこと[21]

②短期労働契約の終了によって組合役員の労働契約が打ち切られて事実上解雇されており、それが組合結成の権利を制限していること

③過去3年間に25名の組合活動家が投獄され、186名の組合活動家とその家族が脅迫を受けているとして裁判所に申し立てを行っているが、裁判所はこれに答えず、組合活動をやめさせようとしていること

④組合に不正義のもたらす司法の運用がなされていること、司法の独立が実

21　Chea Vicheaは、カンボジア自由労働組合(Free Trade Union of Workers of the Kingdom of Cambodia, FTUWKC)の組合リーダーであったが、ある縫製工場の組織化を行っていた時期に、2004年1月22日ピストルで暗殺された。彼は野党サム・ランシー党に加盟していた。殺人の容疑で2名が逮捕され、2005年8月1日に、20年の禁固刑と遺族に5,000ドルを損害賠償として支払う判決が下された。しかし、この2名が本当の犯人であるかどうか疑問が提起されている。

現しておらず、労働裁判が政府の力やカネの力で解決しており、組合からの訴えは認められない傾向にあること

⑤政府が早期に労使紛争を処理することを約束していながら、それを実行していないこと

⑥労働組合法施行によって生じた問題を指摘したこと、例えば組合登録手続を厳格に運用して、必要書類の書き直しを何度も命じ、基礎組合の役員自らが書類を申請することが求められ、そのために役員が勤務を休まなければならず、その間の賃金をカットされている。連合や連盟が代わって書類を提出することを拒否している。「最も代表的な労働組合」の制度を導入したことによって集団紛争の交渉に連合や連盟の役員が携われなくなったこと、重大な不正行為がなくても組合役員の解雇を労働・職業訓練大臣が認めていること、「最も代表的な労働組合」であることの宣言は労働・職業訓練省が行うことになっているが、その地位を宣言する手続が容易になされず、団体交渉がむずかしくなっていること、ストライキが裁判所の差し止め命令のために実施できない事態が生じていることが指摘されている。

⑦労働・職業訓練省が2016年11月10日発表した労働争議調整法案(7章64条で構成)についての組合の反対意見が述べられている。争議調整の申請が弁護士か「最も代表的な労働組合」しかできず、連合や連盟の代表ができない制度になっていること、個別紛争の処理の手続として仲裁委員会での処理が2回なされることになっている。最初は3人の仲裁委員、次に9人の仲裁委員による裁定が予定され、その裁定は拘束力を持たない裁定としてなされる。次には最終的には裁判所に個別紛争処理を付託するとされていること。しかし、裁判所での争議の処理を15日以内という短い期間で処理されることになっているが、実際にはいくらでも遅く処理できることが可能になっていること、厳罰を目指しているが、その罰則の対象となる行為の定義があいまいであることを指摘している。

2017年7月13日に総会基準適用委員会が開催されて、カンボジアの審査が行われた。その前にILOからの調査団が2017年3月27～31日に現地調査を実施した。政府は結社の自由を最大限尊重する政策を採用し、社会的対話を実施していることを強調し、組合側は労働組合法が結社の自由を抑圧して

いることを主張している。教員、公務員、家事労働者、インフォーマル・セクター労働者にも結社の自由を保障すべきであること主張していた[22]。

今後ILOでの審査がどうなるのか、カンボジアでの労使関係や労働組合に大きな影響を与える可能性があり、大いに関心を呼ぶものと思われる。2019年1月現在、結論に至っていない。

▶▶ 小括

労働組合の組織率が低いために、労働組合が使用者と団体交渉する制度だけでなく、従業員代表制度を導入している。労働組合と従業員代表との2本立てになっていることに特徴がある。この二つの制度が両立できるのか、場合によっては対立を生む可能性もある。労働組合が企業外の指導者によって指導をうけている場合には、対立する可能性があり、不安定な労使関係をもたらすおそれがある。

もう一つの特徴は、複数組合が併存する企業内の労使関係を規制するために、「最も代表的な労働組合」という仕組みを導入していることである。これは交渉代表制をカンボジアに持ち込んだ制度である。これは今後どう運用されていくのか興味のあるところである。

3番目の特徴として、労働組合の強制登録制度、労働協約の強制登録制度にみられるように、政府のコントロールが強く、結社の自由の確保が保障されるのかどうかという問題となってくる。

本章で述べた労使関係の法制度によっても、まだまだ労使関係の安定をもたらす状態にはなっていない。政治状況いかんによっては労使関係が混乱するおそれがある。

次章ではカンボジアにおける労使関係の実態と動向についてみてみよう。

22　Committee of the Application of Standards, 19th sitting, 13 June, 2017.
　（http://www.ilo.org/wcmp5/groups/public/documrnts/meetingdocument/wcms_558391.pdf）

▶▶▶ 第6章 ◀◀◀

労使関係の実態と動向

労働組合事務所のスローガン（2017年の最賃引上げ審議時の160ドルを要求する文字が見える）

はじめに

　日本の企業が海外に進出し、そこで事業を展開する場合に、日々直面する大きな課題の一つが労使関係である。カンボジアは日本からの進出先としては後発であるだけに、どのようなことに配慮すれば、現地従業員とのパートナーシップを強め、順調に経営を続けられるのか、それぞれの企業が試行錯誤を続けている段階にある。

　カンボジアの場合には、企業の進出先として東南アジアに共通の側面も持つことから、労務管理や労使関係のうえで参考になることも多い。しかし、同時にこの国ならではの特徴がある。カンボジアの労使関係は、日本や韓国などとの比較のみならず東南アジアの中進国と比べても未成熟の面が強い。ただし、現地の労使関係は、この国特有の歩みと試練を経ており、それを担うリーダーと有力なフォロアーが存在する。その意味で、労使関係にかかわる企業などの関係者は、カンボジアに特有の「未成熟の構造」というべきものを認識した上で、労使関係の法制度を遵守しつつ、それまでの適切な慣行を尊重しながら対応することが重要である。

　なお、東南アジアでみられる人間関係とコミュニケーションを重視するメンタリティはカンボジアにも色濃く残されている。日系企業の得意ともいえる分野であるが、労務管理を現地の「労務プロ」に委ね過ぎることにより、思わぬ紛争を招くこともある。従業員の多くが人柄も穏やかで親日的であることに甘えずコミュニケーションを密にし、現場の悩みや苦情を的確に吸い上げることが労使関係の基本の一つである。

　カンボジア政府は、このような未成熟な労使関係の状況のなかで、2016年に労働組合法を制定し、労使関係の近代化をめざしている。しかし、かねてから指摘されている法律とその遵守の意識の弱さや、旧来の慣行が依然として根強く存在しているため、しばらくは移行期の状況が続くものと思われる。

　なお、カンボジアの労使関係をより深く見る場合には、労働者の多数を占めるいわゆるインフォーマル労働も重要な課題である。これは零細な事業での就労や個人請負などで社会制度では保護されない労働者のことであるが、進出企業の関係者に関心を持っていただければと思う。

　本章では、以上のような視点に立ち、カンボジアの労使関係について、全

国的な状況から企業などの現場まで、組織と運営の実態を中心に、前章に示した法制度面との関連も含めて触れてみることとしたい。

▶▶▶ 1 労使関係の概要

(1) 労使関係の特徴

　カンボジアの労使関係は、「ポル・ポト時代」の圧政の恐怖とそれに続く内戦の時代を克服し、1993年に新生国家が誕生したのち、2000年代の経済成長のなかで形成されたものといえる。そのため、アジアのなかでも労使の歩みの時間は短く、今日なお建設の途上である。その特徴の一つは、国の経済を支える縫製産業を大きな軸としていることである。これまでの労使関係をめぐる成果や紛争も主としてこの産業で見られる。このほか、建設、食品、教員その他などで労使の対話が行われることがあるが、縫製産業に及ぶものではない。

　労使関係のレベルが混在していることも特徴である。カンボジアの企業の労使関係をみてみると、後述のとおり企業の労組組織が責任ある主体ではないことが多い。これはASEAN（東南アジア諸国連合）の中進国といわれるインドネシアやタイと比較しても特徴的なことである。縫製産業の主要な工場には労働組合があることは珍しくないが、複数の労働組合が産業別労組の下部のような位置にあることも多い。企業と産業の労使関係をそれぞれに自立したものとすることは、カンボジアの労使関係のこれからの課題である。

　国レベルの労使の動きについては、最低賃金の交渉や争議での対応などが新聞やメディアに報道されるが、組織の分立もあり本格的な影響力を確立するには至っていない。一方では、大衆へのアピールを通じて国政や地方の選挙などに影響力を持つことから、政党間での厳しい対立がみられるなか、政府や与野党は労働団体の動きには関心が強い。

(2) 各レベルの労使関係

(a) 企業での労使関係

　日本では、労使関係といえば、企業の従業員の多数を組織する労働組合と使用者とが当事者であることが多く、企業を取り巻く環境についての情報を

共有しつつ、賃金、労働条件の交渉を行うことなどが通常である。

　しかしながら、カンボジアの場合には、職場の労使関係はこれとは異なることが多い。労働組合は、前述のとおり、産業別労組の下部のような、あるいは小規模の独立組織が複数存在するかたちが多い。例えば、デンマークの国際支援団体であるLO/FTF評議会の調査(2009年)によれば、縫製産業の労働組合は、一企業当たりの数が平均で3.96である[1][2]。企業は、代表的な労組と交渉を行うか、あるいは複数の労働組合による協議体と対話を持つこととなる。

　また、カンボジアでは、労働組合とは別に従業員代表の制度があり、後述のとおり、進出企業にとっては建設的な労使関係を持つための重要なステップとなる。労働組合と従業員代表という二つの制度が併存するかたちは、日本とは異なるいわゆる二元的な代表制である[3]。

(b) 産業レベルの労使関係

　カンボジアで産業レベルの労使関係が実体を伴うものは、主として基幹産業である縫製産業においてである。使用者の組織は「カンボジア縫製業協会」(GMAC)に一本化されており交渉の当事者となっている。労働組合は中央労働団体を横断するかたちで多くの産業別労組が分立している。そのため、産業別の課題については、主要な産業別労組が共同で対応するかたちがみられる。

　縫製産業以外の状況をみると、建設・林業、観光・ホテル、食品関係、サービス、インフォーマル経済などの一部では労働組合があるかその経験を持ち、

1　LO/FTF評議会は、デンマークの労働組合の二つのナショナルセンター LO(The Danish Federation of Trade Unions)とFTF(The Danish Confederation of Salaried Employees and Civil Servants)による国際支援組織。1999年からカンボジアでの事業を行う。

2　調査の数値はNuon, Veasna and Serrano, Melisa, 2009, *Baseline Study on Violations of the Cambodian Labour Law*, Phnom Penh, April 2009 による。

3　企業における労働者の代表を労働組合と従業員代表制度という二重のシステムで担保する制度のこと。ドイツなどの欧州諸国やアジアでは韓国などで見られる。これに対して、米国や日本では従業員代表制度は設けられておらず、労働組合による一元的な代表制である。

これまでに労使の対話や紛争が見られる。最近の紛争の事例としては、2017年にプノンペンのビール製造企業であるCambrew（カールスバーグとカンボジア資本との合弁企業）でのケースなどがある[4]。なお、教員と公務関係は労働組合の結成が認められておらず「労働者協会（Workers' Association）」が組織されるかたちである。

(c) 国レベルの労使対話

国レベルの労使対話では、政府側は労働・職業訓練省が当事者であり、使用者側は「カンボジア使用者協会」（CAMFEBA）である。労働団体はナショナルセンターが分立しているため主要な団体が参加するかたちが通例である。

カンボジアでは、全国的な労働政策が従業員に大きな影響を与えることがあるが、代表的なものは最低賃金である。その金額は、工場のワーカーの賃金に直接リンクするだけではなく、企業によっては管理職の賃金にも影響する。有期雇用も国レベルの労働政策の重要な課題である。企業は雇用のコストの面からそれを多用する傾向があり、労働組合が反発をしている。いずれにしても、進出企業としてそれらの動向に注目する必要がある[5]。

また、進出企業の関係者が留意しておくべきことの一つは、カンボジアでは労働組合の認可と登録、労使紛争の調整を含め、労使関係に関する行政機関の関与が強いことである。また、これはアジアの途上国に共通する傾向であるが、国による労使紛争の調停などとともに、地方の行政や有力者が調整の機能を持つこともあり、それらの事例を具体的に把握しておくことが望まれる。

なお、国レベルの協議や交渉での対立が深刻化し、結論が得られない場合

4　Cambrewは1960年代に創設されたカンボジアで長い歴史を持つビール製造会社である。プノンペン郊外の同社工場では2016年1月、労働契約の短期化と夜間勤務について紛争が発生、労働者は仲裁委員会に訴えた。会社は11名の労働者を解雇し労働組合への損害賠償を求める訴訟を起こした。紛争は現在も継続している（国際食品労連（IUF：The International Union of Food, Agricultural, Hotel, Restaurant, Catering, Tobacco and Allied Workers' Associations）のウェブサイトなどを参照。
（http://www.iuf.org/w/?q=node/5525）
5　最低賃金については第4章第4節に2018年現在の制度の説明と具体的な状況が記されている。有期雇用も今日の労使間の主要な課題であり、第4章第3節に制度の説明がある。

には、労働組合による国会や審議会への要請活動、さらには大衆的なキャンペーンが行われることがある。例えば、2013年の最低賃金引き上げでは、政治情勢などとも結びついて、激しい大衆行動が行われ、首都プノンペンや地方の工業地帯の一部では騒乱に近い状況を招いたこともある。

(d) インフォーマル労働と労使

今日の社会的課題として、インフォーマル経済での労働がある[6]。これは、労働保護や社会保障の制度が適用されない労働のことであるが、カンボジアでは農林・水産業関係のほか、都市部でもバイクタクシー、路上販売業、建設作業、家政婦などに多くみられ、劣悪な労働環境にあることも多い。この分野での就労は労働力人口約890万人のうち約500万人以上といわれる。企業でみると、インフォーマルなものが57万社ある一方、合法的な登録企業は1万2千社に過ぎない[7]。カンボジアではいくつかの産業別労組がこの分野の労働者の組織化に取り組んでいる。また、アジアのなかでは日本の国際労働財団(JILAF)のプログラムにみられるように地域の労使の枠組みでインフォーマル労働の改善をはかるものがみられる。インフォーマル経済に関する問題はカンボジアでの重要性が増していく課題であり、進出企業は現地での委託生産やサプライチェーンの就労などの状況に配慮していくことが必要であろう[8]。

---

6 ここでは「インフォーマル労働」は、インフォーマル経済での就労のことをいう。インフォーマル経済について、国際労働機関(ILO)は「法またはその執行上、正規に法が適用されない、あるいは適用が不十分な労働者・事業体によるあらゆる経済活動」(2002年・第90回ILO総会報告)とする。アジアの途上国ではインフォーマル経済での就労が労働者の過半を占めることが多く、ILOは今日の途上国における最大の労働問題の一つとしている。

7 インフォーマル労働者の数について、ITUCカンボジア協議会は、労働力人口889万人のうち、労働契約を締結しているものは約200万人に過ぎず、500万人以上がインフォーマル経済で働いているとする(2013年5月24日・JILAF招聘プログラムでの報告)。またフン・セン首相は、同国で合法的に登記している企業1万2千社が143万人を雇用しており、インフォーマル・セクターの企業57万社が240万人を雇用していると公表した(高棉日報(KHMER DAILY)2018年4月25日付)。

▶▶▶ 2 労働団体

(1) 労働団体の組織と特徴

　カンボジアでは、1993年に新憲法が公布され、1997年に新しい労働法が施行された。労働組合は、それらの動きの中で、まず縫製産業を中心に形成され、1996年以降には全国労働団体が形作られた。

　労働組合の組織は、前章に示されているとおり、制度上は、企業レベル、産業レベル、国レベルの構成が想定されている。これは、国と産業レベルの二層構造を基調とする欧州などと比べると、わが国の組織実態に近いように見える。しかし、カンボジアでは、企業にある労働組合の組織が必ずしも労使関係の担い手とはいえず産業別労組が交渉の主体となる場合などがあり、実態を見て判断する必要がある。例えば、縫製産業ではCUF（カンボジア労働組合連合）、C.CAWDU（カンボジア縫製産業民主労組連盟）といった産業別労組が企業の労使紛争の交渉の場に参加することがある。一方、最近では、後述のとおり、日系企業にも労使関係の主体としての企業別の労働組合を形成する動きがある（本章第4(2)(b)(209ページ、)参照）。

　ここでは、全国レベルの中央労働団体と産業別労組の状況を示す。企業レベルの労使関係の状況については第4節で紹介する。

(2) 主要な全国労働団体

(a) 中央労働団体（ナショナルセンター）

　中央労働団体は、政府への制度関係の要求、全国キャンペーン、政党との連携などが主な役割であり、企業の労使関係の当事者ではない。カンボジアでの特徴として、ナショナルセンターの分立があり、組織実勢のある主要なものだけでも、以下の三つなどがある。分立の主な理由は政党との関係とリーダーシップのあり方などである。なお、以下の組織現況については、JILAF

8　国際労働財団（JILAF：Japan International Labour Foundation）は、厚生労働省所管の公益財団法人であり、開発途上国の労働組合の若手指導者の招聘と現地での教育（アジア太平洋地域中心）、広報、研修などの事業を行っている。2011年からアジアの途上国でインフォーマル経済の労働者と家族を対象とする事業を展開している。労働者を組織化し現地の労使の協力の枠組みで支援を行う。これまでタイ、ネパール、バングラデシュ、ラオスで実施している。ホームページは次のとおり：http://www.jilaf.or.jp

200　第6章　労使関係の実態と動向

のデータベース等による[9]。関連する政党の状況などは2017年末のものである。

（ア）「カンボジア労働組合連盟」（CCTU：Cambodian Confederation of Trade Unions）

　2004年に縫製産業を対象とする「カンボジア労働組合連合」（CUF）が中心となり結成された。政治的には現在の与党である人民党と近く、政府への一定の影響力を持つ。最低賃金、労働政策などでは、後述のCCU、CLCとは、国際組織のもとに協議体を形成しており政府への要請などで行動を共にすることがある。なお、2007年に、リーダーシップの関係などから、いくつかの組織が分離し「カンボジア全国労組同盟会議」（NACC：National Union Alliance Chamber of Cambodia）を組織した。CCTUとNACCは協議体としての「カンボジア全国労働組合」（CNU：Cambodia National Union）を形成している。

（イ）「カンボジア労働組合連合」（CCU：Cambodia Confederation of Unions）

　2006年に、縫製産業を中心とする「カンボジア王国自由労働組合」（FTU-WKC：Free Trade Union of Workers of the Kingdom of Cambodia）と「全国独立教員協会」（CITA：Cambodian Independent Teachers' Association）が主体となり結成された。政治的には現在の野党・カンボジア救国党に近い。政府に対して最低賃金の引上げや労働法制改正などの要求を行うとともに、企業レベルの労働争議の支援の運動などをすすめている。2016年制定の労働組合法については国際労働条約（ILO87号条約）違反として国際労働機関（ILO）に訴えている。なお、FTUWKCは2012年にCCUを離れ独立組織となっている。

（ウ）「カンボジア労働総連合」（CLC：Cambodia Labor Confederation）

　2006年に「カンボジア縫製産業民主労組連盟」（C.CAWDU：Coalition of Cambodian Apparel Worker Democratic Unions）や「カンボジア・ツーリズム・サービス労働者連盟」（CTSWF：Cambodian Tourism and Service Workers' Federa-

---

9　組織状況についてはJILAFのデータベース
　http://www.jilaf.or.jp/nc_data/nc.php（最終閲覧日2017年12月31日）による。

図表6-1　ナショナルセンターの組織現勢

	組織人員	加盟組織	労働組合	主要加盟組織業種
カンボジア労働組合連盟（CCTU）	52,589	16	307	繊維・被服、建設、サービス、農業、公務、インフォーマル経済
カンンボジア労働組合連合（CCU）	20,500	7		教育、繊維・被服、建設、知識人・学生、専門職
カンボジア労働総連合（CLC）	102,699	8	202	観光、繊維・被服、建設、製造業、インフォーマル経済

（出所）　JILAFのデータベースに基づき作成。
注：2017年6月現在。

tion）などを中心に結成された。現在の与党とは距離を置くが、政党支持では中立的なグループがCCUとは別に集結した組織である。欧米の労働団体、支援組織からの支持を受けて、最低賃金では生計費を独自に算出し、引上げの要求を行う。経済成長に見合う労働条件の実現を強く求めており、2013年前後の全国行動では、独自のキャンペーンのほかゼネラル・ストライキも行っている。

　主要なナショナルセンターの組織現勢を示したのが図表6-1である。

　なお、主要なナショナルセンターでは、ここに示した三団体のほか、上記の「カンボジア全国労組同盟会議」（NACC）などが有力である。

　また、国際組織との関係では、CCTU、CCU、CLCの三組織は、労働団体の世界センターであるITUC（国際労働組合総連合：International Trade Union Confederation）に加盟している。2012年にはカンボジアにおける協議体として、「ITUCカンボジア加盟組織協議会」（ITUC-CC：ITUC-Cambodian Council）を結成し、共同行動などを行っている。同協議会には、ITUCのアジア太平洋地域組織（ITUC-AP）などを通じて、国際的な連携や支援が行われている[10]。

10　国際労働組合総連合（ITUC：International Trade Union Confederation）は、労働組合の世界団体で、163の国と地域から334の組織が加盟しており、本部はベルギーのブラッセルにある（2015年1月現在）。アジア太平洋地域組織（ITUC-AP（Asia Pacific））が置かれており事務所ははシンガポールにある。

(b) 産業別労組

今日のカンボジアの産業別労組は縫製産業の組織が中心である。他の産業にもいくつかの有力な組織はあるが、全体としてみると産業別労組は形成途上の段階ということができよう。その数は、小規模で不安定な組織も含めると労使関係の実務家の間では全体で100に近いとされている。

カンボジアの産業別労組の実像について、ドイツの支援組織である「フリードリヒ・エーベルト財団」(FES)による報告書(2010年)に紹介されている[11]。そこでは、活動の実態のあるものとして55の産業別労組が示されている。産業の分野別の組織数(カッコ内は1,000名以上規模の組織の数)をみると、縫製が37(34)、インフォーマル経済が8(1)、教員・公務員が4(3)、建設・林産が3(2)、食品・飲料が2(1)、ホテル・観光が1(1)である。これらのうち組織規模が一万人以上とするものは縫製のみで10組織である。このほか、産業別労組の規模別状況は、1万人未満・5千人以上が12組織、5千人未満が14組織である。このうち、中間的な1万人未満・5千人以上の組織をみると、加盟する企業レベルの労働組合の数は平均で14.1、その組織人員は平均で527.4人である。これらのデータは、縫製産業を中心とする産業別労組は中央労働団体を上回る著しい分立傾向にあることを示している。なお、カンボジアでは、産業別労組が中央労働団体への加盟先を変更することも珍しくない。

このような分立傾向の強い組織状況では、日常的な活動の継続や人材と財政の確保が容易ではないことが多い。国際的な支援の役割は大きく、ILOの情報提供や教育活動のほか、国際的な労働団体や労組支援団体がそれぞれの協力事業をすすめている。例えば、「インダストリオール」(主として製造業を組織)、「教育インターナショナル」(EI)、「国際食品労連」(IUF)、「国際建設林業労働組合連盟」(BWI)などの国際産業別労組や、前述のデンマークのLO/FTF、ドイツのFES、米国の「アジア・アメリカ自由労働協会」(AAFLI：Asian American Free labor Institute)や日本のJILAFなどの支援である。なお、途上国労組への援助の重複などは弊害もあることから、各組織間の調整会議

11　Nuon, Versna and Serrano, Melisa, 2010, *Building Unions in Cambodia*, Friedrich Ebert Stiftung, p.76.

図表6-2　現代カンボジアの労働運動のあゆみ

◎前史（1993年まで）
・カンボジアの労働組合はフランスの植民地時代にルーツを持ち、独立後も活動を続けたが、1975年にはじまるポル・ポト政権下でほぼ消滅。1979年から1992年までのベトナム型社会主義の時代は、共産党の指導のもと唯一の全国組織「カンプチア労働組合連盟」（UFK）が存在。

◎新国家建設と労働組合の形成（1993年～2004年）
・新国家建設とともに労働組合の形成が活発化。1996年には縫製産業を中心に、二つの有力な全国組織、救国党系の「カンボジア王国自由労働組合」（FTUWKC）と人民党（現与党）系の「カンボジア労働組合連合」（CUF）が結成、その後の運動の二つの軸を形成。その後も産業別組織の形成が続き縫製以外の産業にもひろがる。

◎ナショナルセンターの形成と分立（2004年～2012年）
・2004年に人民党系の産業別組織などがナショナルセンターとして「カンボジア労働組合連盟」（CCTU）を結成。対抗するかたちで、救国党系の組織は「カンボジア労働組合連合」（CCU）、中立系の組織が「カンボジア労働総連合」（CLC）を結成。このほかにもナショナルセンター、産業別全国組織の形成が続く。2007年にはCCTUから「カンボジア全国労組同盟会議」（NACC）が、2012年にはCCUからFTUWKCが分裂する。

◎国際連携とナショナルセンターの展開（2012年～現在）
・CCTU、CCU、CLCの三団体は、国際的な労働組合組織であるITUCに加盟、2012年にカンボジア加盟組織の協議会を結成し国際連携。三団体は国内の政策要請などで共同行動も推進するが異なる政党支持の影響は残る。一方、与党系支持のCCTU、NACCは協議体としての「カンボジア全国労働組合」（CNU）を構成。

（出所）　現地ヒヤリングなどに基づき筆者作成。

が設けられている[12]。

　カンボジアの労働組合運動のあゆみの概要を図表6-2に示す。アジアの途上国では独立運動などとの関わりが政治活動の結びつきを強めたといわれる。また、カンボジアでは、ポル・ポト政権や社会主義の時代を経て、新たに現在の国家が誕生した歴史がこの国特有の背景として存在する。そのなかで、労働組合は、社会主義時代の流れを組む人民党（現与党）を支持するものと、欧米型民主主義への転換を求める救国党（現野党）に近い組織が分立し、それらの対立と連携を伴いながら今日に至っている。なお、個別の主要労働団体の変遷については221ページの資料等を参照いただきたい。

12　途上国の労働組合を支援する組織は概括的にTUSSO（Trade Union Support and Service Organization）といわれる。アジア太平洋地域では全体的な会合（TUSSO会議）が年一回程度、国別の支援会議が二年から数年毎に現地で開催される。日本からは国際労働財団（JILAF）が参加している。カンボジアでは支援事業の重複などが全国組織の分立をもたらしたとの批判もある。

204　第6章　労使関係の実態と動向

▶▶▶ 3　使用者団体

(1) 使用者団体の組織と特徴

　カンボジアでは、1996年に米国から最恵国待遇の供与など貿易面での優遇措置を受けて以降、縫製産業が急成長したが、同時に公正な労働基準の実現を要請されたこともあり使用者団体の形成がすすんだ。

　この「最恵国待遇」はWTO加盟国と同等の関税での輸出が保証されるものであったが、1997年には「一般特恵関税制度」(GSP：Generalized System of Preferences)が適用され、関税がさらに引き下げられた。そして1999年には「米国カンボジア繊維・縫製協定」(UCTA：U.S.-Cambodia Textile and Apparel Trade Agreement)により輸出枠と特別関税が割当てられるとともに、国際労働機関(ILO)の中核的労働基準の遵守が求められたのである。1997年には新しい労働法が制定され、労働組合の活動が活発化したことも使用者団体の形成を促進した大きな要因といわれる。

　使用者の全国団体は、2000年に設立された「カンボジア使用者協会」(CAM-FEBA：Cambodian Federation of Employers and Business Associations)に統一されている。また産業別では、1999年に設立され縫製業を束ねる「カンボジア縫製業協会(GMAC：Garment Manufacturers Association in Cambodia)」が最有力である。労働団体は前節に示したとおり分立傾向が著しいが使用者団体は結束しており対照的である。

　使用者団体に対する国際的な支援はさまざまかたちで行われている。国際労働機関(ILO)、国連貿易開発会議(UNCTAD：United Nations Conference on Trade and Development)などの国際機関のほか、AESANなどの地域組織のプログラムがある。日本からは海外産業人材育成協会(AOTS)が各種の教育プログラムなどを提供している[13]。

13　海外産業人材育成協会(AOTS：The Association for Overseas Technical Cooperation and Sustainable Partnerships)は、経済産業省所管の一般財団法人であり、主として開発途上国の産業人材を対象とした研修および技術協力を行っている。ホームページは次のとおり：http://www.aots.jp

図表6-3　カンボジア経営者協会（CAMFEBA）の構成（2018年1月）

団体会員（11）
カンボジア米国商工会議所　カンボジア人材紹介協会（ACRA）　カンボジア英国商工会議所（BritCham）
カンボジアホテル業協会（CHA）　カンボジアマイクロファイナンス協会（CMA）　カンボジアレストラン協会
カンボジア欧州商工会議所　カンボジア縫製業協会（GMAC）　国際商工会議所（IBC）
カンボジアマレーシアビジネス会議（MBCC）　カンボジア人材協会　カンボジア青年実業家協会

企業会員（264）
（主な日系企業）　イオン　味の素　デンソー　ひまわりホテル　辻・本郷税理士事務所　ジャパンロック
クボタ

準会員（25）
（国際NGO/NPO組織系）　デジタル・デバイド・データ　障がい者インターナショナル　プラン・インター
ナショナル・カンボジア　セイブ・ザ・チルドレン・カンボジア　TIカンボジア　世界自然保護基金（WWF）
カンボジア

（2）主要な全国使用者団体

（a）中央使用者団体　「カンボジア使用者協会」（CAMFEBA）

　カンボジア使用者協会（CAMFEBA）はカンボジアを代表する使用者団体である。2018年1月現在、図表6-3のとおり、11の業界団体、約260の企業のほか、準会員として25の専門団体やNGOなどが加入している（2018年1月）。業界団体としては、GMACなどの産業別団体のほか、在カンボジア米国商工会議所（AmCham Cambodia）、在カンボジア欧州商工会議所（EuroCham Cambodia）などが参加する。また、地元企業、海外企業の双方が参加しており、主要な日系企業も会員となっている。準会員では国内組織のほか、有力な国際NGOも参加していることが特徴である。

　CAMFEBAは民間の主要な産業セクターをとりまとめており、産業政策の実現、良好な労使関係づくり、各種のセミナー・プログラムや情報の提供による加盟組織への支援などをすすめている。政府の審議会などにも参加し政策立案への関与を強めている。2016年の労働組合法の制定では、法案の基本的性格や具体的内容について影響を与えるなど、次項のGMACとともに大きな役割を果たした。

　また、国際的な連携では、ILOでカンボジアの使用者を代表しており、世界使用者連盟（IOE：International Organization of Employers）、アジア太平洋使用者連盟（CAPE：Confederation of Asia-Pacific Employers）、ASEAN使用者連

盟（ACE：ASEAN Confederation of Employers）のメンバーである。

CAMFEBAのホームページは次の通りである。

http://www.camfeba.com

(b) 産業別使用者団体

(ア) 「カンボジア縫製業協会」（GMAC：Garment Manufacturers Association in Cambodia）

カンボジア縫製業協会（GMAC）は、縫製産業の全国団体である。この他にもいくつかの産業別の使用者団体はあるが、GMACは国の経済を支える産業の組織として格別の影響力を持っている。また、縫製産業では、1990年代の後半から使用者団体の形成がすすみ、1999年にGMACが今日の組織として発足した。カンボジアの縫製関係の主要な企業をほぼ網羅しており、2017年12月現在では595の加盟企業などがある。

ミッションとして、産業の発展、人的資本の開発、CSR（企業の社会的責任）の推進などを掲げている。活動としては、最低賃金や労働政策、加盟組織への教育コースや情報の提供、労使関係へのアドバイスなどをすすめている。なかでも、カンボジアの最低賃金は制度上は縫製産業等が対象であるが、他産業にも大きな影響力を持つことから、GMACの対応は社会的に注目される。また、2017年の春からはGMACと縫製関係の主要な産業別労組であるCUF、C.CAWDUなどのとの間で産業別の労働協約に関する意見交換が行われている。

GMACのホームページは次の通りである。

https://www.gmac-cambodia.org/

(イ) そのほかの使用者団体

カンボジアには、GMACのほか、「カンボジアホテル業協会」（CHA：Cambodia Hotel Association）や「カンボジアレストラン協会」（CRA：Cambodia Restaurant Association）などの使用者団体がある。

それぞれのホームページは次の通りである。

CHA：https://www.cambodiahotelassociation.com.kh/

CRA：http://cambodiarestaurantassociation.com.kh/

▶▶▶ 4　企業レベルの労使関係

（1）従業員代表制度

　進出企業の運営において、現地従業員との良好な関係を保つことは重要な課題の一つであるが、そのためには労働組合と従業員代表という二種類の労働者代表の制度を理解し、適切に対応する必要がある。

　まず、従業員代表制度への対応である。カンボジアでは、前章で示したとおり、従業員8人以上の企業に対して労働組合とは別に「従業員代表」を置くことが求められる。従業員代表は選挙で選出され任期は2年であるが、その数は企業の規模により異なり、例えば従業員が300人規模の工場では、労働者代表が4人に代表補佐4人の合わせて8人が選出される。労働組合とは位置づけが異なり労働条件について交渉して労働協約を締結する機能は持たない。しかし、職場のルール、労働条件、安全衛生などを含む幅広い課題について話し合うことができ、労使対話の促進に有用である。

　日系企業では、従業員代表制度の運用をすすめ、日常的なコミュニケーションの促進に心がけているところが少なくない。日本貿易振興機構（JETRO）の「労務マニュアル」においても、従業員代表の設置義務が明示されている[14]。

　日系企業の現場では従業員代表制度を労働者との対話に活かしているところがみられる。現地ヒヤリングで訪れた日系企業のA社はその一つである（ヒヤリングの内容は第9章271ページ参照）。A社は2012年にプノンペン経済特区で操業を開始したアパレルメーカーで、従業員は約900人であるが、従業員代表制度では、工場の各部署から委員を選出するようにしている。A社には二つの労働組合があり、一つは組合員が15名で産業別労組に加盟している。もう一つは組合員が5名程度の組織である（第9章第2節273ページ参照）。

　また、2013年にプノンペンに進出したイオン社では、その翌年から従業員代表制度を設置しているが、これについては次項(b)の事例のなかで示されている。

14　日本貿易振興機構（JETRO）（2017）『カンボジア労務マニュアル』ジェトロ・プノンペン事務所、2017年3月。

（2）企業と労働組合

（a）労働組合の状況

　カンボジアの労働組合の多くは日本とは組織形態が異なる。進出企業では、そのことを十分に踏まえつつ、労働組合の結成の事情、運動の方針、組合員との関係などを良く知る必要がある。

　カンボジアの企業での労働組合の組織状況については、デンマークの労働組合支援団体であるLO/FTFによる前述の調査がある（2009年）。それによれば、一企業当たりの労働組合の平均数は3.96であるが、企業内に四つ以上の労働組合があると答えた企業は51.8％であり、その最大の数は六つであった。一方、労働組合は一つと答えた企業は7.8％に過ぎなかった[15]。

　それでは、カンボジアの労働者はこのような分立型の労働組合を自らも望んでいるのかといえば、否定的なデータがある。これはドイツの支援組織であるFESのヒヤリング調査によるものである[16]。それによれば、企業に複数の労働組合があることは労働者にとってプラスかとの質問への回答は、「はい」が11.4％、「いいえ」が70.5％、「わからない」が18.1％である。複数労組のマイナス面についての質問への回答では、多い順に、「職場の労働者を分断する」が51％、「団体交渉を難しくする」が46％、「使用者による労働者の分断をもたらし労働者の権利を損なう」が44％、「最も代表的な労働組合の特定を難しくする」が40％である。ちなみに、同じ回答者への「労働組合の有効性」に関する質問では、10段階評価の平均が、「自分の所属する労働組合」は7.1点、「カンボジアの労働運動」は4.7点であり、全国組織への評価は高くはない[17]。

　また、カンボジアでは、労働者が労働組合を結成し運営することは日本に比べると制度上の難度が高い面がある。労働組合や労働協約の政府機関への登録が義務付けられているが、さらに2016年に制定された労働組合法による新たな要件をクリアする必要がある。そのため、2016年以前の労働組合

15　前掲注2。

16　2010年4月から5月にかけてドイツの国際支援団体であるフリードリヒ・エーベルト財団（FES：Friedrich-Ebert-Stiftung）がカンボジアの七つの産業分野での316名の現場の労組リーダーと労働者にヒヤリング調査を行ったもの。

17　前掲注11、p.153。

組織を温存する動きがある。

(b) 最近の活動の動向

カンボジアでは、日系企業で、従業員の多数を占める労働組合を形成する動きも見られる。2013年にカンボジアに進出したイオンカンボジアのケースについての概要は次の通りである[18]。

イオン社は日本国内で大型ショッピング・センターをはじめとする幅広い事業に取組んでいる企業であるが、2010年代にはアジアへの展開を強化し、そのなかで、2014年にカンボジアにはじめての大型店舗(「イオンモールプノンペン」)を開業した。この店舗(ショッピングモール)は日本の都市近郊に置かれているものと比べても遜色のない近代的なもので、核店舗である総合スーパーの「イオンプノンペン店」には、2017年12月現在、約600名の従業員が働いている。

新店舗の従業員が労働組合の意義を理解し協力を求めていたことから、日本の本社ならびにそのグループの労働組合(イオン労連)は支援を行うこととした。企業の海外進出成功の要素の一つは安定した労使関係の構築であるとの考え方から、2013年の夏から、全従業員を対象に労働組合の基礎についてのワークショップを行った。そして2014年に労働組合の結成準備委員会を設置、2015年11月に労働組合役員選挙が行われて、投票の結果、女性2名を含む委員長以下4名の執行部が選出された。執行部はいずれも2014年の従業員代表選挙で委員に選ばれた労働者である。これを受けて「イオンカンボジア労働組合(CARWU:Cambodian Aeon Retail Worker's Union)」の結成が行われた(従業員代表選挙は、その後も2年毎に行われている)。同労組の組合費は0.5 ～ 2.0USドル(社内の四段階の資格区分により異なる)であり、2016年8月には組合費のチェック・オフが開始された。

さて、日本の場合には、ここまでのプロセスで労働組合の結成が終了し、その後は労使が自主的に賃金や労働協約の交渉などをすすめていく。しかし

---

18 2018年3月に開催されたILO駐日事務所、日本ILO協議会の共催による「労働CSRセミナー:アジアのサプライチェーンと企業・労使の課題」でのイオン労連からの報告、ならびに2016年、2017年のヒヤリングなどによる。

カンボジアでは、前述のとおり、労働組合は政府機関への登録が必要であり、労働協約も法的効力を持つためには政府機関への登録が求められる。第5章第3節、160ページに示されているとおり、カンボジアはASEAN諸国のなかでも手続きなどの要件が厳しい。CARWUは労働組合の結成に続いて政府機関に対して労働組合の登録の申請を行ったが、新しい制度に対応する政府側の手続きの遅れなどがあり、正式な登録は2015年末の申請から半年後の2016年6月となった。その後、2017年4月から労働協約締結の交渉が行われ、夏には労使間の合意に達し、同年末には「調印式」のかたちで労使間の確認までが行われている。

なお、CARWUは上部団体としてサービス業の国際的な労働組合である「UNIグローバルユニオン」に加盟している（2017年1月）[19]。

（3）団体交渉と労働協約

（a）団体交渉の状況

カンボジアでは以前から団体交渉の普及がはかばかしくなく、労働行政の課題となっていた。政府は、その要因は企業内での労働組合の分立にあると考えて、代表的な労働組合を育成する取り組みをすすめた。そのため、まず、「最も代表的な労働組合のステータス」(MRS)、あるいは、「代表的な労働組合のステータス」(RS)を認証して団体交渉の促進をはかった。これについて、前述のFESの報告書（2010年）では政府の統計を検討したが、2002年から2009年までの8年間に、MRSの認証を得た労働組合の数が202にとどまっていることから、団体交渉の普及は十分とはいえないとしている[20]。

このような経験を経て、2016年には労働組合法が制定され、MRSのシステムが制度化された。すなわち、最も代表的な労働組合の要件を示し、それが確認されていれば、他に労組がある場合にも、その労働組合が全従業員を代表して団体交渉を行う権限を持つこととなった。これは米国などに見られ

19　UNIグローバルユニオンは世界のサービス業関係の労働組合が加盟する国際的な産業別労働団体（グローバルユニオン）である。世界150カ国から約900の労働組合、約2,000万人が参加しており、本部はスイスのニヨンにある。

20　前掲注11、p.34。

る「排他的代表制」である（日本には導入されていない）。労働組合が複数であり代表的な労働組合が選出できない場合には、それらの労働組合による「交渉協議会」がつくられ団体交渉の当事者となることも定められている。カンボジアの労使がこの新しい制度を踏まえて、団体交渉を本来のかたちで促進することができるかが問われている。

(b) 労働協約の状況

カンボジアでは、労働協約の締結について、最も代表的な労働組合は、制度上、その締結にむけて交渉することが義務付けられている。しかし、実際には、団体交渉と同様、労働協約の普及は思わしくない。

カンボジアの労働協約の状況について、前述のドイツのFESの報告書（2010年）が政府統計の分析を行っている。それによれば、2003年には20の労働協約が政府機関に登録されていたが、2003年から2010年までの間に229の労働協約が新たに登録された（131は2009年の一年間の登録数）。このうち、約半数は従業員代表組織との間で締結したもの（暫定協約）と推定されている。またそれ以外の労働協約のうち約3分の2は少数労働組合との間に締結されたもので、しかもそのほとんどは、一つのみのテーマを扱う労働協約という。これらにより、カンボジアでは、最も代表的な労働組合との間に締結された質の高い労働協約は、全ての産業をみても、30程度であろうと推定している[21]。

労働協約の状況については、また、デンマークの支援団体であるLO/FTFの支援を受けた調査がある。ITUCに加盟するカンボジアの三つの全国労働団体（本章第2節(2)、199ページ参照）を通して把握したものであるが、それによれば、2010年1月の時点で、政府に登録された労働組合の数は1,670、そのうち有効な団体交渉を行う労働組合は217である。そして労働協約の締結数は、縫製産業で49、金融で24、観光業11、建設業1となっている[22]。

このような状況はその後も大きな進展はないと考えられる。2016年、2017年の現地ヒヤリングでは、労使ともに、労働協約の普及は進んでいないとの

21　前掲同上、p.35。
22　Tola Moeun, Rene.E.Ofreneo, 2010, *Monitoring Progress in Labor Law Reform*, Phnom Penhによる。

212 第6章 労使関係の実態と動向

ことであった。その要因としては、労働組合の分立傾向のほか、労働協約の締結と登録手続きの煩雑さなどが指摘されている。

▶▶▶ 5 労使紛争とその処理[23]

（1）企業の労使紛争の動向

　日本からの進出企業にとって、従業員や労働組合等との関係を良好に保つことが極めて重要である。日常的な話し合いやコミュニケーションを通じてそれを実現し、労使紛争を未然に防止することが望ましい。その面からみると、カンボジアは例えばアジアの一部にみられるように労働組合が闘争による紛争解決を求めがちな社会ではないが、政府のコントロールにより労使紛争が回避されるような国でもない。職場でのささいな行き違いが企業レベルの労使紛争となり、さらに産別労組が乗り出して社会の耳目を集める紛争となる可能性は常にあると思わなければならない。

　さて、カンボジアの企業での労使紛争の動向を示すものとして、「仲裁委員会」での取り扱い内容がある。この委員会は、第5章の12節、177ページに示されているように、企業での集団的な労使紛争において、紛争解決の第一ステップとしての調停が不調に終わった場合に、労使間の仲裁を行う機関である。この委員会に申請された事件は労使紛争全体からみれば一部であるが、仲裁機関に持ち込まれたいわば重い労使紛争の事例としてみることができる。

　まず、図表6-4に仲裁委員会のこれまでの受理件数と解決方法を示す。2003年5月から2015年12月までに仲裁委員会に申請された事件の総数は2,656であり、年平均では約211である。これを産業別にみると、縫製業・靴製造業が88％、それ以外の製造業が3％、観光業が3％、建設業が1％、サービス業が1％、農業を含むその他の産業が3％であり、同委員会がこれまで主として縫製業・靴製造業の労使紛争を扱ってきたことが分かる。ただし、2014年は縫製業・靴製造業以外の産業の合計が15％となり、2015年には22％となるなど、次第に他産業にも広がりつつある傾向が指摘されている[24]。

23　本節の(1)(2)は香川孝三との共同執筆である。

図表6-4　仲裁委員会の紛争受理件数と解決方法

	受理件数	裁定	拘束力の ある裁定	拘束力の ない裁定	合意
2003年	31	18	9	9	13
2004年	114	77	31	46	37
2005年	81	50	17	33	31
2006年	120	80	26	54	40
2007年	148	91	35	56	57
2008年	159	105	41	64	54
2009年	180	124	32	92	56
2010年	145	113	35	67	11
2011年	191	139	80	42	17
2012年	255	165	76	69	20
2013年	285	204	97	71	36
2014年	361	242			
2015年	338	227			
2016年	248				

（出所）　Arbitration Council Foundation ed., *Annual Report* 2015, 2016.

　なお、申請した企業等の立地場所は、表に示した期間の合計で、プノンペンが48％、それ以外の地が52％である。産業立地の拡大に伴い、仲裁委員会による労使紛争処理も首都プノンペン以外への広がりを見せている。

　さて、ここで注目すべきことは申請された紛争の種類である。次のページの図表6-5に2014年から3年間の仲裁委員会の年報に示されているものを多い順に記した。諸手当等を含む賃金や休暇に関するものが多く、それ以外にも、労使関係、労働契約関連などが見られる。賃金のなかでは、例えば、残業する場合に夕食をとる必要があるが、そのための食事手当の創設や増額を求める事例がある。また、ストライキ中の賃金の支払いをストライキが終了する条件として求める紛争や、皆勤したことを条件に支払われるボーナスの計算方法や額をめぐる紛争がみられる。組合役員の解雇問題では、組合の結成過程中や登録申請中に解雇する事例、組合役員や従業員代表の安定的な雇

24　Arbitration Council Foundation ed., 2016, *Annual Report* 2015, p.11.

214　第6章　労使関係の実態と動向

図表6-5　仲裁委員会に申請された紛争の種類

順位	2014年	2015年	2016年
1	食事手当(52%)	賃金・ボーナス(41%)	労働者労組役員復職(44%)
2	ストと賃金(39%)	懲戒処分・解雇(15%)	食事手当(23%)
3	懲戒・解雇(32%)	労働安全衛生(7%)	皆勤ボーナス(22%)
4	精勤ボーナス(31%)	休暇(6%)	退職手当(20%)
5	給与計算(29%)	女性労働(6%)	休暇手当(19%)
6	労働者等復職(25%)	労働契約等(4%)	住宅・通勤手当(17%)
7	労組差別(18%)	労組・労働代表(5%)	懲戒処分・転勤(16%)
8	トイレ飲料水(18%)	ストと賃金(3%)	組合間差別(15%)
9	出産休暇(18%)	経営危機と労働条件(2%)	休職手当(14%)
10	賃金引上げ(14%)		スト中と賃金(14%)
11	有期雇用(14%)		
12	交通・通勤手当(14%)		

(出所)　カンボジア仲裁委員会年報(2014年～2016年).

　用を妨害するために期間の定めのある労働契約に変更する事例、組合役員や従業員代表の期間の定めのある労働契約の更新を拒否する事例がみられる。

(2) ストライキ等の動向

(a) ストライキの件数と労働損失日数

　次にカンボジアにおけるストライキの動向をみておこう。図表6-6は、基幹産業である縫製産業について、ストライキと労働損失日数の動向を示したものである。図表に示した2005年から2015年までの10年間のストライキの件数と「労働損失日数」(ストライキなどで失われた就労日数)を見てみると、ストライキの平均件数は年間90.2件、労働損失日数は年間40.1万時間である。これはカンボジアは労働争議が日常化している国ではないが、必要と判断すれば行われることを示していると思われる。労使関係がとりわけ安定している今日の日本からの進出企業が留意すべきことであろう[25]。

　また、これを見るとリーマン・ショックといわれる世界的な金融危機が発

25　日本との比較はデータの性格から単純にはできないが、日本の厚生労働省「労働争議統計調査」の統計では、2016年までの7年間では、ストライキ数は年間33.1件、労働損失日数は平均1.1万時間である。

5 労使紛争とその処理 215

図表6-6 縫製業協会所属企業のストライキ統計資料

年	ストライキ件数	ストライキによる労働損失日数
2003年	55	
2004年	84	
2005年	66	52,419
2006年	86	343,713
2007年	80	294,142
2008年	105	304,396
2009年	58	313,966
2010年	45	202.2
2011年	34	139.5
2012年	121	542.8
2013年	147	888,527
2014年	108	526.9
2015年	118	452.4

（出所） *Building Unions in Cambodia*, p.32, ILO and ADB ed., *Cambodia-Addressing the Skills Gap*, p.75, The Garment Manufacturers Association in Cambodia, Report.

生した2008年以降、ストライキの発生は減少したが、2012年から2014年にかけて、労使紛争が多発したことが記録され、とくに2013年には、ストライキ件数、労働損失日数ともにピークとなった。これは最低賃金の引上げが社会問題化し、総選挙をめぐる政治的な対立も激化、さらには2011年11月に縫製産業における労使関係の覚書が失効したことなどがある。これらにより大衆行動に参加する労働組合員が増加し、政治的なニュアンスも帯びた紛争が全国的に誘発されたものといえる。

　なお、カンボジアのストライキの背景には、労働組合のある縫製産業の工場で平均の労働組合数が3.96との前述の調査に示されるように（本章第1節(2)(a) 196ページおよび第4節(2)(a) 208ページ参照）、一つの工場に労働組合が分立する傾向があることが指摘されている。労働者からの支持を獲得し組織を拡大するために過大な要求を掲げる労働組合がストライキの戦術に頼るケースなどもみられる。

216 第6章 労使関係の実態と動向

(b) 最低賃金引上げや政治情勢をめぐるストライキ

さて、上記のとおり、2012年から2014年にかけて、政治情勢がらみのストライキが社会問題としてクローズアップされた。例えば、これらの紛争のピークとなった2013年12月末には縫製工場などでのストライキが一週間以上続き、操業停止となった企業があり、日系企業へも影響が及んだ。労働者の抗議集会やデモ行進の際に石や火炎瓶が治安部隊に投げ込まれ、それに対して治安部隊が発砲して死者や負傷者が出たケースもある。そのなかで、勢力を拡大し与党を脅かすようになった野党が、最低賃金の大幅引上げを主張して労働者の集会に参加するなど、政権をめぐる抗争に結びついたことが社会の混乱を増幅させた。2014年1月、ILOはこの事態を憂慮して、暴力を回避するよう警察の対応を求め、さらに組合活動家の逮捕は労働組合の権利への深刻な干渉になることを喚起し、逮捕された労働組合指導者の釈放のために政府が必要な措置を講じることを求める声明を発表したほどである[26]。

なお、カンボジアの今日の政治情勢やそれに伴う労働組合の動向をみるとき、2013年前後のような騒乱状況は簡単には再現しないと思われる。しかし、当時のような政治や社会の状況が生ずることにより、労働者の不平不満が社会へと向かい、労働組合の全国運動が過激化することもありうるであろう。その意味で進出企業においては、当時の状況を一つの事例として、カンボジアの政治や社会の情勢を注視しておく必要がある。

(3) 企業における紛争処理
(a) 企業内での自主解決

労使紛争を解決するための基本は企業内での自主解決である。当然のことであるが、これを疎かにすると、紛争処理のプロを自称する一部の悪質なコンサルタントに労使関係をかき回されたり、労使対立をベースとするような欧米系の支援者に労働組合が取り込まれる恐れがある。カンボジアへの進出企業は、労使紛争をいわば自らのビジネスにしようとするエージェントや労

---

26 「カンボジアに関するILOの声明」
（http://www.ilo.org/tokyo/about-ilo/directer-general/WCMS-247141/lang--ja/index.htm）。

組支援団体に狙われているといっても過言ではない[27]。

　現地企業における適切な労使紛争処理に備えるためには、まず、カンボジアの現地における具体的事例を把握することである。プノンペンでは例えば、前述のGMACによるセミナーなどがある。あるいはJETROプノンペン事務所が発行している「労務マニュアル」はそれまでの経験を踏まえたものもある。

　日本国内では、前述のJILAF、海外産業人材育成協会（AOTS）による労使関係のセミナーなどの事業がある。また、JETROや「アセアンセンター」[28]、また最近では地方自治体などでも労使関係を含む現地情勢のセミナーなどを通じて情報提供を行っている。このうち、JILAFは、カンボジアの労使を東京に招き、「労使紛争未然防止セミナー」のかたちで、最近では2015年、2018年にイベントを開催している[29]。

(b) 労使紛争処理機関等を通じた解決

　カンボジアには、第5章第12節（175ページ）に示したとおり、労使紛争解決のための法的な枠組がある。進出企業は、まずその手続きを十分に理解しておくことが必要である。概要は次の通りである。①労働組合等との紛争（集団的紛争）の場合はまず自主的な解決に努める、②自主的な解決が難しい場合には、労働行政（労働監督官）による調停を求める、③調停が不調に終わった場合には「仲裁委員会」で取り扱われる、④仲裁委員会でも解決を見ない場合には裁判所に訴えることができる。なお、「仲裁委員会」の裁定は、第5章（178ページ）に示されているとおり、労使双方が事前に合意したときには両者を拘束するが、そのような扱いは実際には全体の一割程度という。

　労働者個人の紛争（個別的紛争）の場合、自主的な解決に至らない時には行政（労働監督官）が調停を行うが、それが不調の場合には裁判所へ訴えること

27　JILAFのカンボジア現地労使セミナー（2009年より毎年）や現地労使との意見交換（同）で繰り返して現地の労使関係者等から語られた事項の要約。

28　ASEAN加盟国政府と日本政府の協定により1981年に設立された国際機関で東京に本部をおく（正式名称は「東南アジア諸国連合貿易投資観光促進センター」）。日本各界との交流、セミナーの開催、ミッションの派遣と招聘、文化イベントなどを行う。

29　JILAF「海外・労組リーダー・経営者団体に聞く〜アジアで増大する労使紛争を未然に防止するために」、2015年12月。報告者は、使用者代表はGMAC（カンボジア縫製業協会）の法規・労働マネージャー。労働組合代表はCLCの担当者。

ができる。これについて、労働者サイドからは、本来、労使関係の集団的紛争として扱われるべきものが、労使に比較的公平といわれる「仲裁委員会」による手続きを回避するために、裁判所にまわされ、個別紛争として扱われることがあるとの不満がある。その背景には第5章第12節（182ページ）で示されているような裁判所の腐敗がある。アジアの途上国では市民や労働者が裁判所の腐敗を懸念することがあるが、カンボジアではそれが著しいといえる。

　さて、アジアの他の途上国と同様、カンボジアでの労使紛争処理の現場では、制度が必ずしも十分機能するとは限らず、例えば、地方の有力者などによる調停が奏功する場合がある。2013年に起きた縫製業関連の企業での労使紛争ではスバイリエン州の有力者が労使紛争の調整役となった事例もみられる。いずれにしても紛争が長期化することになれば、企業に社会的な注目が集まりイメージダウンは免れないことから、理にかなった速やかな解決をはかることが望まれる。

　また、法的枠組みによる解決に関しての懸念事項として、労使双方の遵法意識が低いことが指摘されている。労使の間で、賃金、労働条件などについての交渉を積み重ねたとしても、遵法を尊ぶ意識が低いために労使紛争が発生する場合も散見される。これについて、前述のドイツのFESの報告書（2010年）では、「カンボジアの労働者はストライキに関してしばしば労働法の求める手続きを無視している」と述べている。同時に、使用者側による対応の問題点として「労働組合役員の買収、解雇、配転」「活動家への脅迫」などを示している[30]。また労働組合幹部による使用者との裏取引などの腐敗も指摘されている。これらもカンボジアの労使関係の一つの現実である。

（c）NPO/NGOなどによる取り扱い

　さて、本節の末尾に、関連するNGO/NPOなどによる労使紛争解決の動きも若干紹介しておきたい。カンボジアは世界のなかでもNGO/NPOの活動が活発な地域の一つであり、地域の行政の一部を担うほどの力を持つ組織もある。労働関係のNGO/NPOのなかには、「OECD多国籍企業ガイドライ

30　前掲注11、p.31。

ン」などのCSR（企業の社会的責任）の基準を活用し、紛争の解決を試みるものがある。

　周知のとおり、「OECD多国籍企業ガイドライン」は、ILOの中核的労働基準など労働の権利を含むもので、法的強制力は持たないが、最終的には、パリのOECD本部での判断を求めて訴えることができる[31]。

　カンボジアでの近年の代表的なケースとして、オーストラリア・ニュージーランド銀行（ANZ）が投資するプノンペン・シュガー社の人権・労働権関連の案件がある。2011年から2012年にかけて、プノンペン・シュガーによるプランテーション建設において、強制立ち退きなどの人権侵害、児童労働や危険業務があったとして、現地のNGOである「公正なカンボジア」（EC）と米国に本拠を持つ国際NGOである「包摂的成長イニシアティブ」（IDI）がOECDに提訴し現在でも審議中である[32]。

　カンボジアの日系企業においてもNGOの活動による労使紛争の処理事例がある。ある現地企業が労働組合を結成しようとした労働者を解雇したところ、労働団体がNGOと連携してバイヤーである日本の本社に連絡し、結果として現地企業が解雇を撤回しOECDへの提訴が回避されたケースである。

　また、前述のJILAFの「労使紛争未然防止セミナー」でも労使紛争の解決を海外のバイヤーに求めた事例が報告されている。ある縫製業の工場で従業員が労働条件の改善を求め、産業別労組の支援を受け労働組合を設立したが、幹部7人が解雇された。産業別労組は使用者と交渉を行ったが解決せず仲裁委員会に訴えた。仲裁委員会は解雇無効を示したが使用者を拘束するかたちではなく、解雇は撤回されなかった。産業別労組はストライキを検討したが、情勢を検討したのち、同社の海外のバイヤーに不当な解雇を訴えたというものである[33]。

　前述のとおり、カンボジアの労使紛争解決制度にはさまざまな課題がある

31　国際労働機関（ILO）（2017）『多国籍企業及び社会政策に関する原則の三者宣言（改訂版）』、2017年3月。
32　OECD ウオッチ ホームページ（英文）より：https://www.oecdwatch.org。なお、当事者であるNGO／NPOの正式名称は次のとおり。EC：Equitable Cambodia、IDI：Inclusive Development Initiative.
33　前掲注29、p.12 〜。

ことから、NGO/NPOとの連携による動きはこれからも増加していくことが
考えられる。

▶▶▶ 小括

　本章では、カンボジアの労使関係について、これまでの章を受け、その概
要、労使団体の組織と特徴、企業レベルの労使関係、労使紛争の処理につい
て、その実態と動向を中心に紹介をしてきた。とくに、カンボジアに進出し
ている、あるいは、これからの進出を検討している企業の労使の方々を念頭
に、具体的なかたちで記述するよう努めたつもりである。

　ここで、カンボジアでの健全な労使関係の構築に向けて、国際労働財団
(JILAF)による前述のセミナーでの現地の労使リーダーからの提言を紹介し
ておきたい。使用者のリーダーからは、労働法制の啓蒙活動、職場の労使協
力、きちんとした団体交渉の推進などが必要との話があり、労働組合は分断
を克服すべきとの意見が表明された。労働組合のリーダーからは、使用者は
労働法と労働協約を遵守しILO条約や国際的なルールを尊重することが重
要であり、労働者の権利を十分に尊重すべきとの訴えが行われた[34]。

　カンボジアは新生国家となってまだ四半世紀の若い国といえるが、そのな
かで、日系企業への期待には大きなものがある。伝統的な文化と習慣を持ち
つつ、国際的な基準や思考も受け入れ、経済成長と技術革新をすすめてきた。
そして、それを支えてきた労使関係は、カンボジアの人々の目標になりうる
ものであろう。

　カンボジアの労使関係は未成熟であり発展途上にあるといえるが、それを
担う人々には、より良い職場と企業を築こうとする真剣なまなざしがある。
本章に示した通り、解決すべき課題は山積しているが、新生国家のなかで積
み重ねてきた現場での経験、そして日本や各方面からの適切な支援が、それ
らを克服する力となることを期待したい。

34　前掲注29、p.7 ～。

資料：主要労働団体の変遷

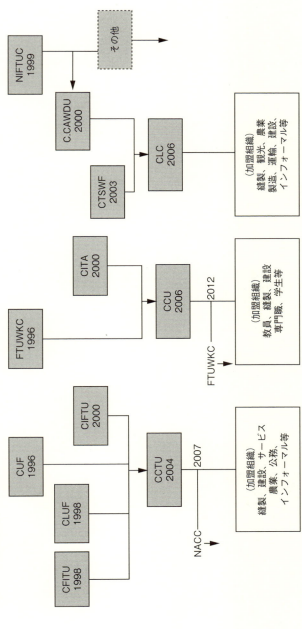

(出所) 現地等でのヒヤリング (2009~2017)、プノンペンの労働専門家 Nuon Rithty のコメント (2017) 等に基づき筆者作成。
※組織名の略称とフルネームは下記の通り (アルファベット順)。
・C.CAWDU：Coalition of Cambodian Apparel Worker Democratic Unions (G)
・CCTU：Cambodia Confederation of Trade Unions (NC)
・CCU：Cambodian Confederation of Unions (NC)
・CFITU：Cambodian Federation of Independent Trade Unions (G)
・CIFTU：Cambodian Industrial Food Union Federation (F)
・CITA：Cambodian Independent Teachers' Association (T)
・CLC：Cambodian Labour Confederation (NC)
・CLUF：Cambodian Labour Union Federation (G)
・CTSWF：Cambodian Tourism and Service Workers' Federation (S)
・CUF：Cambodian Union Federation (NC)
・FTUWKC：Free Trade Union of Workers of the Kingdom of Cambodia (G)
・NACC：National Union Alliance Chamber of Cambodia (NC)
・NIFTUC：National Independent Federation Textile Union of Cambodia (G)
※カッコ内は組織する主要な業種など：(G) 縫製・繊維、(F) 食品、(T) 教員、(S) ツーリスト・サービス、(NC) ナショナルセンター

第7章

労働安全衛生と労働災害補償

トゥクトゥクによる通勤風景

224 第 7 章 労働安全衛生と労働災害補償

▶▶ はじめに

　本章では、労働安全衛生と労災補償の問題を整理することとする。熱帯の
暑い気候の中での労働のために、国際労働機関(ILO)やASEAN(東南アジア
諸国連合)の支援もあって、労働安全衛生計画が立案され、労働法の中でも
ルールが設定されている。不幸にして労災に罹災した場合の補償制度につい
て、その内容を紹介する。

▶▶ 1　労働安全衛生計画

　カンボジアでは1996年から「社会経済開発5カ年計画」を実施し、第4次ま
で続いたが、第3次「社会経済開発5カ年計画」の中で、技能の向上、職の創
造を目指して、社会保障制度の設立、労働条件の改善、安全な職場の確立が
取り上げられた。

　それを受けて、労働・職業訓練省は、職業安全衛生マスタープラン(2009-
2013)をILOと日本・韓国の支援を受けて作成した。2006年制定された安全
衛生に関するILO187号条約の批准を促進するILOの活動に合わせている。

　このようなプランが策定されたのは、カンボジアでは初めてであるが、カ
ンボジア人の生活の質を向上させるために、安全衛生や職場環境を改善する
必要があることを自覚して、この計画を立案した。六つの目標が掲げられ、
カンボジアが直面している安全衛生に関する問題が網羅されている。

　(1)　国の安全衛生システムを強化すること。安全衛生の法制度を整備する
　　　ために省令を作成する。中央、地方の政府と各企業職場との連携を強
　　　化する。政労使3者に協議会を設置する。職場に安全衛生委員会を設
　　　置する。安全衛生運動を4月28日に展開する[1]。ILOの安全衛生に関す
　　　る条約を活用する。ASEANやILOとの協力関係を強化する。

　(2)　安全衛生の監督体制を改善すること。労働監督官の訓練、中小企業や
　　　プランテーション、村落工業のようにこれまで監督の対象になってい
　　　なかった監督対象の領域を拡大する。監督の優先順位をつける。監督
　　　の年次報告を出版し、事故や疾病の事例を公表する。

1　ちなみに、4月28日はILOの労働安全衛生世界デーである。

(3) 使用者と労働者団体の安全衛生活動を促進すること。使用者の安全衛生に関する知識や技術を向上させる。労働組合の組合員向けの安全衛生教育を実施する。

(4) 危険な作業を伴う職業のための特別なプログラムを実施すること。建築・鉱山での行動計画を実施し、労使の訓練を行う。リスクの高い職業を登録させて、リスクを減らす手続を確立する。

(5) 小企業、農村企業やインフォーマル・セクターへの安全衛生保護を拡大すること。小企業や家内労働者に対する安全衛生計画を促進する。小企業や家内労働者のネットワークを整備して情報や経験を交流する。農民へ安全衛生訓練を行う。

(6) 危険な作業を伴う児童労働やHIV/AIDS患者との共同作業を促進すること。15歳未満の児童労働を撲滅する。15〜17歳の者に安全衛生リスクから保護する。ILOの児童労働撤廃国際計画(International Programme on the Elimination of Child Labour：IPEC)と共同で取り組む。企業内にHIV/AIDSのための委員会を設置して安全衛生対策を講じる。

このプランは労働・職業訓練省が主管しているが、保健省、鉱業・エネルギー省、国土管理・都市計画・建設省、女性問題省、商業省、計画省、公共事業・運輸省、農林水産省、環境省等がプランの実施に協力している。

▶▶▶ 2 労働災害統計

マスタープランでは労働災害統計を公表することになっているが、2018年8月現在公表に至っていない。カンボジアで初めて安全衛生に関してだされた報告書[2]に掲げられている統計を紹介しておこう。

労働・職業訓練省の社会保障局の資料によれば、2001年から2005年に縫製業の女性に労働災害の件数が多いことが述べられている。縫製業はもともと女性が多く就労しているので、女性に労働災害件数が多いことが予想できる。負傷の原因は、暑い気候、湿度が高いこと、残業が多いことから注意力

2　Department of Occupational Health and Safety, Ministry of Labour and Vocational Training ed., 2011, *The Overview of Occupational Safety and Health in Cambodia*, April, 2011.

が散漫になって負傷する場合が多い。

縫製工場で、女性労働者が失神して倒れると、それが周囲に広がって、多くの女性労働者が倒れるといういわゆる集団ヒステリーが発生している。カンボジア法律教育センターの調査では、この原因は労働者の栄養失調とされている。貧しい農村から働きで出てきている女性労働者は給与の大半を家族に送金するために、手元に残る金額が少なくなって、食費代を節約するために、栄養失調、低栄養の状態や鉄欠乏性貧血に陥る。そのために体力がなく、立ち仕事が続くと立ちくらみをおこして倒れてしまい、欠勤せざるを得ない場合が出てくる上に、そのほかに高温や長時間労働、通気性の悪さも重なって、ストレスが高まってきて集団ヒステリーを引き起こしている。労働者が休息を取って栄養のある物を食べるといった対策をすれば、集団ヒステリーは長くは続かなくなり、改善されるという調査結果もある[3]。

▶▶ 3　労働安全衛生

2007年民法666条では、使用者に対して労働者の安全を守る義務が課せられている。労働者の生命や健康を危険から守る義務が使用者に存在する。使用者がこの義務に違反すれば、損害賠償の責任が発生する根拠規定となる。

労働法第8編に労働安全衛生の規定を定めている。これに違反すれば、使用者に罰則が科せられる。

(1) 安全

全ての事業所および職場では、労働者の安全を確保することが義務づけら

3　パトリック・ウィン(2014)「カンボジア　労働者の集団失神の謎」(ニューズウィーク日本語版) 2014年4月8日。
(http://www.newsweekjapan.jp/stories/business/2014/04/post-3240_2.php)
　Patrick Winn, 2014, The Cambodians who stitch your clothing keep fainting in droves, *GlobalPost*, April 7, 2014.
(https://www.pri.org/stories/2014-04-07/cambodians-who-stitch-your-clothing-keep-fainting-droves)
　Community Legal Education Centre(CLEC), Shop 'til they drop-Clean Clothes Campaign.
(https://cleanclothes.org/resources/national-cccs/shop-til-they-drop)

図表7-1　重量物制限の一覧表

	15歳以上18歳未満の男性	18歳以上の男性	15歳以上18歳未満の女性	18歳以上の女性
自分で持ち上げて運ぶ場合	12kg	50kg	6kg	25kg
1輪車で運ぶ場合	32kg	80kg	禁止	40kg
3輪車または4輪車で運ぶ場合	48kg	120kg	24kg	60kg

（出所）　日本貿易振興機構（JETRO）『カンボジア労務マニュアル』（2017年3月・第4改訂版）62ページ参照。

れている（労働法230条1項）。大型機械、装置、通信設備、道具、設備等の安全装置を維持しなければならない。工具、機器、機械、製品を使用する技術職の管理は、労働者の安全を確保するために適切になされなければならない。

　落下の危険性のある物、重量物の移動、危険な機械や装置の防護、閉鎖または隔離された場所での作業の予防手段、液体漏洩の危険性防止、防火については省令で定めることになっている（230条2項）。

　例えば重量物の扱いについては図表7-1に示した規制を設けている。

(2) 衛生

　労働者の健康管理は企業の責任とされている（238条）。そのための体制を整備することが求められている。労働者が健康診断を受けることが義務づけられており、その費用は使用者が負担をすることになっている（247条）。

　企業が配置する産業医が労働者の健康悪化を防止するために、病気の治療と、それを予防する役割を担っている。企業内での衛生基準を見直し、感染症の危険を防止し、労働者の健康状態の監督を行うことが期待されている。

　50人以上を雇用する企業・事業所では、医務室を設置しなければならない。そこには医師、看護師を配置しなければならない。その人数は次のページの図表7-2に掲げる通りである。医務室には、労働者の応急処理のために、適切な器具、包帯、薬が配備されていなければならない（242条）。主たる職場から5キロメートル以上離れた場所に別の支店や職場がある場合、そこに50人以上が雇用されているのであれば、労働者の医療を確保できるように医療

228 第7章 労働安全衛生と労働災害補償

図表7-2　医療従事者の数

従業員の数	看護師の数	医者の数	医者の常駐時間
50-300	1	医師1人または医療補助者1人	2時間
301-600	1	医師1人	2時間
601-900	2	医師1人	3時間
901-1,400	2	医師1人	4時間
1,401-2,000	2	医師1人	6時間
2,001以上	3	医師1人	8時間

（出所）　前図表JETRO（2017）、60 〜 61ページ参照。

従事者、器具、包帯、薬を配備しておかなければならない（243条）。それら
の費用は使用者の負担となる。

　200人以上労働者が雇用されている企業・事業所では、病院への搬送前や
隔離が必要になる場合に備えて、医務室に入院できる区域を設置しておかな
ければならない。そこには労働者数の2％を収容できるベッド数が求められ
ている。ただし最大20ベッドまでとされている。就労に起因する病気の治
療のために入院する労働者への治療、食事は使用者の負担となる（244条）。

　これらの医務室を個々の企業で整備するだけでなく、複数の企業が共同で
整備することが認められている。例えば、工場団地であれば、複数の企業が
入っているので、共同で医務室を持つ方が効率的である。その費用は労働者
の数によって按分比例で負担することが規定されている（240条）。

　20人以上49人までの労働者を雇用している企業にも、規則によって治療
室や1人の看護師の配備が求められている。20人未満の労働者を雇用する企
業や事業所では、応急の措置のための備品を備えておかなければならない
（247条）。

　医療従事者が集めた労働者の健康記録は、機密情報であって、労働者を特
定できる形で、使用者、労働組合、第三者に提供してはならない（239条2項）。
しかし、労働者を特定できないデータは労働衛生や公衆衛生の調査のために
利用することが認められている。労働衛生を管轄する労働監督官が健康記録
を受け取り、または閲覧することができる（239条3項）。

　感染症が広がる危険性があり、職場に化学的予防措置やワクチン接種が必

要になる場合、その費用は企業側の負担となる。場合によっては保健省の命令によって非常事態のための措置が求められることがある(245条)。

　トイレの数についても規制している。トイレを清潔に維持し、男女別々に区分することが求められている。その数は労働者数によって図表7-3のように決められている。その数は大便ができる便器の数を意味している。トイレの数が労働者の数に比べて少ない場合、特に女性の場合、時間がかかり休憩時間中に排泄が終わらない可能性がある。労働時間にくいこむことは生産性を阻害するおそれがあるので問題である。休憩時間中にトイレを済ませられるだけの数のトイレを確保しておくのが望ましい。労働時間中にトイレに行くことを制限する企業があるが、これは人権問題を生む可能性がある[4]。トイレに行くことを我慢させると、膀胱炎などの病気になる場合がある。トイレに行くことを避けるために水を飲むことを制限する場合がでてくる。これはカンボジアのように気温の高い国では、脱水症状や熱中症を引き起こす可能性がある。

　女性が100人以上いる場合には、女性50人ごとに洋式トイレを一つ設置する義務がある。女性は男性と比べてトイレの時間がかかるので、女性のためのトイレを設置することを義務づけている。

図表7-3　労働者数に応じるトイレの数

労働者の数	トイレの数
1-15	1
16-35	2
36-55	3
56-80	4
81-110	5
111-150	6
151-1,000	50人毎に一つ増加
1,001 以上	70人毎に一つ増加

（出所）　前図表JETRO（2017）、61ページ参照。

4　仕事を怠ける口実としてトイレに行く者がいるため、企業がその回数や時間を制限する場合が見受けられる。

230　第7章　労働安全衛生と労働災害補償

　カンボジアは気温の高い国であるため、職場内を一定の温度に保つ必要性がある。そのために、工場では1人当たり10平方メートルの広さが求められている。労働者を狭い空間に詰め込みすぎると暑さがたえられない可能性があるからである。電力事情から冷房を設置していない企業や事業所が多いとされているので注意しなければならない。洞窟、地下室などの密閉された場所では1人当たり、新鮮な空気が吸えるように、30平方メートルの空間を設けることが義務づけられている。

　職場内で一定のルックスの明かりの確保を求める規定もある。電力事情から照明をとらないで作業する場合があり、視力を低下させる可能性がある。規則で平均のルックスが求められている。例えば、縫製業では作業に応じて図表7-4のルックスになっている。ホテルやレストランの場合のルックスは図表7-5、事務管理や事務所でのルックスは図表7-6のようになっている。

　飲み水の確保も重要である。カンボジアは気温が高い国であるから、職場

図表7-4　縫製業の作業に応じる明るさルックスの程度

縫製業の作業の種類	平均のルックス
刺繍および刺繍のデザイン	750
裁断	750
編む作業	1,500
裁縫	1,000
アイロンかけ	300
最終検査	1,000

（出所）　Prakas484/03（Dec.23,2003）on Lightingから作成。

図表7-5　ホテル、レストランでの明るさルックスの程度

仕事場の種類	平均のルックス
受付、出納係、ドアの開閉	300
調理場	500
食事する場所	200
通路	100

（出所）　前図表と同じ。

3 労働安全衛生 231

図表7-6 事務所での明るさルックスの程度

仕事場の種類	平均のルックス
事務管理	300
タイプ、読書、データ分析	500
コンピューター室	500
製図室	1,000
会議室	500
受付	300
書類整理	200

（出所）　前図表と同じ。

の至近の場所で飲み水が衛生的なカップで飲めるようにしておく必要がある。

　騒音はできる限り低くしておく必要がある。大臣会議令で図表7-7のように騒音のレベルを規制している。80デシベルを超える場合には、耳栓を準備しておくことを義務づけている。

　座って仕事をする場合には、適切な椅子が提供されなければならない。椅子に座って仕事をしない場合でも、休憩のために椅子の提供を求められる[5]。

図表7-7 騒音デシベルの程度による労働時間の規制

デシベル	最大の時間数
75	32
80	16
85	8
90	4
95	2
100	1
105	0.5
110	0.25
115	0.125

（出所）　Sub-decree 42/00 on Air Pollution and Noise Pollution から作成。

5　Prakas No.053, dated 10 February 2000, on Work Station Seating.

232 第7章 労働安全衛生と労働災害補償

(3) 検査

労働監督官および労働検査官は、事業所を訪問して安全、衛生、労働条件について法令を遵守しているかを監督しなければならない[6]。医療担当の労働監督官や労働安全の専門家はそれに協力するように義務付けられている（233条）。違反行為が認められた場合は労働監督官および労働検査官は事前に違反を是正するよう通知しなければならない。安全衛生に重大または切迫した危険性がある場合は、事前通知なく、公式の報告書を作成しなければならない（234条）。事前通知は書面で、または配達証明または書留郵便で行われ、通知には日付、違反や危険性がみられる内容の詳細、改善の期限、署名が記載されていなければならない（236条）。使用者は、事前通知について改善期限前に異議申し立てができる。労働・職業訓練大臣は30日以内にその回答を出さなければならない。30日以内に発せられない場合には、異議を認めたものと扱われる（237条）。

▶▶▶ 4 労働災害補償

労働災害は、労働に起因する事故・病気を意味し、労働時間中だけでなく通勤途上（仕事と関係のない理由で通勤が中断または迂回された場合は除く）や職業病も含まれている（労働法248条、257条）。使用者には労働災害防止の義務や、安全配慮義務が課せられている（229条、230条、250条）。その具体的内容は労働法228条から232条、238条から247条、および労働・職業訓練省令によって定められている。

労働者が意図的に事故をおこした場合は使用者には責任は生じない。労働者の重大な過失によって生じた事故の場合は補償額が減額され、使用者の重大な過失で発生した場合、補償額は増額される（252条）。使用者は労働災害の疑いのある事故・病気が発生した場合、48時間以内に労働・職業訓練省および国家社会保障基金（National Social Security Fund：NSSF）に書面で通知しなければならない。労災給付金を受けるためには、必要な書類を添付して国家社会保障基金に申請しなければならない。

---

6 労働検査官（Labour Controller）は、労働監督官（Labour Inspector）の下にくる役職で、両者の権限は同じである（労働法346条、347条）。

労働災害補償として労働法に規定されている内容と、国家社会保障基金から支給される労働災害給付金とは同じにはなっていない。保険制度によってカバーされる内容には保険制度として維持する必要性から、限界があるため、労働法による補償が上回っている場合、その差額を使用者に申請することになる。

業務上の病気に対して病院での治療費と病院に通う交通費が保険制度から支払われる。労働法では治療費（入院費用、現物支給、投薬、手術費用）だけでなく、人工装具の費用も含まれている（254条）。

一時的に入院などで労務提供ができない場合、労働法によれば、事故によって5日以上の労働能力喪失が生じた場合に限って、使用者に補償を請求できるとしている。4日以下の場合は、通常の賃金を受ける権利を有する（252条）。5日以降は、1日当たり、過去30日間の総賃金額を30で割った額が支払われる。これに対して、保険制度では、最大180日間、1日当たり平均賃金の70％が支払われる。

障がいを負って、労働能力喪失率が20％を超える場合、障がい年金が支給される。その額は障がいの程度によって異なる。2002年労働・職業訓練省令243号によれば、以下のようになっている。

労働能力喪失率が50％以上の場合、過去12カ月の総賃金の50％の額、労働能力喪失率が20％以上50％未満の場合、過去12カ月の総賃金の25％と（労働能力喪失率×1.5−75％）である。介護が必要な場合は、上記金額の1.4倍の障がい年金が支払われる。

労働者が死亡した場合、遺族に遺族年金が支払われる。額は配偶者には年収の30％、子の1人目と2人目には年収の15％ずつ、3人目からは10％とし、総額では年収85％を上限とする。

葬儀費用として労働法では90日の賃金相当分以上が支払われるとなっているが、保険制度では100万リエルが支払われる[7]。

労災保険の保険料は使用者の負担であるが、その額は平均月給の0.8％になっている。月給2万リエル以下の場合1,600リエルが最低の保険料となっている。最高額は月給100万リエルでそれを超える場合、8,000リエルの保

----

[7] ちなみに、リエルのドル換算については、ほぼ1ドル＝4,000リエル程度で推移している。

234 第7章 労働安全衛生と労働災害補償

険料となっている[8]。これは国家社会保障基金に毎月15日までに納入されな
ければならない。これまで8人以上を雇用する企業が国家社会保障基金に加
入する義務があったが、2018年1月からは1人以上雇用している全ての企業
に加入義務が課せられた。

▶▶ 小括

　労働安全衛生を遵守するために使用者が実施すべき内容をまとめたが、そ
れをいかに実施していくかが問題である。労働監督制度が人員の数の不足や
公務員の腐敗のために十分機能していない場合が多く、ルールはあっても遵
守されない事例がある。労災補償の額が労働能力を失った労働者の生活を保
障するのに十分な内容にはなっていないという問題もある。家族や親族によ
る支えあいによって保護されるという実態があるために、公的な保障が低く
抑えられている側面もある。

8　IM Phalla, PHO Sotheaphal and NHEAN SoMunin, 2014, *Employment in Cambo-dia-A Legal & Practical Guidebook*, CBD Partner & Consultancy, p.71.

第8章

社会保障・社会福祉

サンライズ・ジャパン病院の外観

236　第8章　社会保障・社会福祉

▶▶　はじめに

　カンボジアの社会保障制度は始まったばかりである。公務員、軍人、警察官、退役軍人には年金や医療が税金によって賄われているが、民間企業の労働者についてはこれから実施していこうとしている段階である。将来的には民間企業、つまりフォーマル・セクターでの社会保障制度が普及し、次いで人口の9割近くを占めるインフォーマル・セクターにもそれが広がっていくことが必要になるが、現段階はそこまでに至っていない。

　社会保障制度の基本法として2002年8月に「労働者のための社会保障法」が制定され、その運用を定めた国家社会保障基金設置に関する政令16号が2007年に発布された。年金、医療保険、労災保険を実施する予定になっているが、2019年1月現在、運用されているのは労災保険のみである。

　これに対して、社会福祉は身体障がい者、児童、孤児を中心に対策が取られているが、財源不足のために、国際機関、先進国の政府開発援助、NGOの援助を受けているのが実状である。ポル・ポト政権のもとでの残虐な行為によって国民生活が悲惨な状況に追い込まれたことが国際的に注目を浴びて、多くの援助がなされてきているが、その問題点も見え始めてきている。仏教僧による農村開発や社会福祉事業が取り組まれていることにカンボジアの特徴がある。

▶▶　1　公的年金制度

　公務員の場合には、勤続20年以上で55歳から支給される全額国庫負担による年金制度がある。これは社会福祉・退役軍人・青少年更生省が管轄している。根拠となる法律は1994年制定のカンボジア公務員一般通則法(Law on Common Statute of Civil Servants of the Kingdom of Cambodia)である。2008年1月12日の勅令によって公務員社会保障基金が設立され、2009年5月から運用され始めた。傷病手当金、出産手当金、退職年金および一時金、障がい年金および一時金、遺族年金および一時金、葬祭費、労災補償が支払われることになっている。全額国庫負担が厳しくなっており、公務員から掛け金を徴収し、給与の6%、政府が給与総額の18%を分担している。

　軍人・警察官・退役軍人の場合は、2010年退役軍人基金(National Fund for

Veterans)が創設され、公務員社会保障基金に準じる給付が行われている。ここでも同じ率の掛け金の徴収がなされている。

　しかし、民間部門ではまだ実施されていないが、2002年社会保障法に基づき、3種類の年金制度を準備している。これらは労働・職業訓練省が管轄している。この制度の運営のために、2008年末に国家社会保障基金(National Social Security Fund：NSSF)が創設された。2019年1月現在、労災保険のみが実施されているが、これについては第7章第4節(232ページ)に記載している。

　老齢年金は、55歳以上で、過去20年間のうち10年間に60カ月以上年金保険料を納付した者に支給される予定である。障がい年金は、過去5年間のうち、直近12カ月間に6カ月以上の年金保険料を納付した者に支給される予定である。遺族年金は、老齢年金または障がい年金を受給していた者が死亡した場合、その者が年金保険料を180カ月以上支払っていた場合に、その遺族に支給される予定である。

▶▶ 2　生活保護制度

　日本にある公的な生活保護制度は、カンボジアには2019年1月現在、存在しない。国内あるいは国際的なNGOの活動として貧困層への支援がみられるのみである。

▶▶ 3　医療保険制度

　公的な健康保険制度は導入されていなかったが、2017年8月26日大臣会議令(Sub Decree 140)に基づき、2018年1月1日より運用されることが決定された。外来や入院の際、診療費用が健康保険によって賄われるというものであるが、保険が適用になる医療機関は公立病院や国家社会保障基金に登録された病院・診療所に限定されている。保険料は平均月給の2.6％で使用者側の全額負担となっている。これの下限は5,200リエル、上限は31,200リエルであり[1]、毎月15日までに国家社会保障基金に納入されなければならない。健康保険制度は始まったばかりであり、実務上の取り扱いは今後の省令によっ

1　ちなみに、リエルのドル換算については、ほぼ1ドル＝4,000リエル程度で推移している。

238 第8章 社会保障・社会福祉

て明確になる[2]。

　HIV/AIDS、マラリア、結核、デング熱という感染症、地雷によって生じる死亡や障がいがカンボジアでは大きな問題である。国際NGOや海外のODAからの支援を得て治療が実施されている地域がある。基本的に病人は自分自身や家族の貯金によって、場合によっては借金をして治療するほかない。したがって、貧困者は病院に通うことができない状況になる。伝統的な医薬や祈祷師の占いによって治療するほかない。

　カンボジアでも民間の保険会社が健康保険を運営しているが、加入者は富裕層に限られている。

　日本では生活保護制度の中で医療を無料で受けることができるが、それに相当する制度がカンボジアにもある。それは「公正な健康基金」(Health Equity Fund：HEF)と呼ばれている。人口の5分の1に相当する貧困者を対象として、中核病院や保健所で医療を無料で受けられ、医療機関までの交通費や患者を運搬する費用、食費、治療を受けたが死亡した場合の葬式費用が支給される。医療機関にはその治療費用を補填してもらえる。その費用はドナー(資金援助を行う組織、政府やNGO)からの資金援助と保健省の予算から賄われている。

　2014年5月〜2015年4月の段階で、約330万人のカンボジア人がこの基金でカバーされている。病院利用者の平均年齢が27歳であるが、これは母子健康の分野で機能していることを示している[3]。

　もう一つの制度は貧困者より収入が上の者を対象とする「地域健康保険」(Community Based Health Insurance：CBHI)である。加入者の保険料とドナーから提供される資金を財源として、NGOによって設立されている。これには国の援助はなされていないので、加入者がきわめて少ない。加入者の医療費負担が大きいので、借金を余儀なくされる場合があるとされている[4]。

　例えば、フランスのGRET(Group de Recherches et d'Exchanges Technologiques)

2　松村侑弥生(2018)「カンボジアの社会保障制度」SMBC・カンボジアレポート〜法務編。(https://www.i-glocal.com/service/write/pdf/smbc_globalInformation_201801_02.pdf)

3　ADRA Research Report, 2016, *National Coverage and Health Service Utilization* by Health Equity Fund Members, 2004-2015, 31 March, 2016.

4　菅谷広宣(2013)『ASEAN諸国の社会保障』日本評論社、243ページ参照。

というNGOが1998年にSKY（家族のための保健というクメール語：Sokapheap Krousat Yeugn）と呼ばれるプロジェクトを立ち上げた。これは最貧層を対象とせず、会費を支払える中産階層を対象とする医療保険の役割を果たしている。裕福な者は自前の費用で高額な治療を私立の病院で受けることができるのでSKYの対象ではない。2008年4月段階で約15,500人が参加している。GRETは縫製業使用者団体との話し合いで、この使用者団体に加盟する縫製業に従事する労働者に医療保険を適用することに合意した。これは公的な医療保険制度が整備されるまでの繋ぎの制度になるかもしれない[5]。

▶▶▶ 4 医療体制の問題と取り組み

　医療体制は大きな問題を抱えている。まず医師が不足している。ポル・ポト時代に医師を含む知識層が殺害されたために、ポル・ポト時代が終わった時点では、数十人の医師しか残っていなかったとされている。2019年1月現在四つの大学医学部で医師の養成がなされているが、まだ十分とは言えない。さらに看護師や検査技師も不足しているし、その質に問題があるとされている[6]。2015年の段階で16の大学で看護師の養成がなされている[7]。プノンペンで脳神経外科を中核に救命救急機能を持つ日本式の病院、サンライズ・ジャパン病院が2017年10月開院したが、日本から医療機器を導入し、高いレベルの医療サービスを提供するとともに、カンボジアでの医療水準の向上に役立つことが期待されている[8]。

　ASEAN経済共同体が2015年末に成立し、医師、歯科医師らの専門職の移動の自由を実現しようとしているが、これがカンボジアの医療スタッフの募集にどのような影響を与えるであろうか。病院や医院などの医療施設の数が

5　ILO Sub-regional Office for East Asia ed., *Cambodia：SKY Health Insurance Scheme.* （http://www.social-protection.org/gimi/gess/ResourcePDF）.

6　ARC国別情勢研究会編（2016）『カンボジア 2016/17年版（ARCレポート：経済・貿易・産業報告書；2016/17）』、ARC国別情勢研究会、139ページ参照。

7　Virya Koy, 2016, "The Lifespan of Nursing Education in Cambodia," *Belitung Nursing Journal*, Vol 2, Issue 4, August 2016, 2（4）, pp.65–69. （https://belitungraya.org/BRP/index.php/bnj/article/view/27/pdf）

8　「カンボジアで日本式病院を開院」（JGCウェブサイト）参照。 （http://www.jgc.com/jp/DisplayHtml/view/142）

240　第8章　社会保障・社会福祉

不足している。特に農村においては医療施設が不十分である上に、医療レベルが遅れていることが問題である。手術ができるだけの必要な機材や設備が整備されていない。難しい手術の場合には、海外に出かけなければ受けられない状況である。このような状況の中では、カンボジアから医療スタッフが他のASEAN諸国に移動してしまう可能性が高い。

　保健省は「保健戦略計画1998-2005」(Health Strategies Plan, HSP1)、「保健戦略計画2008-2015」(HSP2)を策定した。保健財政についての戦略計画(Strategic Framework for Health Financing 2008-2015)も策定された。この計画は、母子保健、リプロダクティブ・ヘルス、感染症と非感染症対策を中心としていた。そのために地域での保健サービスを充実させて、人材・機材・施設を配置する計画であった。保健財政のために政府からも負担されてはいるが、2010年のILOの試算によると11%しかない[9]。この計画に必要な財源の89%が、国連人口基金、世界銀行、アジア開発銀行、フランス、イギリス、ベルギー、オーストラリア、日本などの先進国からの援助や国際NGOの支援によって支えられている。日本は1995年から母子保健プロジェクトに携わり、中核病院であるカンボジア国立母子保健センターを拠点にして、乳児死亡率と妊産婦死亡率の低下や助産師の養成や技能向上に貢献している[10]。5歳未満の子どもの死亡率は2005年8.3%、2010年5.4%、2014年3.5%と低下している。妊産婦死亡率は10万人のうち、2005年は472人、2010年は206人、2014年は170人とこれも低下している。カンボジアでも母子手帳が2007年から試験的に導入され、妊娠中の母体と胎児、出産後の母子の状況、6歳になるまでの子どもの健康状態が記録され、健康相談や健康教育に活用されている。しかし、まだ全国的に展開されていない[11]。さらに日本からの無償資金援助によって国立結核対策センターが建設され、結核患者を減少させるための援助がなされている。

　さらにカンボジアでは栄養の5カ年国家戦略を立てた。これが「Fast Truck

9　前掲注4、菅谷(2013)、243ページ。
10　国立国際医療研究センター編(2015)『カンボジアの母子保健』(テクニカル・レポート07号)。
11　国際協力機構・人間開発部(2012)『母子保健事業における母子手帳の活用に関する研究』、76〜77ページ参照。
　(http://open_jicareport.jica.go.jp/pdf/12079828.pdf)

Road Map for Improving Nutrition 2004-2010」と呼ばれている。経済発展を実現すれば国民の収入が増加して、食事が豊かになり栄養問題は自然に解消するという考えがあるが、カンボジアでは、低栄養から高栄養になって国民の健康状態が過剰栄養になる危険性を踏まえて、バランスのとれた栄養状態の実現を目指している。これによって健康状態を維持し、肥満や生活慣習病が増加しないよう配慮している。病気になれば生産性が低下するし、医療費が増加するからである。

▶▶▶ 5 社会福祉

　貧困者や社会的弱者に対する社会福祉を含めた社会的保護についての戦略（National Social Protection Strategy for the Poor and Vulnerable）が2010年に示された。これは貧困を撲滅するための基本的戦略を定めており、具体的に次の6項目を挙げている。

　①食糧不足や栄養失調で苦しんでいる者に対する食糧供給、②学齢期の子どもに対する奨学金制度、③勤労者の食糧不足対策、④失業者、貧困者に対する公共事業計画、⑤貧困者の健康を保持するための健康基金や村落を基盤とする健康保険制度、⑥障がい者・高齢者・孤児などの特に弱者に対する社会福祉サービスで、伝統や文化に根差した人道的なプログラムの6項目が取り上げられている。これらの手段によって、以下の五つの目的に役立つものとしている。

　①貧困者が緊急時に基本的ニーズを満たすために、食糧、水、衛生施設、保護施設の提供を受けること、②栄養状態の改善、母性保護、教育の普及、児童労働の撲滅によって貧困、食糧不足、人的投資を促進するための社会的安全ネットから母親とその子どもが恩恵を受けること、③所得・食糧・家計を確保するために労働者が仕事の機会を得て、持続可能な物質的・社会的インフラ財産に貢献できるようにすること、④貧困者が病気を罹った場合に、質のよい医療ケアを受け、金銭面の保護にアクセスできるようにすること、⑤孤児・高齢者・シングルマザー・障がい者・HIV/AIDS感染者、結核患者、その他の感染症患者が所得や心理的サポート、適切なケアを受けられること。

　これらの企画は政府の資金だけでは実施不可能であり、外国からのODA

やNGOの支援に大きく依存しているために、継続的な支援につながりにくくなっている。そこで恩恵を受ける貧困者の範囲にも限界がある。先の戦略を実施するために、国際労働機関(ILO)の支援を受けて、パイロット事業として2011年から2015年の4年間、シェムリアプとバンテアイ・ミアンチェイの2カ所で、社会的保護と雇用サービスを同時に実施できる組織、「Social Services Delivery Mechanism」を設置し、それを運営する仕組みができた[12]。これは社会的保護や雇用サービスの情報の入手、登録や申請手続を地域社会内の事務所一カ所でまとまってできることが可能になることを目指している。

　カンボジアでは個人主義のために、家族の相互扶助機能が弱いという見方があるが、一方、伝統的にカンボジアでは親族のネットワークによって生活を支えあっているのが実態である[13]。両親・子どもだけで構成される核家族というより、3世代、4世代の同居を含み、おじ・おば、いとこなどの傍系家族も含めて同居しているケースも多い。世帯間で金品、食料品、労働力支援等を通じて助け合いがなされている。しかし、これらの拡大家族の構成員による相互扶助だけによって生活を支えあうには限界があり、公的な生活保障の仕組みが不可欠である。

　さらに注目されるのは仏教僧による社会福祉活動である。カンボジアは上座部仏教の国であり、憲法43条では仏教を国教としている。ポル・ポト時代には仏教は反動宗教として弾圧の対象となり、仏教僧は虐殺され、当時約6万人から2,000人までに減ってしまったという。ポル・ポト政権崩壊後、国家による仏教の復興がなされると同時に、草の根からの仏教の復興が図られた。人々の無償の奉仕によって寺院が再建され、そこで仏教行事が行われ、傷ついた人々の心のケアにあたった。寺院を中心として仏教僧のリーダーシップによって農村社会の復興の努力が積み重ねられた。仏教僧は学校や福祉施設を設置して人々の生活の基盤づくりに貢献した。

　カンボジアにおける仏教に基づく開発を始めたのはマハ・ゴナサンダ師であり、その平和行進はカンボジアの復興に大きな貢献をした。彼はその活動

12　ILO ed., 2013b, *Feasibility study of the Social Service Delivery Mechanism for the Implementation of the National Social Protection Strategy in Cambodia.*

13　佐藤奈穂(2017)『カンボジア農村に暮らすメマーイ』京都大学出版会、226ページ参照。

によってノーベル平和賞の候補者となった。彼の影響を受けた仏教僧が次々と活動に取り組んだ。カンボジアで仏教僧の一人として最も知られているヘン・モニチェンダ師は、仏教を柱とする開発を進めるためにBFD（Buddhism for Development）と呼ばれるNGOを組織し、それを拠点に活動している。タイとともにカンボジアでもこれらの仏教僧は開発僧とも呼ばれて、仏教思想に基づく農村開発や社会福祉活動を推し進めた。これが内発的発展論に大きな影響を与えた[14]。

（1）児童福祉

　ユニセフの調査報告書（2014年11月から2015年2月実施）によると、主要な5州（プノンペン、シェムリアプ、バッタンバン、カンダール、シハヌークビル）において、児童養護施設は267カ所で、1万1,788人が入所していた。さらに主要5州以外の20州での調査（2015年10月から12月実施）では、カンボジア全国に639カ所、3万5,374人が入所していた。うち女子が45％を占めていた[15]。

　別の統計によると、社会福祉・退役軍人・青少年更生省（社会福祉省と呼ぶ）の許可を受けた孤児院は、2005年の154から2010年の269までに増加したが、その後、問題のある孤児院を解散したので、2014年には228になっている。入所している児童は6,254人から11,945人に増加している。政府が管理しているのは21であり、残りは外国から支援を受けた個人経営の孤児院で、社会福祉省の許可を受けて運営されている。社会福祉省の許可を受けていない孤児院であっても、内務省の許可を得たNGOが経営する孤児院もあり、それらを含めると倍以上あると推定されている。身寄りのない子どもだけでなく、片親や両親のいる子どもも入所している場合がある。しかし、両親のいない子どもは親戚に引き取られる場合が多いので、孤児院に入る子どもは減少傾向にあるとされている。両親がいる子が孤児院に入るのは、貧困のために教育を受けさせられないためである。孤児院の中には、施設内容に問題が

14　野田真里（2007）「カンボジアにおける民衆主体のコミュニティ発展とガバナンス」西川潤編『東アジアと社会運動』明石書店。

15　UNICEF Cambodia ed., *Mapping of Residential Care Facilities in the Capital and 24 Provinces of the Kingdom of Cambodia*, 2016 & 2017.

あり、身体上や人格上の成長の遅れをもたらしている場合があることが指摘されている。さらには、海外からの支援を得る手段として子どもが利用されているという問題も指摘されている[16]。

ストリート・チルドレンは様々なきっかけで路上で生活するようになった子ども達である。農村から都会や観光地に連れてこられたり、家出して都会に出てきても、すぐに仕事が見つからず、生活するために靴磨き、物・麻薬の運搬、物乞い、屑ひろい、強盗、売春など非合法な行為を含めて従事している。彼らは、教育を受ける機会を失い、または犯罪組織に巻き込まれたり、HIV/AIDSその他の性感染症にかかってしまう場合がある。彼らを保護するシエルターが海外からの支援を受けたNGOによって運営されている。

(2) 母子福祉

妊娠や出産、子育てを通じた母子の福祉問題がカンボジアでは重大な問題となっている。乳児死亡率、出産時の母親の死亡率が高い割合になっているからである。農村では医療機関が少なく、治療を受ける機会が少ないので、死亡率を低下させるのが難しいという問題を生んでいる。

夫に死なれた母子の福祉をどうするのか。夫の家族と一緒に生活するという手段が最も一般的であるが、それができない場合、母子寮のような母子が一緒に生活できる施設が必要になる。しかし、公的な母子寮が少ないという問題がある[17]。

(3) 障がい者福祉

Kingdom of Cambodia(2009)によれば、国内に約20万人の障がい者が存在し、国民の1.5％を占めている。そのうち、男性が56.3％、女性が43.7％となっている。先天性障がい者は31.7％、後天性障がい者は68.3％である[18]。

---

16 岩下明日香(2017)『カンボジア孤児院ビジネス』潮出版社。

17 Patrick Heuveline and Savet Hong, "One-Parent Families in Contemporary Cambodia,"
（https://www.ncbi.nim.nih.gov/pmc/articles/PMC50423291）

18 Kingdom of Cambodia, 2009, *General Population Census of Cambodia 2008*, National Report on FINAL CENSUS RESULTS, August, 2009, p.120,
（https://camnut.weebly.com/uploads/2/0/3/8/20389289/2009_census_2008.pdf）

カンボジアではポリオ、地雷や不発弾の爆発によって障がい者になる者が多かったが、最近では道路の整備にともなってモーターバイクや自動車が増加し、それに伴って交通事故の発生率が高まり、それによる障がい者や、農村における医療体制が不備なために病状が悪化して障がい者となる者が増加している。つまり、戦争の被害者という内戦の後遺症から脱しつつあり、それに限定しない形で、幅広く障がい者への対応が不可欠になってきている[19]。

障がい者に対する偏見が根強く残っているという問題もある。仏教の輪廻の思想に基づき現世の障がいが前世の業によって生じたとする見方があるからである。障がい者は、一般的に貧しく、街頭や市場で物乞いをせざるをえない状況におかれている。障がい者への偏見を除去し、その生活が安定するための政策が必要になっている。

障がい者リハビリテーション・センターでは、主に地雷の被害者と小児麻痺やポリオの後遺症に苦しむ者が対象になっており、そこで義足や補装具を作製し、障がい者がその義足や補装具を利用するための訓練を受けて、日常生活への復帰を目指している。これらの運営には多くの国際NGOがかかわっている[20]。

（4）高齢者福祉

身寄りのない高齢者は、伝統的に親戚の家や仏教寺院で生活することによって介護を受けてきた。都市部では小規模な老人ホームで高齢者の面倒を見ることが行われ始めている。

第2章第3節、61ページで見たように、高齢者の割合が少ない国のために、まだ高齢者福祉は重大な課題にはなっていない。ただ、ポル・ポト政権時代に悲惨な状況に追い込まれ、近年、高齢者になった人たちの中に精神障がいで苦しむ人たちがいる[21]。

19　古山萌衣（2014）「カンボジアにおける障害者の現状と課題」『名古屋市立大学人間文化研究』22号、15ページ参照。
20　漆原克文（2009）「カンボジアにおける障害者福祉の新たな展開について」『海外社会保障研究』166号、42ページ参照。
21　赤塚俊治（2017）「カンボジアにおける高齢者福祉に関する研究」『東北福祉大学研究紀要』41巻、17〜34ページ参照。

（5）企業内の福利厚生

　第9章第2節、265ページで日系企業の事例を紹介するが、一部の企業では福利厚生の一環として、食堂や寮が設置されている。企業内に食堂を設置して、そこで栄養のある食事を無料または安価で提供することが実施されている。これは外部の給食業者に委託している場合がほとんどであるが、雇用する労働者数が多くなければ採算に合わないので、中小零細の企業では実施しにくい。それに代わって食事手当を支給することがあるが、食事手当の支給を受けても、労働者が家族へ送金してしまい、労働者本人の食事内容を豊かにする費用にはならない場合がある。その結果栄養不良となり労働生産性を低下させることになる。

　社宅・寮の提供が福利厚生として行われている企業もある。農村から働きにきている労働者にとって社宅・寮があることは安全かつ安心の住環境が保障されることを意味する。もし、それらがなければ、安いアパートで何人かの労働者と共同で生活せざるをえない。

　通勤の手段として会社がバスや乗り物を提供している企業もある。公共の交通手段が乏しいために、オートバイや自家用車を持たない労働者にとって、交通手段の確保は重要である。

　レクレーション活動を実施する企業もある。カラオケ大会、運動会、新年会、誕生会、バス旅行などが実施されて、従業員との意思疎通が図られている。

▶▶▶　**小括**

　カンボジアの社会保障や社会福祉は財源の問題もあって、限定的にしか実施されていない。公務員や軍人は優遇された社会保障を受けているが、民間部門では制度があってもまだ実施されていないために、十分な社会保障を受ける状況にない。ODAやNGOによる海外の援助に依存する部分が多く、過度に依存する弊害が生まれてきている。ODAやNGOに依存しすぎて、自立した運営が困難になるという弊害が生まれてきている。

　国の政策ではカバーしきれていない分野において、カンボジアでの仏教僧による草の根からの農村開発、それとともに実施される農村での社会福祉事業が展開されている。そのことが内発的発展論を生みだすきっかけとなっており、今後仏教僧がどれだけ開発に指導力を発揮するかが注目される。

▶▶▶ 第9章 ◀◀◀

日系企業における人事労務管理

プノンペン経済特区の正面ゲート

248　第9章　日系企業における人事労務管理

▶▶▶　はじめに

　カンボジアに対する海外からの投資は、第2章第2節(49ページ)で見たように拡大傾向にある。その中でも中国からの投資規模の大きさが際立っている。日本からの投資は、2012年以降を見る限り6位以内に位置づけられており、存在感が増していると言えそうだ。

　本章ではまず、日系企業の進出動向や在留邦人数の推移などを統計数値で確認する。日本からカンボジアへの投資動向とカンボジアにおいて経済活動をする日本人の現況を見た上で、カンボジアで操業する日系企業の人事労務管理の具体的な事例を紹介する。各企業における従業員の採用や、賃金、諸手当、労働時間といった労働条件、その他の人材育成、福利厚生を含めた人事労務管理には、多くの共通点と若干の相違点が見られる。

▶▶▶　1　日本からの投資概況

　諸外国からのカンボジアに対する投資の中で日本からの投資は割合で見た場合、2016年時点で中国に続く2位となっている(第2章第2節49ページ参照)。近年の推移を見てみると、2位から6位の間に位置している。1994年からの2012年までの日本からの投資額(認可)の推移を示したのが図表9-1である。おおよそ数十万から700万USドルで推移している。2007年に突出しているのは大型量販店の進出が認可されたことによる。

(1) 進出企業数

　日本の外務省『海外在留邦人数調査統計』には、日本企業による諸外国への投資の国(地域)別日系企業(拠点)数の上位50位が示されている。2010年以降、カンボジアは投資先として50位以内に位置づけられており、その推移をみたものが図表9-2である。企業の拠点数が右肩上がりで増加しており、それと同時に順位を49位から25位に上げている。

　カンボジア日本人商工会の会員企業数は、2018年12月20日現在、192社(正会員)である[1]。商工会が発足した1992年当時の会員数は10社であったが、2007年には34社となり、2011年から2014年にかけて急増したことがわかる250ページの(図9-3参照)。2014年以降は緩やかな増加になっている。

1　日本からの投資概況　249

図表9-1　日本からの投資認可額の推移（千USドル）

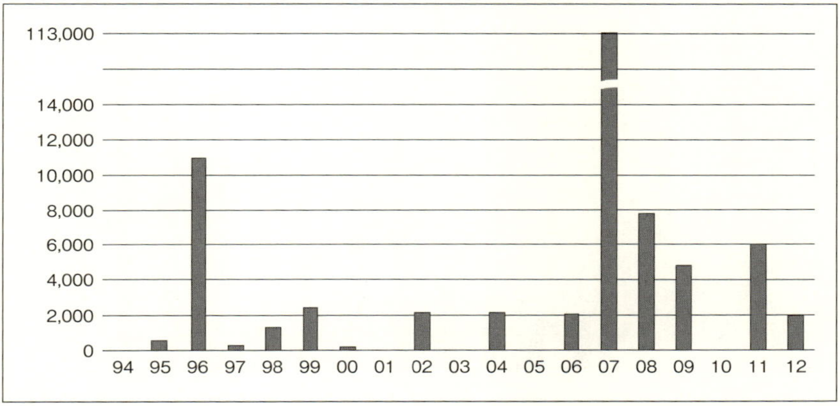

（出所）　National Institute of Statistics, Ministry of Planning, 2012, *Statistical Yearbook of Cambodia 2011*, p.208, Council for the Development of Cambodia, 2013, *Cambodia investment Guidebook*, p. II-4.

図表9-2　日系企業（拠点）数の推移

（出所）　外務省領事局政策課（2018）『海外在留邦人数調査統計』[2]より作成。

1　カンボジア日本人商工会ウェブサイト参照。なお、本章におけるウェブサイト参照の最終閲覧日は2018年12月25日である。
　（https://jbac.info/member/）
2　外務省領事局政策課（2018）『海外在留邦人数調査統計』平成30年要約版（平成29年（2017年）10月1日現在）。
　（https://www.mofa.go.jp/mofaj/toko/page22_000043.html）

図表9-3　カンボジア日本商工会正会員企業数の推移（社）

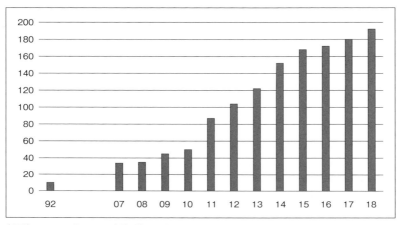

（出所）JETROプノンペン事務所『カンボジアの経済、貿易、投資環境と進出日系企業について』、カンボジア日本人商工会ウェブサイト、JETROおよびJICAセミナー資料等より作成。
注：2018年は12月20日現在の数値。

（2）在留邦人数

　2017年10月1日時点のカンボジアの在留邦人は、3,518人（30位）である。2016年10月1日時点で3,049人（32位）から1年間で15.4％の増加したことになる。1997年や2007年から2008年にかけて減少した時期もあるが、ここ数年は断続的ではあるが、20％以上の大幅増加が続いている（図表9-4(1)と(2)参照）。
　在留邦人数は民間企業関係者、報道関係者、自由業関係者、留学生・研究者、政府関係職員といった区分になっている。252ページの図表9-5に示したのは、経済活動を行っている民間企業の関係者と自由業関係者についての推移である。2017年10月に民間企業関係の駐在者が1,000人を超えている。

（3）日系企業調査結果

　日本貿易振興機構（JETRO）や国際協力銀行（JBIC）は毎年、海外進出日系企業を対象とするアンケート調査を実施している。まず、JBICの調査に基づきカンボジアへの事業展開の現状と今後を日系企業がどのように考えているのかを確認する。次に、JETROの調査のうち、人事・労務に関する質問に

図表9-4(1)　在留邦人数の推移(人)

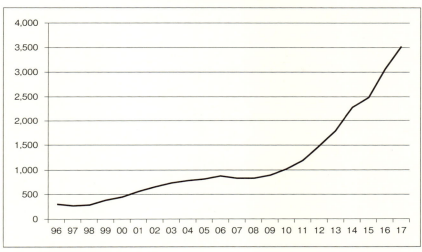

(出所)　外務省領事局政策課(2018)より作成。

対する回答をみる。

(a) 国際協力銀行(JBIC)による調査

　JBICの「わが国製造業企業の海外事業展開の動向」に関する調査[3]に基づいて、投資先としてのカンボジアへの期待度を見てみよう。2018年の調査結果によると、カンボジアは「中期的な有望国」では17位(回答企業数431社中13社が有望と回答)となった(17年の調査では20位(444社中9社)、16年は17位)[4]。第

---

[3] 国際協力銀行企画部門調査部(2018)『わが国製造業企業の海外事業展開に関する調査報告―2018年度海外直接投資アンケート調査結果(第30回)―』。
　この調査は、海外事業に実績のある日本の製造業企業の海外事業展開の現況や課題、今後の展望を把握する目的で、2018年7月から9月にかけて1,012社を対象として行われた(有効回答数605社、有効回答率59.8％)。1989年から実施されており、今回で30回目となる。
　(https://www.jbic.go.jp/ja/information/press/press-2018/pdf/1126-011628_1.pdf)

[4] ちなみに、それ以前の順位と回答企業数は以下のとおりである。2016年：17位(483社中12社)、2015年：17位(433社中14社)、2014年：15位(499社中20社)、2013年：17位(488社中17社)。

252　第 9 章　日系企業における人事労務管理

図表9-4（2）　在留邦人数の推移

	人数	増加率（%）	順位
1996 年	309		－
1997 年	282	△ 8.7	－
1998 年	290	2.8	－
1999 年	389	34.1	－
2000 年	453	16.5	－
2001 年	559	23.4	－
2002 年	655	17.2	－
2003 年	733	11.9	49
2004 年	778	6.1	49
2005 年	818	5.1	47
2006 年	878	7.3	47
2007 年	828	△ 5.7	50
2008 年	827	△ 0.1	－
2009 年	889	7.5	48
2010 年	1,029	15.7	46
2011 年	1,201	16.7	44
2012 年	1,479	23.1	39
2013 年	1,793	21.2	35
2014 年	2,270	26.6	34
2015 年	2,492	9.8	34
2016 年	3,049	22.4	32
2017 年	3,518	15.4	30

（出所）　前図表と同じ。
注：2008 年と 2002 年以前は上位 50 位に入っていない。

図表9-5　在留邦人の民間企業関係者数の推移（人）

	民間企業関係者		自由業関係者	
	本人	同居家族	本人	同居家族
2008 年	169	37	74	24
2009 年	181	62	105	40
2010 年	204	73	154	75
2011 年	255	90	180	75
2012 年	378	111	206	86
2013 年	499	133	255	99
2014 年	687	164	305	115
2015 年	780	214	318	124
2016 年	955	251	377	137
2017 年	1,153	274	529	141

（出所）　前図表と同じ。

1位は、中国（前回1位）、第2位はインド（前回2位）、第3位はタイ（前回4位）となっている。その他のカンボジアの周辺国では、ベトナムが4位（前回3位）、インドネシアが5位（前回5位）、フィリピンが8位（前回8位）、ミャンマーが9位（前回9位）、マレーシアが10位（前回12位）、ラオス20（前回23位）などという結果となっている。ちなみに、バングラデシュは公表された20位までに入っていない。

　この調査結果を中堅、中堅・中小企業に限定した場合、カンボジアは10位となり、前年の11位から上昇している。1位から10位までに挙がる国は大企業を含めた調査結果とほぼ変わりないが、中小企業に限定した場合、カンボジアはマレーシア、ドイツとともに同率の10位に位置づけられている。ここではラオスが16位、バングラデシュが20位になっている[5]。

(b) 日本貿易振興機構（JETRO）による調査

　JETROが2018年12月に公表した『2018年度アジア・オセアニア進出日系企業実態調査』[6]は、「営業利益見通し」「今後の事業展開」「経営上の問題点」「製造・サービスコストの上昇」「原材料・部品の調達」「輸出入の状況」「現地市場開拓への取り組み」「賃金」といった項目について質問した調査結果である。その中で、人事・労務に関する質問項目を中心に見てみると以下の通りである。

　まず、「経営上の問題点」について、「従業員の賃金上昇」を問題点と考える

5　この質問は、「中期的（今後3年程度）に有望と考える事業展開先国名」を1企業で五つまで記入」してもらった結果であり、有効回答が431であった。回答した企業数は示されていない。国別の有効回答数は、中国が225、インド、199、タイ、160、ベトナム、146、インドネシア、131、アメリカ、124などとなっており、カンボジアは13、ラオス、7社である。この順位は、この質問に対する得票率（％）で示されており、有効回答数431社に対して、中国を有望と回答した企業が225社あったので、得票率が52.2％で1位、カンボジアは、13社が有望と回答したので得票率が3.0％で17位であった。

6　日本貿易振興機構（JETRO）・海外調査部アジア大洋州課・中国北アジア課（2018）『2018年度アジア・オセアニア進出日系企業実態調査』2018年12月20日。
（https://www.jetro.go.jp/ext_images/_News/releases/2018/e66211ae2776ee2c/2018report.pdf）
この調査は、2018年10月9日～11月9日にかけて、13,415社への依頼に対して、5,073社から有効回答を得た調査で（有効回答率：37.8％）、カンボジアについては、299社に出した依頼に対して、80社が回答（有効回答率：26.8％）したものである。

254　第9章　日系企業における人事労務管理

企業が有効回答企業の70.9%（昨年調査では82.8%）を占めている。インドネシア、インド、中国、ベトナムなどとともに高い水準となっている。「品質管理の難しさ」を問題と考える企業が54.6%（昨年調査では76.7%）、「従業員の質」では、昨年は60.9%で、ラオスの70.4%、バングラデシュの69.1%に次いで3番目に多い割合となっていたが、今回の調査では49.4%に改善されている。「従業員の質」を問題として挙がったのは、マレーシアやタイ、ラオス、ミャンマーであるが、その中では低い水準だった。そのほか、「原材料・部品の現地調達の難しさ」（54.6%（昨年調査では70.0%））が挙がっている。

　賃金について、月額基本給や年間の負担額、賞与の水準、増加率（前年度比の昇給率）といった項目がある。基本給や年間負担額という人件費の支払額の水準という点では、調査対象の国にオーストラリアやシンガポールといった給与水準の高い国も含まれているため、それほど問題視されていない。しかし、増加率、すなわち前年度からの昇給率という点では問題視する企業が多い傾向が見られる。2018年調査では製造業で7%程度の昇給率であったが、2017年調査では9〜10%の昇給率との回答であった。特に隣国のベトナムと比較して、製造業についてはカンボジアの方が高い水準になっている。また、基本給や年間負担額に着目して、特にエンジニアやマネージャークラスについて、ベトナムよりも高い水準になっていることが指摘できる。

　これらの調査結果を踏まえて、今後の事業展開について見てみると、カンボジアは80社の回答企業のうち52.5%が「拡大予定」、42.5が「現状維持」と回答している。現地従業員の規模について、「過去1年の変化」では48.8%が増加、42.5%が横ばい、8.8%が減少と回答。今後一年の予定では、44.9%が増加、47.4%が横ばい、7.7%が減少と回答している。カンボジアは、経営上の問題点を指摘する声もあるが、事業規模や従業員規模を拡大するという方針をとっている企業が多いことがわかる。

▶▶▶　2　進出企業の事例

　2017年9月から10月にかけて2週間の現地調査を実施した。その際、省庁や労使団体、国際機関のほかに、日系進出企業を訪問してヒヤリング調査を行った。そのうち、事例の掲載の許諾が得られた5社について、人事労務管

図表9-6　現地調査対象企業の概要

	業種	所在	従業員数	設立・開業
A社	製造（縫製業）	プノンペン	900人	2012年7月設立
B社	製造（自動車部品）	プノンペン	179人	2013年4月設立
C社	製造（自動車部品）	プノンペン	1,160人	2011年6月設立
D社	製造（モータ用部品）	ポイペト	1,080人	2012年3月設立
E社	サービス（ホテル）	プノンペン	49人	2015年6月開業

理の各社の事例に関する聞き取り調査の結果を紹介する。

（1）現地法人の概要

（a）事例企業のプロフィール・事業内容

　ここで紹介するのは図表9-6に示した5社である。業種別では、製造業4社とサービス業1社、地域別ではプノンペン4社、タイ国境のポイペト1社である。操業年数は2年から7年で、従業員の規模は数十名から1,000人規模と開きがある。

（b）進出理由および背景

　調査対象企業のA社からD社までの製造業の企業は、カンボジアに進出する以前から中国やタイなどに工場を構えており、生産拠点の代替あるいは補完のためにカンボジアに進出した経緯がある。1990年代に中国に進出したA社は、中国に対する依存度が高すぎると判断し、リスクを解消するために、他の国への進出を検討した結果、カンボジアに進出する場合が多いようだ。中国に代替する生産拠点としてカンボジアを選択し、中国での生産をカンボジアに移管するかたちで規模を維持か縮小している。それに対して、タイに生産拠点がある企業は、タイでの生産の一部をカンボジアに移管して補完関係を構築するパターンである。

　タイに拠点を構えている企業がカンボジアに進出する場合に、カンボジア国内のどこに工場立地をするかで判断が分かれる。B社は、プノンペンを選択し、D社はポイペトを選択した。その違いは、何だろうか。あくまでの工程間分業の一環としてカンボジアに生産拠点を構えるのか、カンボジアを将

来的には独自の生産拠点として発展させていこうと考えるのかの違いのようだ。B社は、タイの工場から陸路で部品をカンボジアの工場に供給し、製品を組み付けて検査し、タイに戻すという工程をもっている。タイ国内の顧客およびタイ経由で諸外国の顧客に納品する。D社も、タイのサプライヤーから陸路で原材料をカンボジアの工場に輸入、加工し、部品としてタイの組み立て工場に輸出するという工程をもっている。タイ経由で諸外国の顧客に納品する。B社がプノンペンを選択したのには、カンボジア工場を独立した一つの拠点として捉えた際の総合力を重視したという経緯がある。カンボジア工場を、あくまでもタイ工場の補完工場として永続的に位置付けるのであれば、ポイペトの選択肢もあった。しかし、プノンペンに工場を構えれば、将来的にはタイだけでなくベトナムにもビジネスを拡大することができ、また社内外の関係者の訪問も受けやすい。加えてポイペトは、B社が進出した当時、まだ未整備な面が多かった。新興国にありがちな法人設立の手続きを考慮すれば、カンボジアの首都プノンペンを離れてポイペトにするよりは、プノンペンの方が手続きがスムーズにできるだろうと考えた。それに対して、D社はタイ・プラス・ワンによる工程間分業のメリットを最大限に生かすことを重視してカンボジアのタイ国境に拠点を構えたと言える。タイとの間の物流は3〜4時間程度で、ポイペトの国境から20キロメートル圏は、荷物の積み替えがなく、スムーズに物資を搬入できる。工程の時間的なメリットを最大限に活かすためにタイ国境を選択した。

(c) 事業規模（生産量、従業員数、利益等）

　調査対象の企業の従業員規模は、49人から1,000人規模までバラツキがある。従業員の構成に着目してみると、女性比率が7割から8割で高いことが特徴として挙げられる。女性比率が高いのは、後述するとおりカンボジア人女性が特に手先が器用であるという特性が活かされる生産工程がカンボジア進出企業に多いからである。B社は調査時点では女性比率が50％台に低下していたが、創業当初は8割程度あった。生産する製品の拡大および作業内容の変化に応じて、男性比率を上げたとのことである。

　従業員の増減については、A社では微増、B、C、D社では横ばいか、あ

るいは減少している。創業から3年から5年経過して、生産効率が上昇したため、従業員規模が大きくならなくても生産を拡大できているという（B社、C社、D社）。

(2) 採用

(a) 募集および求人方法

　従業員の採用方法は、各社ともホワイト・カラーとブルーカラーで大きく異なる。

　ブルーカラー従業員の採用は、創業当初、地方の村落を回って募集する企業が多いようである。C社では、操業から3年間は毎月1回地方に出かけて採用活動をしていた。最近では、従業員から知人や親族を紹介してもらう方法でほぼ求人数を満たすことができるようになってきた。

　創業から3年、4年を経過すると、社内で従業員の知人や親族を対象として募集する方法で求人数を満たすことができるようになってくる企業が多いようだ。ワーカーの採用の場合、選考の過程で、基本的な読み書きや簡単な計算ができるかを試験する企業が多い。小学校卒業者あるいは未就学の者という学歴レベルの労働者をワーカーとして採用することが多いため、創業当初は文字の読めない労働者を採用せざるを得なかった企業もある。

　ホワイト・カラー従業員の採用は、全ての企業が人材紹介会社を利用している。調査対象の企業で、一様に人材獲得に苦慮しているのがホワイト・カラー（管理職、経理、エンジニア等）である。採用面接で求める人材を見極めるように努めているが、採用後に能力不足が判明することが多い。中間管理職、エンジニアの採用において、提出される履歴書と求職者が実際にもっている職業経験や技能が異なることが多いという。履歴書は自分自身で作成するのではなく、専門の業者が作成する場合もあるため、実際のスキルや技能、経歴のレベルよりも高く表記される場合が多い。採用後にミスマッチが起こりやすいので、採用する側としては留意が必要である。ホワイト・カラー労働者の採用は売手市場になっていることもあり、職場の立地によっても良い人材を獲得するのが困難だという。良い人材を確保するには、工場立地の点でプノンペン市内から離れているため通勤時間でのハンディはあるが、福利

厚生面、教育制度等をアピールし、採用に繋げている（C社）。タイ国境の企業
では、プノンペン近郊での求人よりも困難だという認識を持っている。ただ、
プノンペン以外の経済特区も知名度が上がってきているところもあり、優秀
な人材がプノンペン以外に赴任するケースも徐々に見られるという（D社）。

(b) 一般的な新入社員の学歴・特徴

　A社が操業当初、採用できるワーカーの学歴は、小学校卒あるいは中学校
入学直後までの者が平均的だった。既述の通り、A社はカンボジア進出以前
から中国に拠点をもっているが、その中国と比較して識字率は低いという認
識である。全く文字の読めない者が15％程度いたという。創業から3～4年
経過して、基本的な読み書きのできる労働者を採用できるようになった。

　B社ではワーカーの採用にあたって、採用時にカンボジア語の読み書きお
よび足し算・引き算のテストを行っている。工場設立時には読み書き・算数
ができないワーカーを採用し、社内研修を実施していたこともあったが、現
在は作業上の安全確保を考慮し、最低限の教育レベルを求めている。

　D社では、創業当初を振り返ると、マネージャー・クラスの者でも、聞き
手がわかるように順序だてて説明するのが不得手だったという。自身の考え
を説明するにしても、理路整然と話すことができない者が多いという。仕事
の管理が苦手で、やらなければならないことをメモする習慣が身についてい
なく、頭で覚えようとするため、仕事をしていて無理が生じる者が目立った。
仕事の基本的なやり方が理解できないので指導した。管理職クラスが、オペ
レーターや現場リーダーをまとめていかなければならない職務だが、その自
覚がなかった。やるべきことを教えれば、それに従うし、責任感はそれなり
にある。しかし、自分で工夫して、仕事のやり方を改善したり、提案するよ
うなことはない。D社は事業を開始して3年半経過したが、この間、大分改
善されたという。

(c) 獲得に苦慮している人材

　各社ともホワイト・カラー人材の採用は、苦慮している。ポル・ポト政権
時代の圧政によって学校教育が壊滅した影響だということが、ヒヤリングの

場では皆が口を揃えて言われることである。D社ではエンジニアはタイのマザー工場からタイ人、インド人、マレーシア人、フィリピン人、日本人が赴任している。カンボジア人を充てようとしても、それに見合う能力のあるカンボジア人は見つからないからである。専門知識を持つ人材が不足していると考えられる。また、高度人材が不足して売り手市場となっており、少しでも好条件の職があれば辞めて他社に移ってしまう傾向が顕著である。

(d) 採用で特に留意している点

　採用する者の年齢に留意している企業が多いようである。というのは、カンボジアでは特にワーカーの採用で、年齢を詐称して応募してくるケースがあるからである。第4章第6節（128ページ）で詳述したとおり、カンボジアでは18歳未満の労働者に対しては残業を命じることができない等の法律的な制約がある。そのため、企業は採用の条件として18歳以上とする場合が多い。ところが、応募者は自分の兄や姉などのIDを提出して求人に応募してくるケースが少なくないという。実際に、採用してしまい、実際に就労している時点で判明する場合もあるし、判明した時点では18歳になっていたが、一定期間違法状態になっていたという企業もある。過去に誤って18歳未満の者を採用してしまったことが判明した企業では、労働局に相談して一つ一つ問題を解決していっているとのことであった。

　意図せず18歳未満の者を採用しないために、提出書類にはIDのほかに、家族構成がわかる書類、出生届を提出させるようにしているという企業が多いようだ。E社では年に1回、提出書類のチェックを行っている。ただ、現在では国家社会保障基金（NSSF、健康保険）（第8章第1節参照）の登録の手続きが必須となっており、その登録の際に判明するようになっているという。

(3) 雇用契約の形態

　ワーカーの雇用契約形態は、法律の制限となる2年まで有期契約とするのが2社、その他は、2カ月あるいは3カ月の試用期間後に無期契約の締結をしている。A社では最初、3カ月の試用期間の有期契約の後、3カ月や1年の有期契約を更新して、合計で2年間の有期契約期間を設けている。その目的

は、人物を見極めるためである。半年程度雇用すれば、その従業員の良し悪しは大体わかるという。

B社では採用してスタッフは3カ月、ワーカーは2カ月の試用期間を設けている。そこで勤務態度等を評価している。その後、2～6カ月の有期契約を更新して、計2年の有期雇用契約を経て無期に転換する。その間に勤務状況・能力を評価して無期契約を締結するか否かの判断をする。

その一方で、C社ではワーカーは無期雇用としている。一定の割合の離職があり、有期雇用と無期雇用の違いは特に感じない。E社では3カ月の試用期間を設けており、その後、無期契約を締結している。

パート労働者として採用している企業はなかったが、D社では、ワーカーに関して派遣労働を活用している。D社が立地する経済特区の事務局が派遣元となって、労働者の募集、登録、就業前の訓練を行っているが、そのサービスを利用している[7]。スタッフについては直接雇用契約を締結しているが、採用から3カ月の試用期間を設けている。

(4) 賃金(給与)、諸手当、賞与

(a) 賃金(基本給)

現行法では法定最賃は縫製業と製靴業の企業を対象としているが、日系企業の多くの製造業では縫製業以外でも、法定最賃に従った賃金を支払っているところが多い。勤続年数による加算についても、4章第4節(7)でも詳述した通り(122ページ参照)、法定最賃の制度で10年目まで定められている規定に即して支払っている。調査対象の5社は、製造業、サービス業を問わず法定最低賃金制度に従った賃金を支払っている。

(b) 手当

カンボジアの法定最賃は、第4章の最低賃金制度の説明で詳述したとおり、基本給以外に「皆勤手当」と「通勤手当」「住居手当」の額が設定されている。

---

7 D社が立地する経済特区事務局による労働者派遣事業については以下のウェブサイト参照。
(http://www.sancosez.com/ja/labor/)

B社は法定手当とは別に、ワーカーを対象に「成果手当」、「技能手当」、「光熱費手当」を支給している。「成果手当」は月次の勤務態度・業務成果を評価し、基準を満たした場合に個々人に対して手当を支給するというものである。「技能手当」は個々人の技能習熟レベルに応じて支給額を定める手当であり、フォークリフトの運転技術、品質検査に関する技術もその対象となる。いずれの手当も原則、毎月評価を更新し、従業員の努力が報酬に結びつくようにすることでモチベーションの向上を図っている。

C社では、法定の「皆勤手当」「通勤手当」が支払われているほか、「役職手当（リーダー手当など）」「技能手当」がある。製造・組立作業が速く上手い従業員を対象として、5段階で評価して手当の額を決めている。3カ月に1回テストを実施して正当な評価づけを行っている。

D社では「皆勤手当」「通勤手当」「住宅手当」の他、「食事手当」を支払っている。「住宅手当」は工場近隣に居住する従業員のアパート代が主になるが、親元に住んでいる者にも支給している。「食事手当」は一律で1日80セント支給している。D社では食堂を設置しているが、工場近隣の価格よりも安価なメニューを提供している。女性従業員が多く、提供される食事の量が多いので、一品注文して2～3人でシェアして食べている者が多いようだ。30セント出せば3種類食べられることになる。

E社では業種として法定最賃の適用対象ではないが、法定最賃水準以上の給与を支払っている。昇給に関しても、その年の動向を見ながら毎年昇給を行っており、「皆勤手当」も支払っている。以前、欠勤や遅刻が多いことが人事管理の課題となっていたが、皆勤手当を支払うことによって、遅刻や欠勤を減らせるのではないかと考えて導入したそうだ。実際に、欠勤や遅刻は目に見えて改善されたという。

(c) 賃金高騰の課題

法定最賃の引き上げに伴って、対象業種以外の企業でも賃金が引き上げられる。進出当初と比較して2.5倍に上がってしまったため、当初計画におけるコストの想定範囲を超えている企業もある。タイから2012年に進出してきた企業では、当初、タイ法人と比較して3分の1程度の賃金水準が魅力的

だったが、調査時点（2017年10月）では6割程度まで上がったとする企業もある。2018年の総選挙を控えて政治的な判断により、2018年1月の最賃の引き上げが高水準となったことは、企業経営者として疑問や不満に感じる声が多い。最賃委員会で物価上昇や経済成長等の統計数値を踏まえて引き上げ率を検討したものの、最終的には政治判断が加味される仕組みとなっており、その根拠の不透明性が疑問や不満の要因ともなっている。企業経営者にとって、労働生産性の向上が伴う賃金の上昇はむしろ喜ばしい。しかし、カンボジアの労働生産性は決して高くはないため（第2章第5節69ページ参照）、政府が根拠なく最賃を高い水準で引き上げ続ける方針に疑問をもっている企業経営者も多いようだ[8]。各社とも賃金高騰に対する対応は経営努力によって生産効率を上げていくしかないとしている。だが、賃金上昇に敏感な縫製業では、賃金高騰が続けば撤退も視野に入れなければならないとしている。

（5）就業時間

製造業の企業では、昼夜2直を採用しているのが3社、夜勤を設定していないのが1社であった。就業時間は8時間で、午前は7時半あるいは8時の始業で、午後4時30分あるいは午後5時の終業である。残業は常にあるわけではないが、受注数量、納期によって2時間程度、残業があるところが多いようだ。

残業をさせる理由は納期や受注量の達成ばかりではない。納期や生産量の観点では残業をさせる必要はないが、競合他社が残業をやらせており、手取りの賃金額を競合他社に遜色ない水準にするために、残業を敢えてさせている場合があるという企業も調査対象企業の中にはあった。

休日出勤がある企業では、割増賃金の支払いについて異なった考え方が見受けられた。A社では数年前、お盆が週の真ん中の日に当たる暦だったため、日曜日を出勤日として振り替える勤務体制を従業員に提案したという。カレンダー通りに出勤しても生産効率も、出勤率が悪くなるため、会社側から提

8　確かに、第4章第4節でも既述のとおり、カンボジア政府は物価上昇率等に基づいて最賃引上げ額を決定しているが、政治的な判断に基づいて上乗せされていることについて、疑問を持つ者も多いようだ。

案したところ、従業員は受け入れてくれた。この場合の休日出勤は休日出勤としての割増を払わなかった。労働組合によっては休日出勤として割増を要求してくるところが多くある。しかし、A社では労使合意に基づく振替であって、単なる休日出勤ではないため、割増賃金の支払いはしないと判断した。

　しかし、企業によっては、日曜が定期出勤の日でウィーク・デイが休日になっている従業員にも割増賃金を支払われるべきと指摘されて、実際に支払っているところもある。サービス業の企業では土曜、日曜も営業しており、通常の勤務日が土日に当たる者が少なくない。そうした通常勤務が土日に当たる労働者に対して、割り増し賃金を支払うのか否かは企業によって判断が分かれるところである。

（6）配置・昇進・昇給

　管理職の配置について、マネージャー・クラスにカンボジア人を充てている企業はあるが、全てのマネージャーのポストにカンボジア人を配置するのは難しいという。採用に関する項目でも触れたが、ホワイト・カラー人材が不足しているからである。部分的にタイ人や中国人をはじめとする外国人を充てる企業が多い。

　カンボジア人ワーカーをリーダー・クラスに充てる企業は多いが（A社、B社、D社）、スーパーバイザー・クラスに昇格させる企業もある（D社）。

　ワーカーの昇給については、会社独自の賃金テーブルが設定されているわけではなく、法定最賃の規定がそのまま昇給テーブルになっている企業が多い。最賃が毎年引き上げられるため、独自に賃金テーブルを設定しても、毎年改定する必要があるためである。

（7）人材育成

（a）企業内で行われる基礎教育

　採用の項目でも触れたように、カンボジアのワーカー・レベルの労働者の中には、小学校卒あるいは中学校中退レベルで、基本的な読み書きができない者が少なくない。カンボジアの識字率の低さに対応するために、ワーカーの基礎教育のための学校を設置している企業が1社、調査時点では設置して

264　第9章　日系企業における人事労務管理

いなかったが、過去に設置していた企業が1社あった。B社では調査時点では必要性がなくなったが、創業当初、クメール語や算数を修得するための研修を行っていた。A社では、離職率を下げる目的で日本語学校を設置している。日本に派遣して研修を受ける制度を設けたところ、従業員の会社への信頼度が高まったという感があるという。

(b) 企業内の技能研修

　B社では、工場内に入社後の研修を受けるエリアが設けられている。まず、職場での安全について学ぶ。安全メガネ・安全靴を装着する目的や、生産機械の取り扱いにおける安全リスク、五感を使った危険の察知など、工場での作業に関わる基本的な安全知識を教育する。次に組付け・検査の知識・スキルを学ぶ。玩具を使ったライン作業を体験するコーナーや、半田付けなど要素スキルの練習設備、不良品の検出訓練設備などが設けられており、ライン作業における基本的なルールの理解、作業の固有スキルや品質検査スキルの習得を図っている。いずれの研修においても模擬設備・ツールを使った実体験を通じた教育を施しており、基礎教育水準が十分でないワーカーでも、経験を通じて学べるよう工夫している。これらの研修を入社後約2週間実施し、基本を学んだ上で実際のラインに入ることとなる。

(c) 産業人材育成の事業

　B社は社内の人材育成だけでなく、カンボジアの産業人材育成に貢献するために、カンボジア工科大学と連携して、2016年から寄付講座の提供を開始した。学生だけでなく教員も対象とし、民間企業の考え方と実践的な知識を学ぶ機会を提供している。2016年は、SQCDや5Sなど[9]業種に関わらず幅広く製造業で必要となる基本的な知識・ノウハウを題材としたワークショップを開催し、工科大学の機械系や電気系の学生・教員30名程度が参加した。カンボジアの製造現場により近い事例を挙げるために、タイのトレーニング

9　SQCDは、S(Safety)＝安全衛生の確保、Q(Quality)＝品質の確保、C(Cost)＝原価の確保、D(Delivery)＝工期・工程の確保の頭文字をとったもの。5Sは、「整理」「整頓」「清掃」「清潔」「躾」のローマ字綴りの頭文字をとったもの。

センターからマスタートレーナーを招いたり、より実践的な学習機会となる
よう、講座に工場見学を折込み、実際の作業風景や管理手法を現地で紹介す
るなどの工夫をしている。

B社はカンボジアの大学教員に民間企業のノウハウを伝承し、最終的には
カンボジア人の教員からカンボジア人の学生に対して実践的な教育が展開さ
れていくことを目指している。上記の考えに沿い、2017年からは工科大学
との連携を強化し、大学の既存の講義にB社のノウハウを盛り込むと共に、
教員への指導ノウハウの提供にも取り組んでおり、B社による寄付講座が終
了した後も、カンボジア人の教員が自分自身で講義できるよう取り組みを進
めている。このプログラムはカンボジアにおける産業人材育成に関して重要
な役割を果たすと思われる。

(8) 福利厚生

アジア諸国に進出している日系企業が取り組む福利厚生には共通するもの
が見られる。寮や食堂の設置、イベントの開催などである。

寮の設置は5社中3社だった。工場からそれほど遠くない場所にあるアパー
トを1棟あるいはワンフロア借り切って、従業員に貸与するかたちが多い。
C社では寮として2棟借り切っており、女子寮のためフェンスを敷設してセ
キュリティガードを配置して24時間管理するかたちを取っている。通勤に
は会社が手配したトゥク・トゥク[10]を利用するところが多いようだ。

食堂の設置は、5社中2社だった。B社では朝昼晩、3食提供している。地
方から出稼ぎするワーカーが多く、実家で農業を手伝った経験しかない者、
親元を離れての生活が初めての経験という者ばかりだった。送り出す親御さ
んの安心感を含めて、企業側が衣食住を完備することが必要だろうと判断し
た。C社では昼食と残業のときの夕食を無償で提供している。食堂の運営に
は業者が2社入っており、従業員は献立をみて好きな方を選択できるように
している。D社では、工場内に食堂を設置しており、昼食と夕食を提供して

---

10 タイで普及している数名が乗車することができる三輪自動車のタクシーを示すものだ
が、日系企業が手配するトゥク・トゥクは、30名ほどが乗車できる大型のもの。第7章
の扉(223ページ)にトゥクトゥクによる通勤風景の写真を掲載している。

いる。手当の項目でも触れたように、有料だが近隣で食事をするよりも低い価格で食事を提供し、食事手当も支給している。食堂を設置している企業では、メニューの種類や味に対する要望や不満が出ることが多く、その都度、業者を求めることが日常茶飯になっている。ある企業では以前は食堂を設置していたが、メニューや分量の趣向が従業員の間で多様なため、不平不満が多数、出されたことを踏まえて、紛争を起こしてはいけないという判断から閉鎖して食事手当に切り替えたところもある（A社）。

そのほかの福利厚生として、工場内にミニマートを設置して、従業員が飲み物やスナック類を工場内で市中よりも安価で購入できるようにしている企業が2社あった（B社、C社）。

イベント等の開催は、社内の従業員と会社側の相互理解を促進したり、仕事に対する士気を向上させたりする意味合いから重要視されている。会社が従業員に信頼されるようになる取り組みとして重要である。イベントの内容としては、社内でパーティを開催する企業が調査対象の全5社であり、その他に、社員旅行の開催する企業や、お寺を巡礼するツアーの開催、スポーツイベントの開催などである。カンボジアでは仏教が重んじられているため、宗教を尊重したイベントの実施は効果的である。

また、法律で義務付けられていることではあるが、救護室の設置や看護師の常駐については、どの企業も何らかの形で取り組んでいる。カンボジアの製造業では若い女性を大人数雇用する企業が多いこともあり搾乳室を設置する企業もあった（B社）。

(9) 企業内ルール・就業規則

(a) 労働契約書・就業規則

労働契約書や就業規則の作成は、労働・職業訓練省が示しているモデルに従って作成している企業が多い（D社以外）。基本は政府のモデルに従いながら、必要に応じて自社の独自の規定を設ける企業もある（C社）。D社では、就業規則は政府モデルに則ったものではなく、タイ法人の規則をベースにして、カンボジアの法規に即して修正した独自の就業規則をつくった。その場合を含めて、法律に詳しい者に助言を求めている場合が多い。

（b）行動規範

　各社とも企業内ルールの徹底に何らかの形で苦慮している。B社では、操業当初、工場内では帽子着用が義務づけられているにもかかわらず、それに従わない者がいたという。だが、きちんとルールを伝え続けていれば、徐々にルールに従う文化が定着していったという。基本的にはカンボジア人はルールに従う真面目な性格で、決められた制服や履物をきちんと着用しないというようなことはなくなった。

　基本的な行動規範を守らせることに苦慮している企業もある。仕事中のトイレに関するルールに従わず、苦慮した経験をもっている企業もある[11]。残業を命じたところ友人が帰宅するので一緒に帰宅したいと申し出てくる場合もある。ただし、作業中のトイレ行きや残業の拒絶をとがめたりすれば、労働法の強制労働違反に当たる場合もあるため、留意する必要がある（A社）。

　欠勤する場合はきちんと連絡をするといった日本人にとって当り前の習慣が、まだ十分には身についていない部分があり、時間をかけながら企業風土として定着させていく必要がある、という考えをもっている企業もある（B社）。

（10）従業員の勤務状況

（a）勤労意欲・人材としてのカンボジア人

　カンボジア人の勤労意欲、人材としてのカンボジア人を日系企業ではどう捉えているのだろうか。

　カンボジアの製造業の企業の多くでは、細かい組み付け作業が主となる。作業の適性を踏まえて、視力がよい者、長時間の繰り返し作業に耐えうる人材を企業は求める。

　カンボジア人の特に女性は手先が器用で、目がとても良い。拡大鏡をつかわなくても細かいものが見る作業ができる。しかも長い時間同じ作業をするのに向いているという。しっかり教えたことについては、きちんとやってくれる。こうした見解を各社が共通して持っている。集中して黙々と作業をす

11　第7章第3節229ページで触れたように、休憩時間内にトイレを済ますことができるように、従業員数とトイレの数に関する規定もある。

268 第9章 日系企業における人事労務管理

るのは女性の方が適しているという(B社、C社、D社)。

　その一方で、歩行を伴う作業、複数の工程のある作業をこなすという点では男性の方が向いているという見解をもっている企業もある(B社)。

　既述のとおり、勤勉性が高く、教えられたことや定められたことを、適切に行うという長所があり、作業要領を整理し丁寧にし続けていくことで、将来的に高品質で高生産性を実現するポテンシャルは十分にあると考えられている(B社)。

　男性を含めて、基本的にまじめで、騒いだりすることもなく大人しいという印象をもつ企業が大半だ。だが逆に、大人しすぎて何を考えているのかわからないことがあるという課題を挙げる企業もある。言いたいことををはっきりと言ってくれないことで困ることはあるという。日本人の側からカンボジア人に対して積極的に聞けば答えてくれるが、自発的にはあまり発言しない(D社)。

(b) 出勤(欠勤)

　欠勤率は、カンボジアで平均的な企業では6～8%と言われている。A社では、休日明けの月曜日の欠勤率2%程度で、祭日出勤でも出てくる者が多い。お盆明けも同じ程度の欠勤率であるから低い欠勤率を達成できているという。B社では出勤率95%を目標値としており、概ね達成できている。

　出退勤の管理は、指紋認証を採用している企業が多いようだ。タイムカードで管理すると、他人のカードを不正に打刻することは避けられないため、指紋認証にしているという(C社、D社)。また、残業に伴う夕食の手配の運営管理のためにも、指紋認証による管理をしていれば、数量を確認する手間も省けるという。残業は本人の同意が必要であるが、指紋認証により本人の同意を得たこととして記録を残している(C社)。

(c) 離職

　離職率は、2013年から操業するA社では当初からの従業員が半数程度を占める。現在の離職率は、年2%程度、一般的なカンボジア企業の離職率は4%だから低い方だという認識である。創業当初、離職率は高かったが、5年経

過して安定した感があるとのことである。

　B社の離職率は、2016年には月の平均で1%を切る水準であり、同社とし
ては低い水準となっているという認識である。

　C社では、創業当初は勤続半年での定着率が3割を切っていたという。あ
まりにも定着率が低いため、原因を検討してみたところ、基本的な読み書き
の能力が欠けているために、仕事を辞めてしまうケースが多いことがわかっ
た。基礎教育を行う学校を社内に設置して、基礎学力の向上に取り組んだ結
果、60%以上にまで上がったという。

　そうした離職の理由として多く挙げられるのが、家族に関係することであ
る。B社で離職する者の最も多い理由は、家族のケアが必要となり実家に戻
るケース、あるいは家族が実家に戻ってきなさいというケースである。また、
夫ともにプノンペンに出てきた女性が、夫が実家に帰るので一緒に帰るとい
う場合もある。このように家族に関わる理由が最も多い。文化として家族の
つながりが強いため、親元を離れて3年も勤務すれば、親が一緒に暮らすよ
うに求めてくる者が多いようだ。事業開始当初、離職理由として、「立ち仕
事ができない」「夜勤ができない」という理由もあったが、現在ではほとん
どなくなっている。

　D社ではかつて、「仕事がきつい」「朝、起きるのが辛い」という理由で離職
する者がいたが、調査時点では少なくなったという。D社の仕事内容は決し
て楽な作業ではないという。ただ、空調、工場内の気温などの作業環境面で
は、企業としては良好な方ではないかという。

(11)企業内、工場内コミュニケーションおよび労使関係

（a）社内のコミュニケーション言語

　A社では日本語・クメール語の通訳を介してのコミュニケーションが基本
である。

　D社では、社内のコミュニケーション言語は、オペレーターと日本人の間、
タイ人スタッフの間のコミュニケーションは、基本的に英語である。オペレー
ターと管理職の間の英語によるコミュニケーションは、完璧ではないがある
程度のことは英語で理解しているという。

(b) 改善・提案制度

　ここでは生産現場における作業改善の取り組みのほか、職場全般に関する従業員からの意見徴収の取り組みについても取り上げる。改善・提案を従業員から受け付ける取り組みを行っている企業が3社あった。しかし、制度として定着しているとは言いがたいのが実状である（A社、B社、D社）。

　A社では、工場内には「カイゼン」と書かれたボードが掲げられており、トヨタ・システムを指導する講師が定期的に来訪している。だが、カンボジア人は、まだ、製造工程をカイゼンする能力や知恵をつけるというレベルまでには至っていない。簡単な工夫をして作業をすると、仕事のやり方が効率的になる具体例を教えているレベルである。改善・提案を受け付ける制度はあるが、なかなか挙がってこないのが実状である。良い提案に対して懸賞金を出す取り組みもしており、多数の提案が寄せられるが、内容的には幼稚な内容ばかりで、実際に報奨金を出すのか判断が難しい。稀に効果が見られる提案が出されることはある。A社では冬用の衣類にダウンを入れる工程で、台に大量に広げられた羽毛を吸引して、素材の内部に詰めていく作業は、以前は15人程度の人員を必要とする作業だったが、用いる道具を工夫した結果、5人程度でできるようになった。機械設備に投資して同じような効率化をはかるためには、200万円程度を必要とする改善内容だった。このカイゼン提案に対して褒賞として1件5ドルを拠出した。

　B社では、生産現場に関する改善提案制度を導入しており、従業員皆で改善を考えることの重要性の啓蒙に取り組んでいる。現時点では管理者・リーダーによるサポートが必要な段階ではあるが、実際にワーカーからも安全・品質・生産性それぞれに関わる改善案が挙げられている。また、エンジニアにおいても、同社タイ工場のタイ人エンジニアからの指導・アドバイスを得ながら作業工程の改善や設備保全の強化に取り組んでいる。今後は従業員が個々人が経験を積み重ね、カンボジア人従業員が主体的に改善・提案が出てくる姿を目指している。

　D社でも提案制度として、社内に箱を設けて従業員からの改善提案・意見を集めようとしているが、提案や意見が入っていることはあまりない。提案を促すことを目的として賞金を出すというやり方はやっていない。

（c）従業員代表制などの労使対話・協議

調査した5社とも従業員代表者を職場単位で選出して、労使のコミュニケーションを行っている。

A社では、定期的に経営・管理職層と従業員との間のコミュニケーションのため話し合いの場を設けている。各職場・部署ごとに1名ずつ代表者が選出されており、15〜16人程度のメンバーが集まってミーティングする。

B社での従業員代表との会合は、月1回労使懇談会として、話し合う場を設けている。従業員代表として数名、それに加えて数名のアシスタントが参加する。経営側からは、従業員と管理職が力を合わせて職場環境をより良くしていくために、密な話し合いを継続していくことが重要であることを常々伝え続け、労使協調の大切さの理解浸透に努めている。

その他、月1回人事総務スタッフが昼休み工場現場に席をもうけて、従業員から何でも相談を受け付ける窓口を設置している。ワーカーのオフィスへの入りづらさへ配慮し、現場で困っていることを聞く機会としてこの窓口を設けている。例えば、「手当の支給の方法」や「医療費の補助の方法」など疑問があれば、何でも聞くことができる窓口という趣旨である。加えて、匿名での意見を集めることを目的に意見箱（sugestion post）も設置されている。従業員が意見を言いやすい環境を整備し、コミュニケーションを絶やさないようにすることが大事だと考えている（B社）。

C社の従業員代表は、各部署から正副それぞれ10人ずつが選挙で選ばれる。従業員代表と会社側との会合は不定期に行っている。定期的に行っているのが、社長と従業員との昼食会で、1月1回開催している。各部署から任意で参加する。オペレーターが社長と直接、話をすることのできる貴重な機会となっている。議題として挙がるのは、居住している寮や食事のことが中心であり、従業員が何か困ったことがないか会社側が把握する機会となっている。過去に挙がった意見として、職場環境の改善に関することが多い。例えば、「工場内のエアコンの効きがわるくて室内が暑い」「食事のメニューが同じものばかりで、特に夜勤のときに不満に思う」などがあった。食事については業者に改善するように伝え、エアコンについては清掃を徹底するように対応している。

272　第9章　日系企業における人事労務管理

　D社の従業員代表は、カンボジア人のスーパーバイザー・クラスの15人（女性が4人）が選出されている。この代表と月1回の情報交換する会を開催している。以前、工場長がインド人だったときには、トップダウンの管理だったため、管理職と従業員の定期的な情報の交換の場は設けられていなかった。日本人がトップに赴任することで従業員代表との対話が始まった。風通しのいい組織を目指している。従業員から話をいろいろと聞いて、対応するようにしたところ成果が表れている。「以前は、自社の売上や業績の状況について全く知らされていなかったが、現在では経営層と従業員の間でシェアされるようになった。業績状況を説明して収支表を見せても、当初、従業員は、全く理解できないようだった。業績の説明を1年ほど続けたところ、従業員も企業の業績について議論できるようになった。現状の利益がどのような水準にあり、給料を上げることができるのか否かという話を理解してくれている」など。そうした情報の共有の結果、経営に参加する意識が芽生え、不良率を引き下げ、品質改善しなければ利益が上がらない、結果として給料も上がらないという話もできるようになった。

　E社での従業員代表との対話では、日本人駐在員として、極力話をするようにしており、何か意見や問題があったら申し出るように伝えているが、なかなか出てこないのが実状である。

(d)　労働組合

　第6章で述べられている通り、カンボジアの労使関係は未だ成熟した状態にあるとは言えず、現地に進出する日系企業も、現地従業員とのパートナーシップの構築において、労組との関係構築に苦慮する状況も垣間見える。第5章165ページで示しているように、カンボジアの法制度は「従業員8人以上の企業に対して労働組合とは別に従業員代表を置くこと」を求めている。このことは、進出企業が労組と従業員代表が併存する二元的な労働者代表制に直面させられるということを意味する。また、第6章196ページで触れたLO-FTFの調査[12]によれば一企業当たりの労組の平均数は3.96であり、企業内に複数の組合が存在することが多い。さらに、一部の企業別労組が加盟する産業別労組は縫製業を中心に国内100近く存在するとされ、中には小規模

で不安定な組織も混在している。これが企業レベルの労使関係に関与することにより、問題をより複雑にするケースがあるようである。

今回のヒヤリング調査[13]によれば、調査対象の5社中労組が設立されていたのはＡ社1社のみであった。Ａ社には労働組合が二つ存在する。一方の労組は外部に上部加盟組織を持つ組合で15人程度、もう一方は5人～6人程度が加入している。団体交渉は頻繁に行っている。以前は要求項目がばらばらで統一感がなかったが、最近は二つの組合の間で綿密な話合いを経てから要求を会社側に提示するようになっており、統一された要求内容となっている。労組との間で労働協約の締結をしているが、それぞれ二つの組合と同じ内容の協約を締結しているという。

労使対話は、従業員代表との対話が実質的な意味を持つ。労組については、数年前までのカンボジアにおいては組合が林立し、中には組合費徴収を目的とするような団体も散見されたが、2016年の労働組合法制定以後は、そういう労組はほとんど見られなくなった。従来からある大きな組合は、2016年の労組法制定以降、よく勉強しており、不毛な労働紛争を起こすことは、グローバル競争下で不利になるという認識をもっているようである。こうしたことから、きちんとした労使対話がカンボジアでもできつつあると感じているという。

（ア）二つの組合設立の経緯

第6章でも述べられている通り、カンボジアの労働者自身は必ずしも、こうした分立型の組合を望んでいるわけではない。

Ａ社の事例では、外部に上部加盟組織を持つ一つ目の組合は、従業員寮における勧誘活動により組合に加入させていったという（Ａ社経営側の見解）。従業員の中にはこうした動きについて異議を唱える者もおり、労使対話がきちんとできる労組をつくってほしいという要望があり、二つ目の組合が設立さ

12　Nuon, Veasna, and Melisa R. Serrano, 2009, *Baseline study on the violations of the Cambodian Labour Law*, Unpublished report based on a research project commissioned to the authors by LO-FTF Council Denmark, Cambodia.

13　今回調査で実施したヒヤリングはマネジメント側からのみであり、労組側を対象とするヒヤリングは実施していない。

れた。従業員から会社側に対し、本当の意味で従業員の代弁者となり、経営側ときちんと対話できる労組が必要であるという訴えがあったという。ただ、調査時点では、第一組合も第二組合も組合員は少数に止まっている。

（イ）労使紛争の発生要因とその対応

　労使紛争は些細なことが要因となって起きる可能性がある。残業命令の仕方やトイレ休憩の取り方といった日常のたわいのない問題に対して人事担当者がうまく対応していなければ、ストが起きる要因となるという。A社ではカンボジアで操業当初、ストが頻繁に起きた。ストが起きると納期遅れ、品質不良が起き、生産性も悪くなる、というような悪循環が生じていた。最初のうちは、なぜストが起きるのか意味がわからない状態だった。2年目になって状況を客観的に把握できるようになった。カンボジア人労働者の特性を充分理解した人事担当者、法律に長けている専門家の助言を求めるのが賢明である。

（ウ）2016年労組法制定以降の変化

　A社は操業当初の2013年には、ストが発生して苦労した経験をもっている。当時のストは労働組合が未成熟であったために起きていたと考えている。一部の従業員が部外の労働運動指導者に扇動されてストライキを起こしているようなところがあった。労組が企業に要求するにしても、激しい物言いだった。A社には、中国での労務管理の経験もあったので、無理な要求には妥協しない姿勢を貫いた。同じ経済特区の中にある企業同士で情報交換をしたり、経済特区事務局には日本人のスタッフがいたので、労組の動きに関する情報の共有をして対応した。労働局も特別区の中にある。

　調査時点の2017年には労働組合活動の質が変わってきたという認識をもっている。2013年当時は、労働関係法規は労働法しかなかったが、2016年に労働組合法が制定された。この法律に則った労使関係ができつつある。徐々に秩序だった労使交渉ができるようになってきていると感じている（A社）。

▶▶▶ 小括

　カンボジアは、隣国のラオスやベトナム、ASEAN諸国の中でも同じように後発国であるミャンマーと比較される場合が多い。実際、われわれの調査に協力していただいた日系企業も、進出先を検討する過程でラオス、ベトナム、ミャンマーを選択肢としているケースが多いようだ。本章の第2節の企業事例の進出の経緯のところでも触れたように、選択肢に挙げた国々の間で比較検討した上で、消去法で進出先を決定する場合が多いようだ。どの国にしても進出を後押しする有利な点とともに、足踏みさせてしまう難点を持つが、カンボジアへの進出を検討する場合、躊躇させてしまう主な点は、教育水準の低さと法定最賃の大幅引き上げに伴う人件費の高騰であろう。教育水準の低さは、ポル・ポト政権時代の圧政の影響が今なお残っていると、そこかしこで耳にした。また、法定最賃の引き上げは、政権与党の人気集めに利用されているきらいがあり、2018年に行われた総選挙を間近に控えて、2018年1月にも上乗せして最賃が引き挙げられた。3〜5年前まで投資先として魅力的だった人件費の安さは薄れつつある。

　もう一つ難点を挙げるとすれば、労使関係の不安定さだろうか。2013年の総選挙の際は、ストライキ件数、労働損失日数が著しく増加した。2016年に労組法が制定されたこともあり、2018年の総選挙に際しては目立った労使紛争は起きなかった。ただ、労働組合が未だ乱立する状態であり、不安要素が払拭されたわけではない。

　こうした難点とは逆に、カンボジアへの進出を実際に決めた企業が投資先の魅力として挙げるのが、労働力の若さや宗教・習慣が日本に近いということである。若い女性は手先が器用で長時間繰り返し同じ作業をこなすことができ、真面目な性格の労働者像は、日系企業関係者に高く評価されている。人口ボーナス期はまだ暫く続くと予測されているので、カンボジアの若い労働力供給は引き続き投資先としての魅力的な要因となるだろう。宗教上留意すべきことがないわけではないが、イスラム教国と違い、同じ仏教国であるため価値観の相違がそれほど大きくないことも日系企業の投資先として魅力的にうつる。日系企業関係者の中には労組法が制定されて無闇矢鱈と労組が結成されたり、紛争が起こされたりすることはなくなったようだという認識

が定着している。きちんとした労使の対話ができつつあると語る方もいる。

　ただ、賃金が上昇していく中で、労働生産性が今後、どの程度向上していくのか、日系企業関係者も注視していく姿勢を見せている。カンボジアが中進国へと成長していくためには、低付加価値生産から高付加価値の生産へと移行していく必要があるが、労働生産性の今後の動向は、カンボジアへの投資額が増えていくのかの鍵となるだろう。若い労働力供給が続くというだけでは中長期的な成長を見込むことができなく、高度人材の供給ができるのかが今後の投資先としてのカンボジアが有望かどうかを判断する材料になってくるだろう。

索　引

あ行

一般特恵関税制度　204
移民労働者の権利の保護と促進に関する
　　ASEAN宣言　150
医療　239
インフォーマル労働　198
インフレ率　44
オープン・ショップ制　160
汚職防止法　182

か行

海外労働者送り出し　80
皆勤手当　121
解雇　144-147，155
外国人　138
外国投資　48
外国投資法　41
解雇紛争　147
解雇補償金　115
解雇労働者の復職　155
下院(国民議会)　37
家族手当　112
学校教育　84
観光産業　50
カンプチア人民共和国　15，22，99
カンボジア王国　15
カンボジア王国憲法(1993年)　24，41
カンボジア開発協議会(CDC)　48，90
カンボジア使用者協会(CAMFEBA)　197，
　　204，205
カンボジア人権センター　134
カンボジア全国労組同盟会議(NACC)　200，

201
カンボジア日本人商工会　248
カンボジア縫製業協会(GMAC)　34，196，
　　204，206
カンボジア労働組合連合(CCU)　200，221
カンボジア労働組合連盟(CCTU)　200，221
カンボジア労働総連合(CLC)　189，200，
　　221
企業内コミュニケーション　269
企業内訓練　94，263，264
基礎労働組合　159
基本給　112，260
救国党　33，203
休職　141
求人方法　257
給与　260
給与台帳　112，113，115，140
教育・青少年・スポーツ青年省　91
行政権　38
強制登録制度　162
強制労働　131
組合費　115
クメール・ルージュ　18，19，21，22，29
クメール共和国　15，19，98，99
クメール共和国宣言法　19
グローバル・コンパクト　153
経済特別区　90
継続職業訓練　89
刑法　130，133，136，182，188
欠勤　141，268
決定　104
ケム・ソカー　33，34
健康保険制度　237
憲法(1981年)　41，101

278 索 引

憲法（1993年） 36, 98, 101, 136
憲法（1999年改正） 37
憲法（2006年改正） 32
憲法（2008年改正） 40
憲法（組合結成） 102
――――（子供の権利） 103
――――（差別禁止） 103
――――（司法権） 39
――――（社会保障） 102
――――（職業選択） 101
――――（女性と子供の権利） 102
――――（人権尊重） 149
――――（信仰） 242
――――（ストライキ・デモンストレーション） 102
――――（同一労働同一賃金） 102
憲法院 40
公正な健康基金 238
拘束力のある裁定 179, 181
拘束力のない裁定 179, 181
公務員社会保障基金 236
高齢者 131
国際援助 47
国際通貨基金（IMF） 56
国際労働組合総連合（ITUC） 201
国民議会（下院） 37
国連カンボジア暫定統治機構（UNTAC） 24
国家社会保障基金 232, 234, 237, 259
国家職業紹介所（NEA） 76
個別紛争処理 176
雇用票 107, 111, 146

さ行

最恵国待遇 42, 53
最低賃金 116, 216
最低賃金法 120
裁判外紛争処理（ADR） 181
採用 257
在留邦人 250

サム・ランシー 30
残業手当 112, 124, 155
産業別就業人口 65
産業別労組 202
産業レベルの労使関係 196
識字率 82
市場経済化 41
失業保険 80
児童労働 130
シハヌーク 15-17, 25, 28-30
司法権 39
社会福祉 241
社会福祉・退役軍人・青少年更生省 137, 236, 243
社会保障基金 112
社会保障法（2002年） 100, 101, 237
就学率 86
週休制 125
従業員代表 108, 164
従業員代表制 207, 271
就業規則 266
就業規則の作成義務 112
就業時間 262
就業者数 67
住宅手当 120, 121, 142
集団紛争処理 176
祝日 125
祝日手当 142
出勤 268
出産休暇 132
上院 35
障がい者 136, 244
障がい者雇用 80
障がい者の権利保障および促進に関する法律 80, 137
使用者団体 159
使用者団体の解散 164
使用者の地位変更 146
使用者連合 159
条約勧告適用専門家委員会 189
省令 53, 91, 104, 110, 112, 114, 124,

索 引　279

125, 128, 129, 142, 178-180, 183, 186, 227, 232, 233
初期職業教育訓練　88
職業紹介　76, 79
食事手当　124
食事代　121
女性差別　133
所定労働時間　123
人員整理　146
人権に関する国連条約　149
人口　60-65
人口ボーナス期　65
人材育成　82, 263
人身取引　81
人身取引議定書　149
人身取引に関する国連機関合同プロジェクト（UNIAP）　152
人身取引に対する国連協同行動（UNACT）　152
人身取引報告書　149, 152
人身売買等取締法　134
人民革命党　22, 41
人民党　29-33, 35, 203
ストライキ　179, 181, 185-187, 190, 214-216
製靴業　121
製造業　50, 67
政令　40, 76, 80, 236
世界銀行　57
世界貿易機関（WTO）　56
総会基準適用委員会　189, 190
総所得　58
総選挙　29, 31-33, 35

た行

第一次産業　65
退役軍人基金　236
代休　124
第三次産業　66
退職金　143

大臣会議令　41, 104, 137, 231, 237
第二次産業　65
団体交渉　172, 190, 210
地域健康保険　238
チェック・オフ制度　163
仲裁　155
仲裁委員会　105, 121, 142, 155, 177, 181-183, 190
仲裁委員会基金　182
仲裁手続　177
仲裁パネル　177
調停　147, 176, 177
調停手続　177
勅令　104
賃金　260
賃金の出訴期間　115
通学率　86
通勤手当　120, 121
通達　104, 121
手当　260
定年　131
デモンストレーション法　187
投資法　42, 48, 90
登録制度（労使団体）　160
特別休暇　128
ドメスティック・バイオレンス防止法　134

な行

二院制　37
日本語教育　78
年金　236
年功手当　122, 145
年功ボーナス　142
年次有給休暇　126
年齢別人口　61
農業　50
農業従事者　139
能力評価制度　94

は行

排他的交渉権　170, 172
罰金　109-112, 120, 133, 136, 137, 139,
　168, 169, 187, 188
罰則　188
パリ和平協定　23, 29
反汚職法　39
病気休暇　128
貧困率　58
福利厚生　265
布告　104
物価上昇率　58
仏教　242
不当労働行為　168
腐敗　182
フン・セン　21, 22, 25, 31, 119
フンシンペック党　24, 29, 30
紛争処理　174
ヘン・サムリン　21, 22, 41
変形労働時間　123
弁護士法　40
縫製業　121
法整備支援事業　101
法定最低賃金　100
保健　240
募集　257
母性保護　132
ポル・ポト　19-25

ま行

民事訴訟法　101, 147
民主カンプチア　15, 29, 99
民主カンプチア憲法　19, 99
民主カンボジア連合政府　22
民法（1920年）　98
民法（2007年）　101, 146, 147, 226
民法附則　98
無期労働契約　104, 143
最も代表的な労働組合　165, 170-172, 190

や行

誘拐・人身売買および人的搾取禁止法　103
有給休暇　112, 146
有給の祝日　125
有期労働契約　104, 142
ユニオン・ショップ制　160

ら行

ラナリット　29, 30
離職　268
離職手当　112
立憲君主制　36
立法権　37
労使関係　195, 269
労使対話　271
労使紛争　120, 155, 212
労働・職業訓練省　38, 90, 91, 93, 100,
　105, 108, 109, 110, 160, 163, 164,
　166, 168, 170, 171, 173, 175, 177,
　180, 183, 185, 188, 225, 232, 266
労働安全衛生　224
労働監督官　106-108, 110, 115, 125, 127,
　129, 141, 145-147, 165-167, 176, 177,
　180, 228, 232
労働監督官制度　98
労働規則　166
労働協約　108, 109, 115, 127, 142, 166,
　172, 173, 177
労働組合（企業事例）　120, 272
労働組合登録　111
労働組合の解散　164
労働組合法（2016年）　100, 102, 109, 148,
　159, 189, 190, 208, 210
労働組合法（解雇）　145
————（解散）　164
————（組合加入）　167
————（従業員代表）　165-167
————（選挙権・被選挙権）　172
————（団体交渉）　172, 173

———（仲裁委員）　178
———（仲裁パネルの選出）　178
———（登録）　160-164
———（罰則）　188，189
———（不当労働行為）　168-170
———（紛争処理）　174，178
———（最も代表的な労働組合）　170-172
———（労働協約）　109，173，174
———（労働裁判所）　165
労働組合連合　159
労働組合連盟　159
労働契約　98，104，141，142，147
労働契約書　266
労働検査官　232
労働災害　225，232
労働裁判所　147，167，176
労働諮問委員会　116，119，128，184
労働者台帳　107，111，146
労働者派遣　79
労働条件監視プロジェクト　148
労働生産性　69
労働争議解決機関　174
労働争議調整法案　190
労働法（1972年）　99，100
労働法（1992年）　100
労働法（1997年）　99-101，103
労働法（2018年改正）　144
労働法（安全）　226，227
———（請負契約）　108
———（衛生）　227-231
———（外国人）　138，139
———（外国人の雇用）　150
———（休暇）　126-128
———（給与台帳）　112
———（強制労働）　131
———（結社の自由）　148
———（個別紛争）　174-176，179，180
———（雇用票（労働台帳））　107，111
———（裁定）　180
———（最低賃金）　116

———（差別）　133
———（週休制）　125
———（就業規則）　108，109
———（集団紛争）　181
———（祝日）　125，126
———（試用期間）　106
———（女性）　132，133
———（ストライキ）　185-187
———（性的嫌がらせ）　133
———（賃金）　113-116
———（適用除外）　104
———（徒弟契約）　89，106，107
———（農業従事者）　139
———（副業・兼業）　107
———（未成年者）　128-130
———（有給休暇）　126，127
———（労働組合の自由と労働者代表）　158
———（労働契約）　105
———（労働契約の終了）　142
———（労働契約の停止）　141
———（労働災害）　232，233
———（労働諮問委員会）　184
———（労働紛争解決）　174-180
———（労働時間）　123，124
———（ロックアウト）　188
労働力人口　67
ロックアウト　179，181，188
ロン・ノル　18

わ行

割増賃金　124

アルファベット

ADR（裁判外紛争処理）　181
ASEAN　149
ASEAN経済共同体　150
ASEAN人身売買防止条約　151
CAMFEBA（カンボジア使用者協会）　197，

204，205

CCTU（カンボジア労働組合連盟） 200，
221

CCU（カンボジア労働組合連合） 200，
221

CDC（カンボジア開発協議会） 48，90

CLC（カンボジア労働総連合） 189，200，
221

GDP 42，58

GMAC（カンボジア縫製業協会） 34，196，
204，206

HIV/AIDS防止法 138

ILO 147，189，216

ILO条約 116，131，147，148，224

IMF（国際通貨基金） 56

ITUC（国際労働組合総連合） 201

NACC（カンボジア全国労組同盟会議）
200，201

NEA（国家職業紹介所） 76

NGO法 34

UNACT（人身取引に対する国連協同行動）
152

UNIAP（人身取引に関する国連機関合同プ
ロジェクト） 152

UNTAC（国連カンボジア暫定統治機構）
24

WTO（世界貿易機関） 56

参考文献

（日本語文献）

赤塚俊治（2017）「カンボジアにおける高齢者福祉に関する研究」『東北福祉大学研究紀要』41巻、17〜34ページ。

天川直子（1993）「カンボジア経済の再出発」糸賀滋編『バーツ経済圏の展望：ひとつの東南アジアへの躍動』アジア経済研究所、第6章、143〜174ページ。

――（1998）「1993年体制の終わりの始まり：1997年のカンボジア」『アジア動向年報―1998年版』アジア経済研究所、237〜264ページ。

――（1999）「国際社会の信頼を取り戻すために：1998年のカンボジア」『アジア動向年報　1999年版』日本貿易振興会アジア経済研究所、223〜246ページ。

――（2000）「紛争の時代から「国内政治」の始まりへ：1999年のカンボジア」『アジア動向年報　2000年版』日本貿易振興会アジア経済研究所、223〜244ページ。

――（2001）「カンボジアにおける国民国家形成と国家の担い手をめぐる紛争」天川直子編『カンボジアの復興・開発』日本貿易振興会アジア経済研究所、第1章、21〜65ページ。

――（2004）a「ASEAN加盟下のカンボジア-諸制度と実態の変化」天川直子編『カンボジア新時代』序章、日本貿易振興機構アジア経済研究所、3〜47ページ。

――（2004）b「新政府の不在：2003年のカンボジア」『アジア動向年報2004年版』日本貿易振興機構アジア経済研究所、233〜252ページ。

――（2009）「人民党の圧勝：2008年のカンボジア」『アジア動向年報　2009年版』日本貿易振興機構アジア経済研究所、213〜232ページ。

石澤良昭（2001）「カンボジア平原・メコンデルタ」池端雪浦ほか編『岩波講座東南アジア史 第1巻 原史東南アジア世界』岩波書店。

――（2005）『アンコール・王たちの物語』日本放送協会。

石澤良昭・北川香子・今川幸雄（1996）「歴史的背景」綾部恒雄・石井米雄編、『もっと知りたいカンボジア』弘文堂、1〜47ページ。

一柳直子（1997）「国連カンボジア暫定統治機構（UNTAC）活動の評価とその教訓（一）、カンボジア紛争を巡る国連の対応（1991〜1993）」『立命館法学』1997年2号（252号）、387〜429ページ。

今川幸雄（1996）「政治と経済」綾部恒雄・石井米雄編、『もっと知りたいカンボジア』弘文堂、211〜250ページ。

岩下明日香（2017）『カンボジア孤児院ビジネス』潮出版社。

ウィルフレッド・バーチェット（1992）『カンボジア現代史』土生長穂、小倉貞男、文京洙訳、連合出版。

上田広美（2012）「歴代の王の記録」上田広美・岡田知子『カンボジアを知るための62章（第2版）』明石書店、164〜167ページ。

漆原克文（2009）「カンボジアにおける障害者福祉の新たな展開について」『海外社会保障研究』166号、38〜52ページ。

ARC国別情勢研究会編（2016）『カンボジア2016/17年版（ARCレポート：経済・貿易・産業報告書；2016/17）』、ARC国別情勢研究会。

遠藤聡（2008）「【カンボジア】総選挙と新政府の発足—人民党の「単独政権」立法情報」『外国の立法』（2008.11）国立国会図書館調査及び立法考査局。

岡田知子（2012）「インドシナの枠組みの中で」上田広美・岡田知子『カンボジアを知るための62章（第2版）』明石書店、173〜177ページ。

小倉貞男（1993）『ポル・ポト派とは？』（岩波ブックレット）岩波書店。

外務省領事局政策課（2018）『海外在留邦人数調査統計』平成30年要約版（平成29年（2017年）10月1日現在）。

香川孝三（2010）a「カンボジアの2008年人身売買禁止法と日本の協力」香川孝三『グローバル化の中のアジアの児童労働』明石書店、203〜222ページ。

——（2010）b「ILOのカンボジア工場改善プログラム—労働基準監督の国際協力」『季刊労働法』233号、167〜181ページ。

——（2015）「ASEAN経済統合が各国労働法制に与える影響」『Business Labour Trend』489号。

——（2017）「2016年カンボジア労働組合法の意義」『労働法律旬報』旬報社、1882号。

川合尚(1996)「風土と地理」綾部恒雄・石井米雄編、『もっと知りたいカンボジア』弘文堂、48 〜 84ページ。

北川香子(2000)「『水王』の系譜：スレイ・サントー王権史」『東南アジア研究』38巻、1号、50 〜 73ページ。

――（2006）『カンボジア史再考』連合出版。

木村光豪(2014)「カンボジアにおける代替的紛争解決――仲裁評議会による労働紛争の解決」『関西大学法學論集』63巻5号、186 〜 230ページ。

熊岡路矢(2003)『カンボジア最前線』岩波新書。

倉田亮(2001)『世界の湖と水環境』成山堂書店。

国際協力機構(2012)『カンボジア国 産業人材育成プログラム準備調査 ファイナル・レポート』。

――(2016)「カンボジア日本人商工会製造部会における産業界のニーズ調査」。

国際協力機構・人間開発部(2012)『母子保健事業における母子手帳の活用に関する研究』。

国際協力銀行企画部門調査部(2018)『わが国製造業企業の海外事業展開に関する調査報告――2018年度海外直接投資アンケート調査結果(第30回)―』。

国際労働機関(ILO)(2017)『多国籍企業及び社会政策に関する原則の三者宣言(改訂版)』、2017年3月。

国立国際医療研究センター編(2015)『カンボジアの母子保健』(テクニカル・レポート07号)。

小林俊彦(2006)「カンボジアの統治機構の概観」『ICD NEW』S29号、122 〜 125ページ。

古山萌衣(2014)「カンボジアにおける障害者の現状と課題」『名古屋市立大学人間文化研究』22号、119 〜 130ページ。

コロク ヴィチェト ラタ(2001)「カンボジアの教師教育に関する一考察：制度的な発展と養成基準」『名古屋大学大学院教育発達科学研究科紀要 教育科学』48巻、1号、57 〜 69ページ。

佐藤奈穂(2017)『カンボジア農村に暮らすメマーイ』京都大学出版会。

自治体国際化協会シンガポール事務所(2015)『カンボジアの地方自治』Clair

Report 426号。

島崎裕子(2018)『人身売買と貧困の女性化―カンボジアにおける構造的暴力』明石書店。

ジョルジュ・セデス(1980)『インドシナ文明史』みすず書房、辛島昇訳。

菅谷広宣(2013)『ASEAN諸国の社会保障』日本評論社。

高橋宏明(2001)「近現代カンボジアにおける中央・地方行政制度の形成過程と政治主体」『カンボジアの復興・開発』日本貿易振興会アジア経済研究所、第2章、67〜110ページ。

田中浩二(2017)「職業訓練校NPIC」日本ILO協議会編『カンボジア・ミャンマー社会労働事情調査団報告書』。

道法清隆・林憲忠 編著(2016)『カンボジア経済の基礎知識』日本貿易振興機構。

冨山泰(1992)『カンボジア戦記―民族和解への道』中公新書。

永積昭(1977)『東南アジアの歴史』講談社現代新書。

夏山宗平・芝清隆・薮本雄登(2014)『カンボジア進出・展開・撤退の実務』同文館出版。

西文彦(2008)「カンボジアの失業率」総務省統計研修所。

日本貿易振興機構(JETRO)(2015)『カンボジア労働法(日本語訳)』。

――(2017)『カンボジア労務マニュアル』(第4改訂版)、2017年3月。

日本貿易振興機構(JETRO)・海外調査部アジア大洋州課・中国北アジア課(2018)『2018年度アジア・オセアニア進出日系企業実態調査』2018年12月20日。

日本貿易振興機構(JETRO)・プノンペン事務所編(2017)『カンボジア労働組合法(ジェトロ仮訳)』。

野田真里(2007)「カンボジアにおける民衆主体のコミュニティ発展とガバナンス」西川潤編『東アジアと社会運動』明石書店。

羽谷沙織(2011)「ヘン・サムリン政権下カンボジアにおける教育改革と教科書にみる国家像」『立命館国際研究』23巻、3号、March 2011、559〜580ページ。

初鹿野直美(2006)「第1章 カンボジアの工業化―自由化の渦中にある製造

業とその担い手─」天川直子編『後発ASEAN諸国の工業化：CLMV諸国の経験と展望』日本貿易振興機構アジア経済研究所。

──（2012）「国際社会の信頼を得るために」上田広美・岡田知子『カンボジアを知るための62章（第2版）』明石書店、216～220ページ。

パトリック・ウィン（2014）「カンボジア　労働者の集団失神の謎」（ニューズウィーク日本語版）2014年4月8日。

林民夫（2002）『あさやけのクメール』中央法規出版。

廣畑伸雄・福代和宏・初鹿野直美（2016）『新・カンボジア経済入門』日本評論社。

ブリュノ・ダジャンス（2008）『アンコール・ワットの時代─国のかたち、人々のくらし』石澤良昭、中島節子訳、連合出版。

ホン・チュン（2016）「多様化する仕事の価値観・雇用のベストマッチングを目指して」情報誌『プノン』41号、2016年12月。

前田美子（2003）「カンボジア─負の遺産を背負う教師たち─」『途上国の教員教育─国際協力の現場からの報告─』国際協力出版会、30～64ページ。

松村侑弥生（2018）「カンボジアの社会保障制度」SMBC・カンボジアレポート～法務編。

森本喜久男（2015）『カンボジアに村を作った日本人』白水社。

ヤープ・ファン・ヒネケン（1983）a『インドシナ現代史』（上）連合出版、山田侑平・鈴木佳明訳。

──（1983）b『インドシナ現代史』（下）連合出版、山田侑平・鈴木佳明訳。

山田美和（2016）「移民労働者に関するASEAN共同体の政策課題」鈴木早苗編『ASEAN共同体─政治安全保障・経済・社会文化』アジア経済研究所、161～185ページ。

山田裕史（2014）「カンボジア人民党による国民議会の掌握過程」山田紀彦編『一党支配体制下の議会：中国、ベトナム、ラオス、カンボジアの事例から』日本貿易振興機構アジア経済研究所、2013年度調査研究報告書、第4章。

──（2016）「人民党一党支配体制下のカンボジア議会の役割」『アジ研ワールド・トレンド』日本貿易振興機構アジア経済研究所、245巻、2016年2月、

18 ～ 21ページ。

四本健二(1999)『カンボジア憲法論』勁草書房。

―― (2001)「カンボジアの復興・開発と法制度」天川直子編、『カンボジアの復興・開発』第3章、日本貿易振興会アジア経済研究所、111 ～ 149ページ。

―― (2004)「カンボジアにおける社会問題と法―トラフッキング取締法制の展開を中心に―」天川直子編『カンボジア新時代』アジア経済研究所、第3章、177 ～ 222ページ。

―― (2007)「カンボジアにおける女性の権利―ドネスティック・バイオレンス防止法制の展開を中心に―」関西大学法学研究所『アジアのマイノリティと法Ⅱ』、67 ～ 98ページ。

―― (2010)a「カンボジアにおける障害者の法的権利の確立」小林昌之編『アジア諸国の障害者法』アジア経済研究所、第3章、93 ～ 118ページ。

―― (2010)b「東南アジア編　統治機構」稲正樹・孝忠延夫・國分典子編著『アジアの憲法入門』日本評論社。

和田正名(1992)『カンボジア　問題の歴史的背景』新日本出版社。

(英語文献)

ADRA Research Report, 2016, *National Coverage and Health Service Utilization by Health Equity Fund Members, 2004-2015*, 31 March, 2016.

Arbitration Council ed., *Biographies of Members*, May 2006 & 2010.

Arbitration Council ed., 2015, *Annul Report 2014*.

Arbitration Council Foundation ed., 2016, *Annual Report 2015*.

ASEAN Secretariat, 2017, "ASEAN Statistical Year Book 2016/2017."

Asian Development Bank ed., 2013, *Gender Equality in the Labour Market in Cambodia*.

Asian Development Bank, 2014, *Cambodia：Country Poverty Analysis 2014*.

Asian Development Bank, 2018a, "Basic Statistics 2018."

Asian Development Bank, 2018b, *Key Indicators for Asia and the Pacific 2018*, September 2018.

Asian Productivity Organization (APO), 2016, *APO Productivity Databook 2016.*

Asian Productivity Organization (APO), 2018, *APO Productivity Databook 2018.*

Cambodian Rehabilitation and Development Board Council for the Development of Cambodia, 2016, *Development Coorperation and Partnerships Report,* May 2016.

Cambodian Rehabilitation and Development Board of the Council for the Development of Cambodia, 2011, *The Cambodia Development Effectiveness Report 2011.*

CARE Australia, 2017, *The Prevalence and Productivity Cost of Sexual Harassment to the Cambodian Garment Industry,* March 2017.

CHEA Sophal, 2016, "Labor Rights and Trade Unions", Hor Peng, Kong Phallack and Jorg Menzel ed., *Cambodian Constitutional Law,* Konrad Adenauer Stiftung Cambodia, pp.513-535.

Clairon, Marcel, 1962, *Droit Khmer-Droit du Travail-2e édition,* Phnom-Penh, E.K.L.I.P.

Commmnity Legal Education Center ed., 2005, *Cambodian Employment and Labour Law.*

Council for the Development of Cambodia, 2013, *Cambodia investment Guidebook,* p.II-4.

Daniel Adler, Susie Brown, Lee U Meng and Hugo van Noord ed., 2010, *The Arbitration Council and the Process for Labour Dispute Resolution in Cambodia,* Third edition, Arbitration Council Foundation.

Department of Occupational Health and Safety, Ministry of Labour and Vocational Training ed., 2011, *The Overview of Occupational Safety and Health in Cambodia,* April, 2011.

Eduardt(Kees)de Bouter, Daniel Adler, Lee U Meng, Patricia Baars and etc., 2005, *Cambodian Employment and Labour Law,* Third Edition,

Community Legal Education Center.

Etcheson, Craig, 2005, *After the Killing Fields : Lessons from the Cambodian Genocide*, Greenwood.

Frey, Rebecca Joyce, 2009, *Genocide and International Justice*, Facts On File.

Heuveline, Patrick, 1998, "Between One and Three Million' : Towards the Demographic Reconstruction of a Decade of Cambodian History (1970-79)". Population Studies. Taylor & Francis. 52(1), pp.49-65.

Heuveline, Patrick, 2015, "The Boundaries of Genocide : Quantifying the Uncertainty of the Death Toll During the Pol Pot Regime (1975-1979)," Population Studies, *A Journal of Demography*, Volume 69, 2015-Issue 2.

Hugo van Noord, Hans S. Hwang and Kate Bugeja, 2011, *Cambodia's Arbitration Council : Institution-building in a developing country*, ILO Regional Office for Asia and the Pacific.

Human Rights Watch ed., 2015, *Labour Rights Abuses in Cambodia's Garment Industry*.

ILO Asia-Pacific ed., 2013, *Skill Shortages and Skill Gaps in the Cambodian Labour Market : Evidences from Employer Skills Needs Survey*.

ILO ed., 2012, *Action-oriented research on gender equality and the working conditions of garment factory workers in Cambodia*.

ILO ed., 2013a, *Cambodia Labour Force and Child Labour Survey 2012, Child Labour Report*, November 2013.

ILO ed., 2013b, *Feasibility study of the Social Service Delivery Mechanism for the Implementation of the National Social Protection Strategy in Cambodia*.

ILO Sub-regional Office for East Asia ed., *Cambodia : SKY Health Insurance Scheme*.

IM Phalla, PHO Sotheaphal and NHEAN SoMuni, 2004, *Employment Cambodia-A Legal & Practical Guidebook*, CDB Partner & Consultancy.

International Monetry Fund, 2017, *World Economic Outlook, Seeking Sustainable Growth : Short-Term Recovery, Long-Term Challenges*, October 2017.

Kang Chandararot and Chan Sophal, 2003, *Cambodia's Annual Economic Review*, Issue 3, Cambodia Development Resource Institute.

Katherine Brickell, 2017, "Violence Against Women and Girls in Cambodia", Katherine Brickell and Simon Springer ed., *The Handbook of Contemporary Cambodia*, pp.294-305.

Kheang Un, 2009, "The Judiciary System and Democratization in Post-Conflict Cambodia", Joakim Ojendal and Mona Lilja ed., *Beyond Democracy in Cambodia*, NIAS Press, pp.70-100.

Kiernan, B., 1996, *The Pol Pot regime : race, power, and genocide in Cambodia under the Khmer Rouge, 1975-79*, New Haven : Yale University Press.

Kingdom of Cambodia, 2009, *General Population Census of Cambodia 2008, National Report on FINAL CENSUS RESULTS*, August, 2009.

Kuoch, Somean, 2016, *Effective job matching strategies and how best for employment services to engage with employers in Cambodia, OECD Southeast Asia Regional Policy Network on Education and Skills and GIZ Regional Cooperation Programme to Improve the Training of TVET Personnel (RECOTVET)*.

Ly Vichuta, 2016, "Labor Rights of Women and Children", Hor Peng, Kong Phallack and Jorg Menzel ed., *Cambodian Constitutional Law*, Konrad Adenauer Stiftung Cambodia, pp.539-555.

Megan Reeve and Hun Chenda, 2015, *Study on Labour Disputation and Use of Strikes in the Cambodian Garment and Footwear Industry*, Arbitration Council Foundation, July 2015.

Michael Vickery, 1986, *Kampuchea, Politics, Economics and Society*, Frances Pinter, London, Lynne Rienner Publishers, Inc., Boulder.

292　参考文献

Ministry of Labour and Vocational Training, ILO and tripartite Action to Protect the Rights of Migrant Workers within and from the Greater Mekong Subregion ed., 2014, *Policy on Labour Migration for Cambodia*, December 2014.

Ministry of Planning, 2014, *National Strategic Development Plan 2014-2018*.

National Institute of Statistics, Key Figures, National Accounts 2017, Table 1a. Gross Domestic Product (GDP) and Per Capita GDP.

National Institute of Statistics, Ministry of Planning and International Labour Organization, 2013, *Cambodia Labour Force and Child Labour Survey 2012, Labour Force Report*, November 2013.

National Institute of Statistics, Ministry of Planning, 2000, *General Population Census of Cambodia 1998, Analysis of Sensus Results, Report 3, Labour Force and Employment*.

National Institute of Statistics, Ministry of Planning, 2001, *Labor Force Survey 2001*.

National Institute of Statistics, Ministry of Planning, 2002, *Cambodia Statistical Yearbook 2001*.

National Institute of Statistics, Ministry of Planning, 2006, *Statistical Yearbook 2006*.

National Institute of Statistics, Ministry of Planning, 2014a, *Inter-Censal Population Survey 2013, Amnalysis of the Survey Results Report 8, Economic Activity and Employment*.

National Institute of Statistics, Ministry of Planning, 2014b, *Cambodia Socio-Economic Survey 2013*.

National Institute of Statistics, Ministry of Planning, 2015a, *Statistical Yearbook of Cambodia 2013*.

National Institute of Statistics, Ministry of Planning, 2015b, *Cambodia Socio-Economic Survey 2014*.

National Institute of Statistics, Ministry of Planning, 2016, *Cambodia Socio-*

Economic Survey 2015.

NOP Kanharith, 2014, *A Comparative Study on Dismissal Rules in Cambodia and Japan : A Focus on the Rule of Justified Dismissal*, Nagoya University, CALE Books 5.

Nuon, Veasna and Serrano, Melisa, 2009, *Baseline Study on Violations of the Cambodian Labour Law*, Phnom Penh, April 2009.

Nuon, Veasna and Serrano, Melisa, 2010, *Building Unions in Cambodia*, Friedrich Ebert Stiftung.

Oka Chikako, 2016, "Improving Working Conditions in Garment Supply Chains : The Role of Unions in Cambodia," in *British Journal of Industrial Relations*, Vol.54, Issues3, pp.647-672.

Patrick Winn, 2014, The Cambodians who stitch your clothing keep fainting in droves, GlobalPost, April 7, 2014.

Tola Moeun, Rene.E.Ofreneo, 2010, *Monitoring Progress in Labor Law Reform*, Phnom Penh.

UNICEF Cambodia ed., *Mapping of Residential Care Facilities in the Capital and 24 Provinces of the Kingdom of Cambodia*, 2016 & 2017.

United Nations, Population Division, Department of Economic and Social Affairs, 2017, "World Population Prospects : The 2017 Revision."

Virya Koy, 2016, "The Lifespan of Nursing Education in Cambodia," *Belitung Nursing Journal*, Vol 2, Issue 4, August 2016, 2(4), pp.65-69.

Wilfred G. Burchett, 1982, *China, Cambodia, Vietnam Triangle*, Vanguard Books.

World Bank Group, 2017, *Cambodia Economic Update : Cambodia Climbing up The Manufacturing Value Chains*, October 2017.

World Bank Group, 2018a, *Doing Business 2019, Training for Reform.*

World Bank Group, 2018b, *Doing Business 2019, Training for Reform, Economy Profile, Cambodia.*

World Bank, 2017a, "Gross national income per capita 2016, Atlas method and PPP," 17 April 2017.

World Bank, 2017b, *Cambodia Sustains Strong Growth and Moving Up Manufacturing Value Chains*, November 22, 2017.

World Bank, 2018, *Cambodia Economic Update : Recent Economic Developments and Outlook*, November 22, 2017.

World Economic Forum, 2016, *The Global Gender Gap Report 2016*.

World Economic Forum, 2017, *The Global Gender Gap Report 2017*.

World Economic Forum, 2018, *The Global Gender Gap Report 2018*.

Y, Samphy, 2008, "Arbitration of Individual Versus Collective Labour Disputes : A Critique for the Better", (Master's Thesis of Nagoya University, Graduate School of Law).

筆者略歴（執筆分担）

香川　孝三（かがわ　こうぞう）[第2章第1節(2)、第3章第2節(1)(2)以外、第4章、第5章、第6章第5節(1)(2)、第7章、第8章]
1944年、香川県生まれ。1972年、東京大学大学院法学政治学研究科博士課程単位取得認定退学。1974年12月、文部省アジア諸国派遣留学生制度によりデリー大学法学部大学院比較法コースに留学（1976年3月まで）。同志社大学文学部社会学科教授、神戸大学大学院国際協力研究科教授を経て、2007年4月から大阪女学院大学教授。現在は、神戸大学名誉教授・大阪女学院大学名誉教授。その間、2004年4月、在ベトナム日本国大使館公使（2005年9月まで）。専攻は、アジア法、労働法、労使関係論。主な著書として、『ミャンマーの労働・雇用・社会—日系進出企業の投資環境—』（西澤信善・堤雄史・北澤謙との共著）労働政策研究・研修機構（2017年）、『インドの労働・雇用・社会—日系進出企業の投資環境—』（木曽順子・北澤謙との共著）労働政策研究・研修機構（2016年）、『グローバル化の中のアジアの児童労働：国際競争にさらされる子どもの人権』明石書店（2010年）、『アジアの労働と法』信山社出版（2000年）、『インドの労使関係と法』成文堂（1986年）など。

熊谷　謙一（くまがい　けんいち）[第6章]（第6章第5節(1)(2)は香川孝三との共同執筆）
1974年、埼玉大学理工学部物理学科卒、日産ディーゼル工業入社。全日本労働総同盟を経て1989年に日本労働組合総連合会。1999年労働法制対策局長、国際局長、経済政策局長等を経て、2009年（公財）国際労働財団（JILAF）副事務長、カンボジア等現地事業を担当。2012年JILAFタイ財団役員、2014年よりJILAFアドバイザー、2013年より日本ILO協議会企画委員。厚生労働省、法務省、経済産業省、内閣府関係の審議会・部会委員、ILOパートタイム労働委員会、ISO26000国際起草委員会の委員など歴任。日本労働法学会、アジア法学会、「企業と社会フォーラム」会員。主な著書として、『アジアの労使関係と労働法』（2015年・日本労働ペンクラブ賞受賞）、『ISO26000と労使の課題』同、（2013年）、以上、日本生産性本部生産性労働情報センター、共著書、論文として「カンボジアの労使関係と労働法の動向」『季刊労働法』（253号、2016年夏季）、「アジアの労働者状態をめぐる国際的評価と社会条項の課題」『貿易と国際労働基準—国際労働法フォーラム報告』日本労働研究機構、花見忠編（1997年）、第3章2所収、「海外調査報告 モンゴルにおける民主化・市場経済への転換をめぐる状況を中心とした極東アジアの労働基準、労働法制の動向」『アジアにおける公正労働基準』（日本労働研究機構調査研究報告書）日本労働研究機構研究所編、第2部第2章所収（2001年）など。

北澤　　謙（きたざわ　けん）［第1章、第2章第1節(2)以外、第3章第2節(1)(2)、第9章］
1968年、神奈川県生まれ。1994年、日本労働研究機構に入職。2013年、東京工業大学大学院イノベーションマネジメント研究科博士課程単位取得退学。現在、独立行政法人労働政策研究・研修機構調査部主任調査員補佐。専攻は、経営組織論、多国籍企業論。主な著書・論文に、『ミャンマーの労働・雇用・社会—日系進出企業の投資環境—』（香川孝三ほかとの共著）、労働政策研究・研修機構（2017年）、『インドの労働・雇用・社会』（香川孝三ほかとの共著）、労働政策研究・研修機構（2016年）、「アジア諸国の労働法にみる制度と実態の乖離——ミャンマー、カンボジア、ベトナムの労働法を中心に」『季刊労働法』（258号、2017年秋季）、「インド：日系進出企業の投資環境としての労使関係」『Business Labor Trend』（2015年12月号）、"An Empirical Study on Relation between Management Styles and Human Resource Development focusing on a Group Activity," *International Journal of Human Resource Management and Development*, Inderscience Publishers, Vol.12, No.3, 2012, pp.187-206、"Innovation by Small Group Activity and Organisational Learning — An Empirical Study on Quality Control Circle Activity," *International Journal of Innovation and Learning*, Inderscience Publishers, Vol.11, No.3, pp.233-249など。

JILPT 海外調査シリーズ 3
カンボジアの労働・雇用・社会—日系進出企業の投資環境—

2019年 2 月28日　初版発行

編集・発行　独立行政法人　労働政策研究・研修機構
　　　　　　〒177-8502　東京都練馬区上石神井 4 - 8 - 23
　　　　　　　（編集）調査部
　　　　　　　　　　　TEL 03-5991-5174　FAX 03-3594-1113
　　　　　　　（販売）研究調整部成果普及課
　　　　　　　　　　　TEL 03-5903-6263　FAX 03-5903-6115
印刷・製本　株式会社精興社

Ⓒ 2019　JILPT　ISBN978-4-538-51003-3　Printed in Japan